歴史における周縁と共生

女性・穢れ・衛生

鈴木則子 編

思文閣出版

装幀　上野かおる（鷺草デザイン事務所）

Ⅱ　医学／衛生

歴史における周縁と共生

女性・穢れ・衛生

序文

鈴木則子

日本の歴史の中で、女性の周縁化の進行を示す象徴的事象の一つは、女人禁制というルールの出現である。その背景に、女性の身体に対する穢れ意識が深く介在していたことは、従来から指摘されてきた。

穢れについては中世史研究領域で、かつて黒田俊雄・大山喬平により、触穢思想が平安初期に大陸から先進思想として輸入され、それが部落差別に結びついたことが指摘されている(1)。だが、なぜ触穢思想が受容されたのか、そしてなぜそれが女性身体への穢れ意識に結びつき、ついには女人禁制へと帰結したのか、という点は検討されてこなかった。

これらの問題について、脇田晴子が「女人禁制と触穢思想――ジェンダーと身体的性差」、『日本中世被差別民の歴史』、『中世京都と祇園祭――疫病と都市の生活(2)』という一連の研究のなかで、新たな視点を示した。脇田は、中国・韓国から渡来した触穢思想は、日本の一定度の社会的発展により受容基盤が熟した平安初期、未熟な段階の衛生思想として都の貴族層に受け入れられたと推論する。当時疫病は怨霊(御霊)化した疫病神の祟りと考えられていたが、同時に死体や血液が疫病を媒介することを経験的に気づいており、「血穢」「死穢」を忌避した。そして人間が避けることのできない生老病死の現象を「穢れ」とし、出産や月経で体内から出血する女性に責任を負わせ、死体を「死穢」に染むものとして弱者である被差別民におしつけたとみる。触穢思想は南北朝期に一定の普及をみせ、戦国期には解放の動きと農村への普及の動きとが交錯する。脇田は触穢思想とそこから生まれた女人禁制が一般民衆世界にまで広範に定着するのは、江戸中期と推論している。

触穢思想の背景にある感染症への恐怖、それが女人禁制に象徴される女性の周縁化に結びついていくという流れへの展望は説得力を持つが、触穢思想および衛生思想が時代によって、また受容層によってみせる異なった展開や、それらの展開を受けて多様な女性排除の形が出現していくさまを、個別の事例から検証していくという課題が残された。

いっぽう近年は、穢れ意識や衛生認識の変化を、経済や行政システムの転換、メディアの展開といった多様なファクターから見直し、それらが被差別民や女性に対するまなざしに与えた影響について、新しい実証研究が蓄積されてきている。

たとえば前近代では宮崎ふみ子が、江戸中期の恐山で女性が落ちる「血の池地獄」が成立した背景を、恐山の観光化や寺院経営問題との関わりの中で解き明かした(3)。また近代史では小林丈広が、コレラ防疫行政の展開が地域差別を変容させていくさまを論じており(4)、成田龍一は、近代社会で女性が衛生の担い手とされたことや、女性に対する衛生の普及が、衛生に裏付けられた新しい女性美の基準を定着させたことを指摘する(5)。さらに福田眞人の、「美女と天才の病」という近代の結核イメージに関する研究などもあげることができる(6)。

右の研究成果は、穢れと衛生という領域から女性が周縁化される道筋を明らかにする、という研究方法の有効性を示すと同時に、その使われている史料の多様性によって、これらの領域のなかで、さらに多くの実証研究を今後も蓄積しうる可能性と必要性とを示唆した。

そこで穢れと衛生をキーワードに据え、女性の身心に対するまなざしの歴史的変容を多角的に検討することをめざして、歴史学を中心に、医学や文化人類学、民俗学、比較文化学、衛生学、哲学などの研究者が広く連携する形で共同研究を組織した。本書はその共同研究の成果である。

以下、収録論文について、本書の構成に基づき二部に分けて紹介する。なお、各部の中の紹介順序は論文の掲載順と必ずしも一致しない。

Ⅰ　宗教／儀礼／穢れ

ここでは宗教や儀礼の世界にみられる、女性の罪や穢れに対する認識と対応についての研究、またそれと関わって、宗教都市（地域）の歴史的変容に関する研究を収めた。

まず、宗教をめぐって。

中世史の平雅行はかつて、旧仏教によって仏教的女性差別観である女人罪業観が貴族層へ浸透するのが、九世紀後半からであることを明らかにしているが、(7)本書に収めた「善光寺と女人罪業観」では、善光寺信仰の分析に基づいて、女人罪業観が庶民層にまで定着していった時期が一五世紀後半以降であることを指摘する。定着の背景には、一五世紀から一七世紀にかけて百姓世界に家父長制家族が成立し、女性の従属化が進展したことがあげられている。ただし、その段階でも善光寺信仰は女性に対する差別的救済論一色ではなく、女人罪業観の影響がほとんどない善光寺縁起も存在しており、女人罪業観が民衆世界へいかに定着するかは、さらに検証が必要であるとする。

近世史からは宮崎ふみ子「富士講・不二道の女性不浄観批判――妊娠と出産についての言説を中心に」が、宗教が女性の周縁化を積極的に否定した状況を明らかにした。幕末の富士講・不二道は、月経　妊娠・出産を清浄であると説き、社会一般に定着していた女性不浄観を批判した。それは世の変革に伴って陰陽や男女のあり方が逆転する、という教義に基づく考え方でもあり、江戸時代後期に広がった賀川流産科という新しい実証的産科医学知識の反映でもあった。だが、妊娠・出産の禁忌からの解放だけでなく、女性不浄観・罪業観のような社会通念も含めたレベルでの女性の解放には、宗教的信念が大きな役割を果したことを指摘する。

武藤康弘「奈良の伝統的祭礼と女性――歴史民俗学的視座からの分析」は、奈良県内の祭礼調査を通じて、女人禁制には多様な排除のレベルと形があり、また時代によっても変化をみせることを明らかにする。ことに近年の少子高齢化は、文字通りの聖域にも現代的変容をせまっていて、祭礼の担い手の減少は従来宮座から排除されていた成人女性の参加を、圧倒的少子化は男児の祭りへの女児の参加を促進させている。伝統的共同体祭祀が実は柔軟さを併せ持つことをうかがわせる。

右の三論文が庶民世界と宗教との関わりを論じているのに対し、次の武田論文・加藤論文は、朝廷・貴族社会における浄めと穢れを分析対象とする。

武田佐知子「古代浴衣復元のための覚え書き」は、写経所の経師らが写経という清浄な仕事に従事するにあたって入浴する時に着用した「温帳」や、天皇が大嘗会の際、浄めのための入浴に用いたユカタビラ「天羽衣」の形態を論ずる。浄衣という服飾の復元を通して、古代朝廷が浄めにいかに対応していたのかがみえてくる。浄め・穢れについて、服飾史からアプローチするという新しい方法を提示したといえよう。

加藤美恵子「女性と穢れ――『玉葉』を手がかりとして」は、『玉葉』を史料に、院政期から鎌倉初期、神事の際の月経・出産・流産に関わる触穢期間の規定が、次第に長期化・厳格化されていくプロセスを具体的に検証する。この時期の上級貴族の間でも、人によって触穢規定に対する解釈や運用にばらつきがあったことが明らかにされている点も注目される。

また、貴族社会の産所空間で母子を守る防衛のための色として用いられた白が、江戸時代に庶民の出産空間へも広がっていき、産穢を象徴する「白不浄」という認識へ転換していったことを推測している。

濱千代論文と三枝論文は、それぞれ伊勢と京都北野社門前という宗教的な「場」に焦点を当て、近世の寺社参詣ブームの中で変容していく町の姿を描く。

まず濱千代早由美「宗教都市におけるケガレの操作と「清浄」概念の共有」は、近世に飛躍的に参詣人が増大して宗教観光都市と化した伊勢が、都市の清浄を参詣人に保証するため、穢れに柔軟に対応するシステムを構築していたことを、名所図会・神異記などの参宮メディア、葬儀に関する私的記録などの史料から検証する。

特に「ハヤガケ」と称して、すでに生じてしまった死穢をなかったことにするための方便（遺体を区域外に運び出してから死亡したことにする）を儀礼化していた事実は、近世社会の穢れ意識の特質を考える上でも重要である。

いっぽう北野社の門前も、やはり参詣人増加を背景として、特に一八世紀に入って芸能興行が盛んとなる。三枝暁子「近世における北野社門前の社会構造――芸能・茶屋興行を中心に」は、北野社日代の記録を史料に取り上げ、北野社による門前の芸能・茶屋興行の支配システムの実態や、興行に関与した周縁的な人々の諸相についても明らかにする。夜の水茶屋営業が、やがて遊郭の成立へつながった可能性も指摘している。

これらの変化は、伊勢の場合はより多くの参詣人誘致のため、北野社の場合は主たる財政基盤が賽銭収入と門前の芸能・茶屋興行収益に移行したため、と経済的な問題を背景にしている点でも共通している。

Ⅱ　医学／衛生

Ⅱでは、医学や衛生が人の心身や病気、またそれらの男女差をどのように認識していたかを分析した。

白杉悦雄「中国医学における感染症認識」は、日本を含めた東アジア文化圏医学の基礎にある中国伝統医学の、病原性微生物や抗生物質が発見される以前、過去二千年余に及ぶ、急性感染症認識の変遷を扱う。特に「傷寒」「温病」という感染症を意味する用語の概念を分析することを通じて、気候変動だけでなく都市化や戦争というた人為的環境変化が感染症の盛衰を左右したことを浮かび上がらせる。ただし、中国医学自体の感染症認識は、そもそも中国医学が病を気象理論の中で理解する学問体系であるから、宇宙の気の変化によって感染症は生じるという枠組みを出ることはなかった。

梶谷真司「規範としての「自然」――江戸時代の育児書を手がかりに」は、女性に向けて書かれた江戸時代の育児書のなかに、男女に共通する人間観・病気観を読み取る。現代はヨーロッパ近代の心身二元論に基づいた人間観が基本であるが、それ以前の日本では、男女の別なく人間の心と体は連続的なものとみなされ、道徳と健康の結びつきが意識された。ゆえに妊娠・子育て中の母親や乳母に対し、江戸時代の育児書は一貫して身体的・情動的安定を求めることとなったという。

道徳と健康とが結びつけられたのは男女にかかわらず同じだったが、その道徳心のありようには、性差があるとみなされた。鈴木則子「江戸時代の結核――「恋の病」考」は、江戸時代の結核が感染症でありながら、女性と男性とで主たる病因が異なると考えられていたことを指摘する。男性は房事過多や、仕事・学問などに過度に入れ込むという不摂生が病因とされ、対して女性はその生まれながらに有する精神的未熟さや性欲の強さが病を悪化させるとされた。このジェンダーバイアスが濃厚にかかった医学的結核観は、科学が女性の心身に対する偏見を強固なものにする側面も持っていたことを示唆する。

また、林葉子「不妊の原因としての淋病――明治・大正期の庶民の生殖観の変化と買春の問題化」は、江戸時代以降も近代医学の展開が、健康と性道徳を結びつけたことを指摘する。従来不妊は男性側の問題よりも、主として女性の側の問題とみなされていたのだが、一九〇〇年頃から人々のあいだに不妊の原因として性感染症、ことに淋病が認識されるようになると、淋病を家庭に持ち込む男性の「不品行」に対する非難が顕著となったという。それは同時に生殖過程において男性の役割が重視されていくことでもあった。

健康と性をめぐる認識の変容は、瀧澤利行「衛生思想の中の女性――その周縁性と共生性」においても分析される。瀧澤は近世の養生書の言説が、その受容層が庶民に広がっていくに伴って、「節欲」論から性欲に対して肯定的なものに変化していったことを指摘する。

しかし女性に向かっては、養生は産む性としての母性の側面についてのみ説かれた。それが大きく変化するのは近代以降で、自分自身の個人的健康に配慮する〝「養生」の時代〟から、社会への配慮が求められる〝「衛生」の時代〟へと転換していくなか、衛生の担い手として女性がクローズアップされるようになる。

この衛生の担い手としての女性役割について、明治期に一般向けに書かれた通俗眼科書を史料に分析したのが、尾鍋智子「眼の感染症にみられる女性観――眼の通俗衛生と女性」である。尾鍋は、女性は男性と子供の眼を感染症から守る「衛生の管理者」として機能することを求められたが、女性自身の眼の衛生管理については審美的に「美しい眼」を保つことが求められたにすぎなかったことを指摘する。女性の目の衛生はその意味で、常に他者のためのものとしてしか語られていなかったと結論づけている。

このように、女性は衛生の担い手と位置づけられても、女性自身の身体は衛生から阻害されるという側面を持ったが、他方で、そういった女性役割への期待に後押しされるようにして、活躍する機会を得た女性も生み出された。池川玲子「『青鞜』への道――保持研と南湖院」は、『青鞜』の中心的メンバー保持研のライフヒストリーを、近代の結核療養所南湖院院長である高田畊安との関わりに着目して論じている。畊安は、ケアの場における女性の職務遂行能力を高く評価し、女医や看護婦の養成と起用、そして女子教育の推進に積極的に動いた。日本女子大学に在学していた保持研は、結核を患って校医畊安の診察を受け南湖院に入院する。貧しい彼女は畊安の支援によって南湖院に生活の基盤を得、またここが『青鞜』の活動と深く関わる場となっていく。

以上にみてきたように本書は、一次史料だけでなく多様な二次史料も用いることによって、穢れと衛生に関わる問題が、各時代や社会の中で女性の周縁化を進行させていく道筋を、具体的な事例から検討することができた。またそれとともに、たとえば幕末の不二道による女性不浄観の否定の動きのように、共生への道を展望させる明確な事例も抽出している。その意味で、本書は当初の課題に対して一定の成果を出し得たと自負する。

しかしながら、穢れと衛生が相互に歴史の中でどのように重なり、連続し、また入れ替わり、もしくは無関係なものとして存在したのか、という問題については共同研究の期間内に充分な議論を尽くすに至らなかった。今後の課題とすることを確認しておきたい。

（1）黒田俊雄『日本中世の国家と宗教』（岩波書店、一九七五年）。大山喬平『日本中世農村史の研究』（岩波書店、一九七八年）。
（2）「女人禁制と触穢思想――ジェンダーと身体的性差――」（『女性史学』一五、二〇〇五年）、『日本中世被差別民の歴史』（岩波書店、二〇〇二年）、『中世京都と祇園祭――疫病と都市の生活』（中公新書、中央公論社、一九九九年）。
（3）宮崎ふみ子「霊場恐山の地蔵と温泉」（日本温泉文化研究会編『温泉の文化誌』岩田書院、二〇〇七年）。
（4）小林丈広『近代日本と公衆衛生』（雄山閣、二〇〇一年）。
（5）成田龍一「衛生環境の変化のなかの女性と女性観」（女性史総合研究会編『日本女性生活史　四　近代』東京大学出版会、一九九〇年）、「衛生意識の定着と「美のくさり」」（『日本史研究』三六六号、一九九三年）。
（6）福田眞人『結核の文化史』（名古屋大学出版会、一九九五年）、『結核という文化』（中央公論新社、二〇〇一年）。
（7）平雅行「旧仏教と女性」（同『日本中世の社会と仏教』塙書房、一九九二年）、「中世仏教と女性」（『日本女性生活史　二　中世』東京大学出版会、一九九〇年）。

I　宗教／儀礼／穢れ

善光寺と女人罪業観

平　雅行

はじめに

一九七五年、笠原一男は『女人往生思想の系譜』を著し、女性と仏教について以下の三点を指摘した。[1]（Ⅰ）古代仏教（旧仏教）は五障三従観に囚われ、女人結界で女性を拒絶していた。（Ⅱ）古代仏教の僧侶は女性と交流せず、女人往生論や女人成仏論を誕生させる必要がなかった。（Ⅲ）鎌倉新仏教の開祖たちが女人往生論や女人成仏論を創出して、庶民に積極的に布教していった。

これに対し私は、拙論において以下の点を明らかにした。[2]（Ⅰ）平安時代以前は、五障三従などの仏教的女性差別観は日本社会に受容されていない。女人罪業観が貴族社会に浸透するのは九世紀後半からであり、ほぼ摂関期に貴族社会に定着した。（Ⅱ）女人往生や女人成仏を説く言説は古代より数多くあり、女人往生論の成立を鎌倉新仏教の祖師に求めた笠原氏の議論は実証的に成り立たない。（Ⅲ）顕密仏教が主唱した女人往生論や成仏論は、女人罪業論と表裏一体の差別的救済論である。それに対し道元は、出家至上主義の立場から女人罪業論を明確に否定した。（Ⅳ）女性が往生・成仏できないと主張した日本の文献は存在せず、女人罪業論は女人往生のカタルシスを導きだすための修辞文言に過ぎない。

しかし拙論は、女人罪業観が庶民層にいつ浸透するのかについて、なお課題を残していた。それに対し野村育世は、『鎌倉遺文』をもとに女人罪業観の定着状況を検討して、鎌倉時代の仏教信仰はジェンダーによる性差がさほど顕著ではない、と指摘した。(3) そして、若狭の地域寺院への女性の寄進札を検討して、それをもとに女人罪業観が地域社会に定着するのは室町後期以降ではないか、と推測している。データ量が少ないという憾みはあるものの、野村の指摘はたいへん重要であり、女人罪業観が民衆的世界に浸透してゆく時期について、更なる検証が必要であろう。

そこで本論文では、中世の代表的な庶民信仰である善光寺に着目し、女性差別観が善光寺信仰と結びつく歴史過程とその背景を明らかにすることによって、この課題に迫りたい。

一　善光寺と女性

まず善光寺について概観しておくと、残念ながら鎌倉時代以前は不明なことが多い。七世紀後半に郡寺として創建されたと思われるが、中央で知られるようになるのは院政時代からである。『扶桑略記』は善光寺縁起を引用して、善光寺の阿弥陀如来が三国伝来の仏であると述べている。しかし、平安時代に善光寺に参詣したことが分かるのは、園城寺覚忠（一一一八〜七七）と重源の二人だけであり、俗人の参詣事例は確認できない。このように鎌倉時代以前の善光寺は、ほぼ無名の地方寺院であった。

ところが鎌倉幕府が成立すると、その積極的な保護をうけて善光寺は大いに発展し、全国に知られるようになる。まず、治承三年（一一七九）に焼亡した善光寺の再建を幕府は全面的に支援し、源頼朝は再建の勧進に奉加しない信濃御家人は、所領没収に処すとの命を発している。また、頼朝も北条政子も、善光寺参詣の意欲をもっていた。北条泰時は「年来御帰依」から善光寺に所領を寄進しているし、これ以後の再建においても幕府が積極的に助成した。その落慶供養では、勝長寿院別当良信（一二四六年）、鶴岡八幡宮別当降弁（一二七一年）、同別当政助（一三〇一年）など、幕府僧の重鎮が導師をつとめている。[4] このように、鎌倉幕府の庇護のもとで善光寺は飛躍的に発展し、京・鎌倉をはじめ全国各地に新善光寺が建立されていった。

善光寺はまた女性との関わりも深い。新城常三は善光寺の参詣者に女性が多いことにいち早く注目したし、小林一郎は、江戸時代末の宿帳から女性の参詣者が多かったことを明らかにした。滝沢貞夫も善光寺と女人往生の歴史をたどり、室町時代初頭の如是姫の登場をもって女人往生の教義が完成された、と論じている。[5] こうした研究を総括したのが牛山佳幸である。牛山は善光寺縁起の展開をたどるなかで、善光寺における女人救済思想の生成過程を明らかにした。そして「信濃善光寺は平安末期までに女性を積極的に救済するという布教方針をとった」、「善光寺如来は女人救済の仏であるとする信仰が、鎌倉時代初期にはすでに支配者層に受容されていた」と結論している。[6]

こうした研究成果は貴重なものであるが、なお課題を残している。私はこれまでの研究で、顕密仏教の女人救済論が女人罪業観を随伴した差別的救済論であった、と指摘してきた。とすれば善光寺における女人救済論の登場とは、善光寺信仰が女性差別観に犯されたことを意味する。中世の善光寺信仰は、果たして差別的救済論に陥っていたのか、もしそうだとすればその時期はいつからなのか、改めて検証する必要があるだろう。

ただしその議論に入る前に、中世における女性と善光寺との関わりを概観しておきたい。『吾妻鏡』によれば、建久四年（一一九三）曾我兄弟の仇討ちで曾我十郎が討ち死にすると、十郎の妾大磯虎が出家して善光寺に赴いたという。これは鎌倉から善光寺に参詣した初見事例である。また、女性および俗人による善光寺参詣の初見でもある。北条政子は嘉禄元年（一二二五）七月に死没するが、塩屋朝業（信生法師）によれば、政子は「あき、（秋）

かならす（必）修行」と善光寺参詣を誓っていたという。また、嘉禎元年（一二三五）には善光寺の模写三尊像が京都に持ち込まれ、女性を含めて礼拝がブームとなっており、東国の善光寺信仰が京都の道俗にまで波及している[7]。

弘安六年（一二八三）成立の『沙石集』には、鎌倉の俗人が娘の遺骨を善光寺に奉納する話がみえており、善光寺への納骨習俗が成立していたことを示している。ただし、この説話では女性であることに特別な言及はない。また、一四世紀初頭に成立した『とはずがたり』では、主人公の二条は「先達」の引率により、「川越入道と申す者の跡なる尼」など「大勢」で善光寺参詣に出かけている。そして善光寺に到着すると、主人公は皆と別れて参籠し百万遍念仏を修した。先達が引率する集団参詣が行われていたことが分かるとともに、善光寺には「修行者・尼」など長期滞在者も多かったようである。このほか『平家物語』によれば、平重衡の愛人であった千手が、重衡の処刑後に出家して善光寺へ向かい、重衡の後世を弔うとともに自らも往生の素懐を遂げたという[8]。室町時代では永享元年（一四二九）万里小路時房の外祖母が京都の新善光寺に居住しており、また時房の母の遺骨が新善光寺総塔に安置されている。善光寺への納骨習俗が、新善光寺への納骨という形で京都にまで波及している[9]。

このように、女性の善光寺信仰はたいへん盛んであった。とはいえ、善光寺への信仰は貴賤を問わず幅広いものがあったし、その参詣も男女とも盛んであった。とすれば、女性の善光寺信仰は男女を問わない善光寺の大衆性に起因するものなのか、それとも善光寺が女人救済を喧伝していたことによるのか、なお慎重な吟味が必要である。そこで次に、善光寺縁起をたどりながら、善光寺と女性差別観との結びつきについて検討したい。

二　善光寺縁起と女人

寛文八年（一六六八）の版本『真名本善光寺縁起』には、女性にかかわる説話が完成された形で示されている[10]。先行研究を踏まえると、それは以下の五項目となる[11]。

第一は、長者の娘の治病譚である。天竺毘舎離《びじやり》国の長者であった月蓋《がつがい》は慳貪な人物であった。そこで疫病神はそれを誡めるため、疫病を蔓延させ、彼の娘である如是《によぜ》姫を病にした。月蓋は娘を救うべく奔走するが、効果がなかった。そこで月蓋は釈迦の助言に従い、阿弥陀仏に祈りを捧げたところ、如是姫が平癒したばかりか、疫病で苦しんでいた人民も平癒し、死者まで蘇生したという。これが長者の娘の治病譚である。

第二は、下女のとぎ汁供養譚である。釈迦の咽が渇いている様子をみた下女が、米のとぎ汁を捧げたところ、釈迦は彼女が兜率天に往生すると予言した、という。

第三は、百済での見送り譚である。天竺から百済に渡った善光寺如来は、千年の活動の後、日本に移ろうとした。それを知った百済の皇后や女官たちは、「たとえ「五障雲厚ノ」くとも、「三尊光ノ」に照らされたく思う。如来と別れたなら、私たちはどのようにして「三従露ノ」を払い「九品月」を願えばよいのか」と歎いて、如来の後を追って入水往生したという。五障三従の罪業を背負った女性が如来に見放されると、救済の術がなくなると述べており、善光寺如来が女人救済の仏であることを示している。

第四は、本田善光妻《よしみつ》の前世譚である。本田善光が難波の堀江で善光寺如来と出会い、如来を信濃の自宅に運び入れるが、善光の妻は如来を気味悪がった。そこで如来は、善光夫婦が月蓋長者夫妻の生まれ変わりであることを説いた。その際、如来は「女人罪業深重」なることを観知して、善光妻のため神光を放って昔を再現したところ、「五障三従之垢穢身ノ」であった妻も、自分の前世を覚知することができた、という。ここでは五障三従だけでなく、法華経に説く「垢穢」の語まで登場しており、女性の罪業の深さを強調している。

第五は貴女の堕地獄譚である。本田善光の子の善佐《よしすけ》が死没したため、善光は何とか救ってほしいと如来に懇請する。そこで善光寺如来は閻魔王と交渉して、善佐の蘇生を約束させた。ところが地獄からの帰途、善佐は皇極天皇と出会う。拷問にあえぐ皇極の姿をみるに忍びず、善佐は彼女の身代わりを申し出る。そこで閻魔王はその志に免じて、皇極天皇と善佐双方の蘇生を認めた。生き返った皇極天皇はその礼として善光親子を甲斐・信濃の国司に任じた、という。これが貴女の堕地獄譚である。ここでは皇極天皇が地獄に堕ちた理由として、「驕慢嫉妬《ノ》意深《ク》而、五障三従《ノ》雲厚《ク》、後世《ノ》営不二御坐一」ることを挙げている。また、閻魔庁の倶生神は皇極を「此《ノ》女人《ハ》罪業深重者也」と非難して、「以二五障三従《ノ》賤身《ヲ》一、穢二十善王《ノ》位《ヲ》一、妨《ケ》二正直憲法《ノ》道理《ヲ》一、致二非理非法《ノ》責《ヲ》一、故《ニ》天下不レ静、万民懐レ愁《ヲ》」と断じている。皇極は五障三従という女性特有の罪業を背負っているだけでなく、「五障三従《ノ》賤身」でありながら「十善王《ノ》位」を穢したと非難されている。女性が天皇となること自体が罪であると述べており、女人罪業観がきわめて深刻なものとなっている。

このように、江戸時代初めに刊行された『真名本善光寺縁起』には、濃厚な女人罪障観がうかがえる。では、中世の善光寺も、同じように差別的救済論を説いていたのであろうか。幸いなことに、牛山佳幸や倉田邦雄らの精力的な探査によって、善光寺縁起の歴史的展開を誰もが容易に見通せるようになった。そこでその成果に拠りながら、前掲第一から第五項目について、善光寺縁起と女人罪業観とのつながりを検証してゆこう。各項目については表にまとめたので、適宜それを参照されたい。

まず、第一の長者娘の治病譚について。平安時代末の『伊呂波字類抄』や古本系『水鏡』は善光寺に触れているが、女性にかかわる記事は確認できない。同じく平安末の『扶桑略記』、『覚禅鈔』阿弥陀法、鎌倉時代の『阿娑縛抄』諸寺略記、『平家物語』や南北朝時代の『神皇正統記』では、月蓋長者の名がみえるものの、そこでも女性にかかわる記事（第一～第五項目）がまったくみえない[12]。長者娘の治病譚が初めて登場するのは、建治三年（一二七七）八月に書写された①青蓮院蔵『請観音経法』表紙見返し記載の「善光寺伝」である[13]。「月蓋長者」の娘である「如是」が病となったが、阿弥陀仏への信心で平癒したという。ただし月蓋の慳貪には触れていない。

②金剛三昧院旧蔵『善光寺如来講式』は、本奥書によれば文永九年（一二七二）九月、「欣浄沙門了阿」が善

表　主な善光寺縁起と女性関係記事

書　名	(a)長者娘の治病譚〔娘の名、慳貪〕、(b)下女のとぎ汁供養譚、(c)百済の見送り譚、(d)本田善光妻の前世譚、(e)貴女の堕地獄譚〔貴女の名、堕地獄の理由〕、(f)書誌情報、(g)備考……○は関係記事の存在、×は非在、△は若干の存在を示す
『真名本善光寺縁起』	(a)○〔如是、慳貪○〕、(b)○〔兜率往生〕、(c)○〔五障三従、入水往生〕、(d)○〔五障三従垢穢身〕、(e)○〔皇極天皇、五障三従、王位を穢す〕、(f)寛文8(1668)版本、最古写本は高野山増福院旧蔵『善光寺如来縁起』文明15(1483)書写、(g)濃厚な女人罪業観
①『請観音経法』	(a)○〔如是、慳貪×〕、(b)×、(c)×、(d)×、(e)×、(f)青蓮院蔵、「善光寺伝」、建治3(1277)書写、(g)女人罪業観×
②『善光寺如来講式』	(a)×、(b)×、(c)×、(d)×、(e)○〔「王女」、理由×〕、(f)金剛三昧院旧蔵、文永9(1272)自草、(g)女人罪業観×
③『善光寺如来事』『弥陀観音現益事』	(a)○〔「寵愛之娘」、慳貪×〕、(b)×、(c)×、(d)×、(e)○〔「皇極天皇」、理由×〕、(f)称名寺蔵、金沢文庫保管、正嘉～建治に成立、(g)女人罪業観×
④『高野山往生院谷帰命無量寿如来堂縁起』	(a)○〔如是、慳貪○〕、(b)○〔兜率往生〕、(c)×、(d)×、(e)×、(f)高野山不動院蔵、弘安9(1286)成立、『阿弥陀三尊如来縁起』ともいう、(g)女人罪業観×
⑤『普通唱導集』	(a)○〔如是、慳貪×〕、(b)×、(c)×、(d)×、(e)×、(f)「信濃国善光寺伝起」、永仁5(1297)起稿、(g)女人罪業観×
⑥『信濃国善光寺生身如来御事』	(a)○〔如是、慳貪×〕、(b)×、(c)○〔国王や男女の見送り〕、(d)×、(e)○〔「舒明王ノキサキクワウ極天皇ノ宮」、「タノシミニホコリテ、仏法ノ名字ヲキカス」〕、(f)内閣文庫蔵、徳治3(1308)成立ヵ、(g)念仏で次生は女人から男子に
⑦甲斐善光寺鐘銘願文	(a)○〔「所生女子」、慳貪×〕、(b)×、(c)×、(d)×、(e)×、(f)正和2(1313)、『鎌倉遺文』24915号、(g)女人罪業観×
⑧『壒嚢鈔』	(a)○〔如是、慳貪○〕、(b)○〔下女は現世で后に、来世で薬師仏に〕、(c)○〔上妙夫人・聖明王と573人が投身〕、(d)○〔五障三従×〕、(e)○〔「皇極天皇」、「仏ニ不帰依故」〕、(f)「三如来トハ何」、文安3(1446)成立、(g)女人罪業観×
⑨『善光寺の縁起』	(a)○〔「によせ」、慳貪×〕、(b)×、(c)○〔国王や道俗貴賤男女が見送〕、(d)×、(e)○〔「用明てんわうのきさきに孝徳のみや」、「楽のみふけりて、ふつほうの名字をきかさりし」〕、(f)信濃での衆生利益が「七百九十四ねん」、(g)念仏で次生は女人から男子に
⑩『善光寺如来本地』	(a)○〔「によせ」、長者妻の慳貪〕、(b)×〔孝行娘が后に〕、(c)○〔国王たちが見送り、投身など〕、(d)○〔五障三従×〕、(e)○〔「ようめい天わうのきさき、くはうこく天わう」、「きやうくはうまん、しつとのこゝろふかくして、ごせほたいのつとめなかりしゆへ」「三ほうをも、くやうし奉らす、又せんこんをもせす」〕、(f)慶応義塾図書館蔵、寛文6(1666)写本、(g)女人罪業観○〔「女人はたすけかたきもの」、「女は、こしやう三しやうといふつみ、おもき」〕
⑪『善光寺本地』	(a)○〔「によせ」、長者妻の慳貪〕、(b)×〔孝行娘が后に〕、(c)×、(d)○〔五障三従×〕、(e)○〔「ようめいてんわうのきさき」、理由×〕、(f)赤木文庫蔵、万治2(1659)刊本、(g)女人罪業観×、内容は⑩をより整理したもの
⑫『善光寺縁起絵巻』	(a)○〔「によせ」、長者妻の慳貪〕、(b)×〔孝行娘が后に〕、(c)○〔国王たちが見送り、投身など〕、(d)○〔五障三従×〕、(e)○〔「ようめい天わうのきさき、くはうくうのみや」、「三ぼうをも、くやうせす、又せんをもしゆせす」〕、(f)鎌倉英勝寺蔵、寛永頃古活字版『善光寺如来の本地』(下巻のみ)とほぼ同文、(g)女人罪業観△、内容は⑩と⑪の中間型

光寺如来講のために「試手自草」したものである[14]。本縁起では、月蓋の阿弥陀供養によって国に蔓延した疫病が鎮まったと述べるだけで、娘についての言及はない。

③称名寺蔵『善光寺如来事』『弥陀観音現益事』はいずれも枡形折帖で奥書がなく、その成立が定かでない[15]。『善光寺如来事』は途中に欠丁があり、「終ハ不レ書也」とあって未完であるし、『弥陀観音現益事』は後闕である。ただし『善光寺如来事』表紙に「了禅」の名がみえ、先行研究では、その筆跡などからこの人物を法光房了禅なる律僧に比定している[16]。高橋秀栄によれば法光房了禅（一二二一～？）は、(Ⅰ)その著作が金沢文庫に二〇点あまり存している、(Ⅱ)称名寺審海や極楽寺良忍と親交があり、願行房憲静から伝法灌頂をうけた、(Ⅲ)正嘉元年（一二五七）八月に常陸国三村山極楽寺で『仏眼法密記』を書写したのが初見であり、建治三年（一二七七）に完成した称名寺本尊の弥勒菩薩像胎内に自筆の奉納品を納入している、とのことである。以上から、その成立は正嘉から建治年間ごろと推定することができる。③『善光寺如来事』に如是の名はみえないが、月蓋「寵愛之娘」の病悩平癒譚が確認できる。

④高野山不動院蔵『高野山往生院谷帰命無量寿如来堂縁起』は、『阿弥陀三尊如来縁起』とも呼ばれる[17]。奥書によれば、弘安九年（一二八六）一二月一五日に高野山の愛阿房が、善光寺如来と「同仏」である如来堂阿弥陀三尊の由来を語るなかで、善光寺如来の縁起を記したものである。ここでは「月蓋長者」の「慳貪」さのために「如是女」が「五種温病」に罹っており、月蓋娘の治病譚がほぼ完成した姿で登場している。

⑤永仁五年（一二九七）起稿の『普通唱導集』に「信濃国善光寺伝起《ママ》」が引用されている。そこでは、「月蓋長者」の「女子如是」の治病譚がみえ、「消二除重病一」するなど、「末世衆生」を「利益」する善光寺如来の功能を強調している[18]。

⑥内閣文庫蔵『信濃国善光寺生身如来御事』は、大和国楊本庄の建武元年（一三三四）検注帳の紙背に伝えら

れた[19]。文中に、善光寺如来が欽明天皇一三年に日本に渡ってから「徳治三年ツチヘ（ママ）サルニイタ（至）ルマテハ七百五十七年トユフ」とあり、本書の成立が徳治三年（一三〇八）であったことを示唆している。内容的には「月蓋長者」の娘「如是姫御前」の治病譚がみえるが、病の原因は「国中」に発生した『病難』である。そして月蓋の念仏によって、如是姫だけでなく、多くの患者や死者まで蘇ったとする。なお、本書では月蓋の念仏によって、如是は「女人ノホウ（報）」を転じて男子となり、百済の阿佐太子、日本の本田善助に生まれ変わった、と述べており、男性優位の考えが登場している。

⑦甲斐善光寺鐘銘願文は正和二年（一三一三）六月のものである。女性に関する記述としては、「月蓋」の娘の治病譚のみがみえる[20]。ただし如是の名はなく、「一人少女」とあるだけで、月蓋の慳貪についての記述もない。

⑧『壒嚢鈔』「三如来トハ何」は、善光寺の阿弥陀と嵯峨清涼寺の釈迦、そして因幡堂薬師如来の縁起を説いたものである[21]。『壒嚢鈔』は文安三年（一四四六）京都東山の観勝寺行誉によって編纂された。文中に、欽明一三年に如来が渡来してから「今上皇帝文安二年丙寅ニ至テ八百九十五年歟」とある。「文安二年丙寅」は文安三年丙寅の誤写であるが、それと『壒嚢鈔』編纂の年紀とが一致する。この記述は行誉の手になると言えよう。女性に関する記事は、第一から第五まですべて出そろっており、「月蓋」の「慳貪」により「如是」が病になった、とする。

⑨『大日本仏教全書』所収『善光寺の縁起』上中下三巻については、成立年代が定かでない[22]。絵入りであるので、時期的にはかなり下るとみてよい。牛山佳幸は『実隆公記』文明七年（一四七五）七月一八日条にみえる「善光寺縁起絵三巻嵯峨、三宝院常住」がこれではないかと推測している[23]。また、文中には、善光寺如来が信濃で衆生利益を始めて「すでに七百九十四ねん」になると述べている。「くわつくわいちやうしや」の娘「によせこせん」の治病譚がみえるが、慳貪の話はなく、単なる疫病への罹患である。また、⑥『信濃国善光寺生身如来御

事』と同様に、念仏功徳によって月蓋の娘は、「おんなのほう《報》を転せられて男子」になったという。

中世に成立した善光寺縁起は以上であるが、さらに近世の仮名本縁起についても瞥見しておこう。⑩慶応義塾図書館蔵『善光寺如来本地』は、寛文六年（一六六六）一〇月三日の書写本である。[24] 仮名本縁起としては珍しく、女人罪業観がいくらかみえる。まず月蓋長者の慳貪は、妻の「けんとん」「しやけん《邪見》」に引きずられたものだとする。そのため釈迦は、「されはこそ、女人はたすけ《助》かたきもの也」と述べている。つまり如是の病は、母親の慳貪が原因ということになる。万治二年（一六五九）の刊本である⑪赤木文庫蔵『善光寺本地』は、⑩を簡潔にしたものである。[25] 治病譚は月蓋長者の妻が慳貪であったため、「によせ」が病となったとする。ただし、「女人はたすけ《助》かたきもの也」という釈迦の語はみえない。⑫鎌倉英勝寺蔵『善光寺縁起絵巻』は⑩と⑪の中間型の絵巻である。奥書がなく成立年代は不明であるが、詞書は寛永頃の古活字版仮名縁起『善光寺如来の本地』（下巻のみ現存）とほぼ同文である。[26] 治病譚は⑪とほぼ同内容である。

以上、縁起諸本を通覧しながら、長者娘の平癒譚をみてきた。概括すると、治病譚の初見は建治三年（一二七七）書写の①『請観音経法』「善光寺伝」であり、弘安九年（一二八六）成立の④『高野山往生院谷帰命無量寿如来堂縁起』では、月蓋長者の「慳貪」が付け加わっており、鎌倉後期には如是姫の病悩平癒譚としてほぼ完成した姿をみせている。

この説話は、月蓋長者の弥陀供養によって天竺毘舎離国「人民」の「大悪病」が平癒したという『請観世音菩薩消伏毒害陀羅尼呪経』の逸話がもとになっている。[27] それが月蓋娘の治病譚、さらに月蓋の慳貪によって病となった娘如是の平癒譚、そしてさらに月蓋妻の慳貪によって病となった娘の治病譚へと展開していった。諸縁起のうち、「人民」の治病譚が『平家物語』や②『善光寺如来講式』であり、娘の治病譚に当たるのが①『請観音経法』、③『善光寺如来事』、⑤『普通唱導集』、⑥『信濃国善光寺生身如来御事』、⑦甲斐善光寺鐘銘願文、⑨『善光寺の縁起』である。そして、慳貪な月蓋の娘の治病譚が④『高野山往生院谷帰命無量寿如来堂縁起』、⑧『壒嚢鈔』や『真名本善光寺縁起』であり、慳貪な月蓋妻の娘の治病譚が近世の仮名本縁起（⑩〜⑫）である。

　先行研究はこの説話を女人救済思想と捉えているが、その判断は妥当なのだろうか。そもそも如是が病となったのは父親の慳貪に起因しており、彼女自身に非があったわけではない。病の平癒も月蓋の阿弥陀供養によっており、病の発症・平癒に際し、如是は何ら主体的に関わっていない(28)。これでは女人救済思想とは言えまい。父親の慳貪が子どもの厄災を招くこと、子どもの病には阿弥陀仏への供養が有効であることを説くのが、この説話の主旨であり、むしろ父親への教訓譚と捉えるべきだろう。女人救済の説話とする先行研究には従いがたい。

　ただし、近世の仮名本縁起になると、若干の変化がみえる。如是の病の原因は、父親の慳貪から母親の慳貪へと変化する。仮名本縁起は女性信者を主対象としていることから、母親の誡めに変化したのだろう。また、⑩『善光寺如来本地』のみ月蓋妻の慳貪に触れて、釈迦が「されはこそ、女人はたすけ《助》かたきもの也」と語っている。とはいえ、月蓋長者娘の病悩平癒譚はいずれも女人救済思想とは言えないこと、また少なくともこれに関わる中世の善光寺縁起には、女人罪業観が一切みえないことを改めて確認しておきたい。

　次に第二、下女のとぎ汁供養譚に移ろう。弘安九年成立の④『高野山往生院谷帰命無量寿如来堂縁起』が初見であるが、全体としてこれに触れた縁起が少ない。⑧『壒嚢鈔』では、供養された釈迦が下女に対し、「汝今生ニハ后ノ位ト成リ、命百廿年持テ、未来ニハ決定薬師仏ト成ルヘシ」と予言したところ、たちまち美形に変身して皇帝の后に迎えられた、とする。供養の下女が后になる話は、真名本縁起にはみえないので、真名本の成立段階で削除されたのであろう。一方、近世の仮名本縁起（⑩〜⑫）では顕著な変化がみられ、とぎ汁供養譚に代わって、月蓋に仕えていた女性が国王の后になる話が登場する。彼女は非常に親孝行な娘として造型されており、その「とく《徳》」で后になれたという。親孝行の強調は近世の仮名本縁起の大きな特徴であり、親孝行のおかげで釈迦や月蓋に生まれることができたという釈迦・月蓋の前世譚も、仮名本縁起（⑩〜⑫）にみえている。また⑩『善光寺如来本地』、⑫『善光寺縁起絵巻』には、世間では「女はこしやう《五障》三しやう《従》といふつみ《罪》、おもき《重》」と言われているとあり、女人罪業観も垣間見える。

小括すれば、下女のとぎ汁供養譚には真名本を含め、女人罪業観がまったく登場しない。そもそもこの説話は貧者の志に仏が応えた点にポイントがあり、女性であることにさほどの意味はない。これも女人救済思想とは言えない。ただし近世になると、親孝行の功徳や女性の罪業が仮名本縁起で触れられるようになる。

第三、百済の官女の見送り入水譚であるが、徳治三年の成立と考えられる⑥『信濃国善光寺生身如来御事』では、善光寺如来が、国王をはじめ多くの男女に見送られたとする。投身入水の話はない。⑧『壒嚢鈔』では、善光寺如来を見送っていた上妙夫人や聖明王が、来世の値遇を願って海に身投げをする。それをみて「五百七十三人」が身を投じたが、突風で磯に吹き戻されて誰も命を落とす者がいなかった。そこで「サレバ仏ニ捨ツル命ハ、今生ヲサヘ済ヒ給フ、況ヤ来世ヲヤ」と皆が思った、という。⑨『善光寺の縁起』では、百済の「すいめいてんわう」をはじめ、道俗貴賤の男女が「けちえん《結縁》」のために如来を見送ったとするが、投身入水の話はない。近世の仮名本である⑩『善光寺如来本地』、⑫『善光寺縁起絵巻』では、百済国王をはじめ多くの者が名残を惜しんで見送り、投身する者や思い死にする者も出たと述べるが、女性についての特別な言及はない。

小括すると、百済での見送りについて、真名本縁起は五障三従の女人罪業に触れながら、皇后・女官の入水往生を説いており、女人救済思想の要件を満たしている。しかしこれは真名本縁起だけの特徴であって、それ以外の縁起では、百済での見送りにジェンダー差は認められない。女人罪業や入水往生を説いているのも、真名本縁起だけである。真名本縁起を除けば、百済での見送り譚を女人救済説話と呼ぶことはできない。

第四、本田善光の妻の生まれ変わり譚。中世の縁起でこれを載せるのは、⑧『壒嚢鈔』のみである。善光寺如来が本田善光の妻と対面した時、如来は妻に「善光カ天竺ニ月蓋ト生シ時モ、汝、妻室トメ常ニ我奉仕シキ。此結縁ニ依テ、今夫婦トメ吾ニ可二値遇一」と述べ、本田善光の妻が月蓋妻の生まれ変わりであると説いている。ただし、真名本縁起とは異なり、五障三従や女人垢穢のような差別的言辞はみえない。近世の仮名縁起（⑩〜⑫）では如来の説明を聞いた善光妻が、「迷いの衆生に生まれて昔を忘れる悲しさ」と嘆いている。これは「迷いの衆生」という人間一般の愚かしさを口にしたものであって、女人罪業観ではない。この説話にかかわって五障三従に触れるのは、真名本縁起だけである。

以上、四項目について検討してきたが、中世の善光寺縁起では女人罪業観を確認することができなかった。第五の貴女の堕地獄譚については、節を改めて検討したい。

三　貴女の堕地獄譚と善光寺

貴女の堕地獄譚に関し、真名本縁起ではその貴女を皇極天皇とした。そして、堕地獄の理由として、「驕慢嫉妬」「五障三従」という女性一般の罪業、および「五障三従賤身」でありながら「十善ノ位」を穢したことを挙げている。では、中世の善光寺縁起ではどうであろうか。

貴女堕地獄譚の初見は、文永九年（一二七二）成立の②『善光寺如来講式』である。本田善佐が「王女之冥途」を憐れみ、「炎魔庁底」で身代わりになることを申し出た、とする。ここでは天皇ではなく「王女」として造型されている。彼女が「冥途」に行くことになった理由については触れていない。③『弥陀観音現益事』では、「皇極天皇」の名が初めて登場する。歴史上の人物としての皇極天皇（五九四〜六六一）は、敏達天皇の曽孫にあたり、舒明天皇の皇后である。天智・天武天皇の母であり、夫の死後に即位した。蘇我氏の滅亡後、同母弟の孝徳天皇に位を譲ったが、孝徳が早世したため、重祚して斉明天皇と名乗っている。ただし、本縁起では「皇極天皇」が登場するものの、彼女が天皇であることに関心を示していない。「天皇姫、可㆑為㆓賢王ノ母公㆒」と述べており、むしろ天皇の娘であり、将来国王の母となるべき人物として造型されている（実際には皇極は天皇の娘ではない）。また、彼女が地獄に堕ちた理由も語っていない。

⑥『信濃国善光寺生身如来御事』では、「舒明王ノキサキ《（后）》クワウ極天皇ノ宮」が一八歳で頓死して地獄に堕ちたとする。ここでも皇極は天皇としてよりも、舒明天皇の后として造型されている。本田善助が身代わりを申し出たのは、彼女が「一天ノ后」であり、「ケン《（賢）》王ノ母」となるべき身であるからである。また、蘇生後に本田善光・善助親子が宮中に呼ばれて国司に補任されるが、その任命主体も舒明天皇である。皇極が地獄に堕ちたのは、「タノシミ《（楽）》ニホコリテ、仏法ノ名字ヲキカ《（聞）》」なかったためとする。つまり不信心に原因があったのであり、女性であることが要因ではない。

⑧『壒嚢鈔』では、皇極は「紅顔翠黛」の「廿四五ナル女房」とあり貴女としての側面を残すものの、「日本国ノ主皇極天皇」「一天四海ノ主」と明確に天皇として造型されている。本田善介《よしすけ》は「父母ノ御恩」「天子ノ恩」に報いるため身代わりを申し出たし、蘇生後の恩賞も皇極が授与している。ただし「仏ニ不ル㆓帰依セ㆒故ニ、今悪趣ニ赴ク」とあり、ここでも堕地獄の原因は不信心にあるのであって、女性性とは関わりがない。

⑨『善光寺の縁起』では、貴女の名前が変わっている。「用明てんわう《（天皇）》のきさき《（后）》」の「孝徳のみや」「御とし十八」が地獄に堕ちて、責め苦にさいなまれていた、という。用明天皇の在位は五八五年から八七年であるので、「孝徳のみや」が実在すれば皇極天皇よりも二、三〇歳、年上ということになる。蘇生後の国司補任は用明天皇が行っており、この縁起では「孝徳のみや」は后として描かれている。また、彼女が地獄に堕ちたのは、「楽のみふけ《（耽）》りて、ふつほう《（仏法）》の名字をきか《（聞）》さりし」ことにあり、ここでも堕地獄と女性性との間に関連はない。

つぎに近世の仮名本縁起をみると、⑩『善光寺如来本地』では、貴女の名は「日本ごくのあるじ《（主）》、ようめい《（用明）》天わうのきさき《（后）》、くはうこく天わう」となっている。用明天皇の后説と皇極天皇説との折衷のようにもみえるが、蘇生後に恩賞を与えたのは用明天皇であるので、基本的には后の堕地獄譚とみてよい。吉祥天のような「うつくし女人《（ママ）》」が裸となって拷問され、肌からは紅の血が流れているなど、情景描写はかなり具体的である。彼女が地獄に堕ちた理由は、「きやう《（ママ）》くはうまん、しつと《（嫉妬）》のこゝろ《（心）》ふかく《（深）》して、ごせ《（後世）》ほたい《（菩提）》のつとめなかりしゆへ《（故）》」とか、「三ほう《（宝）》をも、くやうし《（供養）》奉らす、又せんこん《（善根）》をもせす」と述べている。女性の劣性としてよく取りあげられる憍慢・嫉妬がでてくるものの、堕地獄の主因は仏法への不信心である。⑪『善光寺本地』では「日本国のあるじ《（主）》、ようめい《（用明）》てんわう《（天皇）》のきさき《（后）》」となっているだけで、名前の記載がなく、堕地獄の理由にも触れていない。⑫『善光寺縁起絵巻』の堕地獄譚は⑩に近い。「日本のあるし《（主）》に、ようめい《（用明）》天わうのきさき《（后）》、くはうくうのみや」と名乗る、吉祥天のような「うつくしき《（美）》女はう」が裸となって拷問されている。堕地獄の理由は「三ぼう《（宝）》をもくやり《（供養）》せす、又せん《（善）》をもしゆ《（修）》せす」という不信心にあったとするだけで、⑩とは異なり、憍慢・嫉妬の話が出てこない。また、善光らの国司補任は「きさき」が行っている。

小括すると、貴女堕地獄譚の初見は文永九年成立の②『善光寺如来講式』であり、これ以降、中近世の善光寺縁起でこの説話は数多く取りあげられた。貴女には王女説と皇極天皇説、そして用明天皇后説の三種がある。そのうち王女説が②であり、皇極天皇説の代表が⑧『壒嚢鈔』と『真名本善光寺縁起』である。用明天皇后説は、⑨『善光寺の縁起』や近世の仮名本縁起（⑩〜⑫）である。私がこの説話を皇極天皇の堕地獄譚とせず、貴女堕地獄譚と呼んだのは、貴女の性格に揺れがみえるためである。王女説・皇極天皇説・用明天皇后説という人物造型の揺れからして、この説話はもともと女性天皇の堕地獄を説くことに主眼があったのではなかろう。如是姫平癒譚が長者の子の治病説話であったように、この堕地獄譚は元来、王女・后の堕地獄説話であった。

問題は堕地獄の理由であるが、⑥『信濃国善光寺生身如来御事』は「タノシミ《（楽）》ニホコリテ、仏法ノ名字ヲキカ《（聞）》

ス」とし、⑧『壒嚢鈔』は「仏ニ不ル㆓帰依セ㆒故ニ、今悪趣ニ赴ク」、そして⑨『善光寺の縁起』は「楽のみふけ《（耽）》りて、ふつほう《（仏法）》の名字をきか《（聞）》さりし」とする。真名本縁起は、五障三従の罪業と、「五障三従ノ賤身」で「十善ノ王位」を穢したことを堕地獄の理由にしているが、中世の善光寺縁起にはそうした要素はまったく確認できない。彼女が地獄に堕ちたのは単なる不信心に原因があり、そこにジェンダー差はない。この点は近世の仮名本縁起でも基本的に同じである。つまり貴女の堕地獄譚で五障三従を口にし、王位を穢したことを非難するのは、真名本縁起だけの特徴である。

考えてみるに、貴女堕地獄譚はもともと女性性とは無縁の説話であったはずだ。貴女が取りあげられたのは、そのドラスチックな運命の転変が、聞く者に強い印象を与えるからである。現世を存分に享受していた若く美しい権勢者の妻女が、地獄での拷問に苦しんでいる。この強烈なコントラストによって、現世の享楽が堕地獄に至ることを示し、人々に作善の必要性と、死者の救済に善光寺信仰が有効であることを鮮烈に印象づけるところに、この説話の本質がある。貴女は現世を謳歌している人間の典型であり、現世と来世の境遇のコントラストがもっとも鮮明に浮かび上がるため、若く美しい貴女が選ばれたに過ぎない。ところが真名本縁起の登場によって、貴女は女性の罪業を象徴する人物に変化し、女性性に起因する堕地獄から免れるためには、善光寺信仰が不可欠であるという説話に変化した。こうして善光寺は女人救済の寺院へと変貌を遂げていった。

結論すれば、鎌倉・室町時代に作成された善光寺縁起には女人罪業観は一切みえない。近世の仮名本縁起では、女人罪業観が若干登場するが、真名本縁起に比べると、はるかに軽微である。少なくとも、中世の善光寺信仰は差別的女人救済論に囚われない健康さをなお保持していた。鎌倉・室町時代の善光寺が女人救済の寺であったとする牛山佳幸らの評価には従えない。

では、真名本縁起はいつ成立したのか。今のところ、最古の写本と思われるのが、高野山増福院旧蔵『善光寺如来縁起』四冊（高野山大学図書館蔵）である。残念ながら奥書はないが、第四冊目に挿入された切紙に「本ニ曰ク、文明十五年癸卯三月十五日為二結縁一書レ之了、円盛四十三歳」とある。この増福院本縁起は、文言に若干の違いがあるものの、寛文八年版『真名本善光寺縁起』にみえる女人罪業観がすべて出そろっている。百済の官女の入水では「五□（障）雲」「三従ノ霞」に触れているし、本田善光妻について「女人罪業深重」「五障三従垢ノ穢ノ身」と述べ、皇極天皇に対しても「憍慢嫉妬嵐蜜ク、五障三従ノ雲厚メ、後生ノ御営少モ不二御座一」「以二五障三従ノ賤身ヲ一、穢二十善ノ王位ヲ一、妨二正直憲法ノ道理ヲ一、致二非理非法ノ責ヲ一」と非難している。つまり『真名本善光寺縁起』の最古の写本は、文明一五年（一四八三）ということになる。

真名本縁起は応永三四年（一四二七）の善光寺焼亡に触れているが、文明六年・九年の焼亡には言及していない。これらからして、真名本縁起は一五世紀中葉に成立したと考えてよいだろう。これ以前の善光寺は、女人罪業観をもとにした女人救済を説くことはなかったし、近世の仮名本縁起の世界でも女人罪業観は希薄である。その意味では真名本縁起の女人罪業観は、むしろ特殊とすら言える。

では、中世の善光寺信仰が差別的救済論に囚われない健康さを保持していたことと、中世の善光寺が多くの女性に慕われていたこととの間に、どのような関連があるのだろうか。それは何よりも、善光寺の大衆性として理解されるべきである。『大山寺縁起』によれば、

叡山・高野の両山は伝教・弘法、潔戒の地なり。妄染妄境罪垢、遮らんが為めに女人の境界を隔て、嵯峨・善光寺の二寺は釈迦・弥陀、生身の砌なり。浄不浄を論ぜず、称名を進めんが為（ママ）に男女の雑居を許さる。

とある。(29) 嵯峨の清涼寺と信濃の善光寺は「浄不浄を論ぜず」、つまり参詣に際しては精進潔斎が不要であり、参籠に際しても「男女の雑居」を許していた。男女とも気軽に参詣することのできる聖地、これが善光寺である。

鎌倉後期成立の『沙石集』には、次の説話がみえる。(30) 常陸国北郡に善光寺式の一光三尊像を安置した不断念仏

堂がある。檀那は当初その護持を持戒堅固の律僧に任せるか、それとも念仏僧に委ねるかで悩んだが、「伊勢島ヤ深キナギサ《渚》ハサテアレ、我ハ濁レル水ニ宿ラン」という如来の夢告があったため、不断念仏を置くことにしたという。これについて『沙石集』の著者無住は、次のように説明する。心が濁っていても、無理に念仏を唱えていると、やがて心が澄んでくる。それと同様に善光寺如来は、罪業の重い衆生の濁水に、南無阿弥陀仏の「清水珠」を投げ入れて「愚ナル衆生ヲ救ハン」としているとし、そこに無住は善光寺如来の大悲をみている。この話は後に信濃善光寺の説話に改変され、「五十鈴河キヨキ《清》ナカレ《流》ハアラハアレ、ワレ《我》ハニゴレル《濁》水ヤ《ニ》トラン」の歌が縁起に取りこまれており、中世善光寺を象徴する説話となった。悪人正機、悪人救済は浄土教の伝統的な思潮であるが(31)、善光寺はまさにそのような寺院として信仰を集めていた。つまり善光寺は、精進潔斎もまともに出来ないような濁悪の衆生を救済するため、男女を問わない開放性と大衆性をその本質としていた。中世善光寺信仰の核心はここにある。善光寺が多くの女性の信仰を集めたのは、女人救済の寺院であったからではなく、性差を問わない悪人救済の仏であったからである。

おわりに——女人罪業観の社会的浸透

もともと善光寺は女人罪業観と無縁であったが、一五世紀中葉に成立した『真名本善光寺縁起』によって濃厚な女人罪業観に染まることになる。ところで、ほぼ同時期に活躍した人物に蓮如がいるが、実は蓮如の御文にも女人罪業観が色濃い。蓮如は文明年間（一四六九〜八七年）に劇的に信者を増やすが、その時期の御文に「わが身は女人なれば、つみ《罪》ふかき五障三従とて、あさましき身にて」（文明五年九月一一日御文）、「女人の身はいかに真実心になりたりといふとも、疑の心はふか《深》くして、また物なんどのいま《忌》はしくおも《思》ふ心は、さらに失せがたくおぼえ候ふ」（文明五年一二月八日御文）、「女人の身は、五障三従とて、おとこ《男》にまさりて、かかるふか《深》き罪《つみ》のあるなり」（年月日未詳御文）等とある。[32] とりあえず『五帖御文』を検索すると、全八〇通のうち、一四通がこうした差別的救済論である。一六世紀初頭、蓮如の御文を抜粋・編纂した『五帖御文』に、これだけ多くの女人罪業論がみえていることは、女人罪障観をもとにした差別的救済論は、蓮如だけでなく、この時期の浄土真宗にとって主要な言説となっていた、とみるべきだろう。

また、高達奈緒美によれば、一五世紀後半は血盆経信仰が日本社会に広まってゆく時期でもある。[33] そもそも血盆経信仰は一〇世紀ごろに中国で成立した。血盆経では女性専用の血の池地獄について説いており、そこから救済されるには血盆経の書写奉納や、如意輪観音への信心が重要だと述べている。この血盆経信仰が日本で広まったのが、戦国から江戸時代である。高達によれば、日本での血盆経信仰の初見は正長二年（一四二九）であり、その後、一四八二年・八七年・九一年・九六年に確認できる。検出事例はまだ多くないが、一五世紀後半に血盆経信仰が京都を中心に広がっていったことが分かる。

たとえば立山と血盆経信仰とのつながりは著名であるが、両者が結びついたのは、戦国時代末から江戸初期のことである。[34] 立山に地獄谷があるという考えは平安時代から確認できるが、血の池地獄と立山の地獄谷が結びついて、立山に血の池地獄があるという考えができあがる。高達奈緒美によれば、江戸時代の初めに岩峅《いわくら》寺延命院が加賀藩の藩主夫人の血盆経を奉納した資料があり、これが今のところ立山での血盆経奉納の初見である。立山が血盆経や血の池地獄と習合するのは、戦国末・江戸時代初頭と考えてよい。さらに本論文の冒頭で紹介した野村育世の研究によれば、若狭の地域寺院への寄進札に女人罪業観が登場するのは西暦一五〇〇年前後からであり、一六世紀前半にはかなり流布している。

こうしてみてくると、一五世紀後半以降の戦国時代に、地域民衆の世界で女人罪業観が盛んに語られるようになったことが分かる。では、その理由は何なのか。

ここで想起すべきは、移行期村落論の盛行にともなって、近年、百姓の家研究が大きく前進したことである。論者によって多少の偏差はあるものの、一五世紀から一七世紀に百姓の世界で家父長制家族が成立したとする。たとえば坂田聡は、百姓の家について、次のように述べる。(Ⅰ)中世前期においては夫婦の結び付きは強くなく、夫婦別姓・夫婦別財で財産が分割相続されているなど、家は不安定で非永続的な組織であった。(Ⅱ)中世後期に一夫一婦婚・夫婦同財・嫡子単独相続が進行して、戦国時代には永続的な家が形成され家産・家名・家業が成立する。(Ⅲ)永続的な百姓の家は、列島中央部では戦国時代には成立しており、江戸時代初頭には下層百姓や隷属民の家も形成されて全国的に一般化する。(Ⅳ)永続的な家が形成されたことをうけて、戦国時代には家を基礎単位とする自律的な村が登場する。

それに対し、薗部寿樹は中近世移行期後半(一六世紀後期~一七世紀前期)に百姓の家が形成され、家役の賦課が一般化して、家を基礎単位とする村が形成されたと主張した。また近世史の渡辺尚志は、(Ⅰ)災害・飢饉と戦乱の影響により、戦国期には小百姓の家が一般的に確立していなかった、(Ⅱ)争乱の終結と生産力の発展によって一七世紀には小農が自立し、村方騒動を経て一七世紀後半には小百姓も参加する村政が成立する、と論じている。[35]

百姓の家研究に主眼がある坂田と、村落構造や村落内身分の解明をめざす薗部、そしてより下層の小百姓の家形成に注目する渡辺とでは、研究視角に違いがある。また、自律的村落の形成が百姓の家の確立をもたらしたと考えるのか、それとも百姓の家の確立が自律的村落の形成を促したと考えるのかでも、意見が分かれている。実際のところ、百姓の階層差や地域差をどの程度勘案するかによって、百姓の家の成立時期の見通しに多少の食い違いが生じるのは当然であろう。とはいえ、戦国時代には列島中央部における上層中層の百姓の世界で永続的な家が形成され、近世初頭には下層百姓や隷属民においても家が形成されて、永続的な家が全国化・一般化する、という坂田の概括は、近年の研究のおおよその到達点を指し示している。

そして、百姓の世界における家父長制家族の広汎な成立は、女性の地位に重大な変化をもたらした。この点について坂田聡は、（Ⅰ）中世後期には女性の財産相続権が限定的なものとなって夫への従属が進行する、（Ⅱ）戦国時代に村が家長のみを成員とする組織となった結果、女性は姓を用いることが著しく減少し、私的な場では生涯を通して童名を名乗るようになり、公的な場では衛門太郎女・平内女のように、家長の関係者として把握されるようになる（夫婦別姓から夫婦同苗字へ）、（Ⅲ）家社会が確立すると、婚姻後の性的規制が強化され、女性の貞操が強調されるようになる、と述べている。このことからすれば、一五世紀中葉から地域民衆の世界で女人罪業観が盛んに喧伝されるようになったという本論文での検討結果も、スムースに理解できるだろう。

結論すれば、百姓の世界における家父長制家族の形成と女性の従属化が進展したこと、これが女人罪業観を地域社会に浸透させていった根本要因であった。善光寺信仰が女人罪業観と結びつくようになったのは、家父長制家族の広汎な成立がその背景にあったのである。こうして、濃厚な女人罪業観を漂わせた『真名本善光寺縁起』が登場し、それが善光寺信仰の中核となっていった。

とはいえ、真名本縁起とほぼ同時期に成立した⑨『善光寺の縁起』には女人罪業観が皆無であるし、近世の仮名本縁起（⑩〜⑫）にもその影響は非常に希薄である。つまり真名本縁起の成立後も、善光寺信仰は決して差別的救済論一色に染め上げられたわけではない。それゆえ、江戸時代において女人罪業観が民衆的世界にいかに定着してゆくかについては、今後も更なる検証が必要となるだろう。

（1） 笠原一男『女人往生思想の系譜』（吉川弘文館、一九七五年）。
（2） 平雅行「旧仏教と女性」（同『日本中世の社会と仏教』塙書房、一九九二年）、同「中世仏教と女性」（『日本女性生活史　2中世』東京大学出版会、一九九〇年)。
(3)　野村育世『仏教と女の精神史』(吉川弘文館、二〇〇四年)。
(4)　新訂増補国史大系『吾妻鏡』文治三年七月二七日条・延応元年七月一五日条。善光寺の歴史については、牛山佳幸「善光寺創建と善光寺信仰の発展」(『善光寺　心とかたち』第一法規、一九九一年)、同「『善光寺縁起』の成長」(『古代・中世人の祈り』長野市立博物館、一九九七年)、同「中世武士と善光寺信仰」(『鎌倉時代の社会と文化』東京堂出版、一九九九年)や高橋慎一郎「鎌倉時代の東国武士と善光寺信仰」(『善光寺の中世』高志書院、二〇一〇年)などを参照。良信・隆弁・政助については、平雅行「鎌倉山門派の成立と展開」(『大阪大学大学院文学研究科紀要』四〇、二〇〇〇年)、同「鎌倉寺門派の成立と展開」(『大阪大学大学院文学研究科紀要』四九、二〇〇九年)を参照。
(5)　新城常三『新稿社寺参詣の社会経済史研究』第七章第五節(塙書房、一九六四年)、小林一郎「善光寺縁起と女性」(『長野』五〇、一九七三年)、滝沢貞夫「如是姫の誕生」(『長野』一六一、一九九二年)。
(6)　牛山佳幸「善光寺信仰と女人救済」(『論集東国信濃の古代中世史』岩田書院、二〇〇八年)。
(7)　『吾妻鏡』建久四年六月一八日条、『信生法師集』(『中世日記紀行文学全評釈集成』第二巻、勉誠出版)、『明月記』嘉禎元年閏六月一九日条(国書刊行会)。
(8)　『沙石集』七－二(日本古典文学大系、二九六頁)、『とはずがたり』巻四(新潮日本古典集成、二三五頁)、『平家物語』巻一〇(新日本古典文学大系、下、二二四頁)。
(9)　大日本古記録『建内記』永享元年七月一三日条。
(10)　倉田邦雄編『善光寺縁起集成Ⅰ』(龍鳳書房、二〇〇一年)。
(11)　前掲注5滝沢論文、注6牛山論文。そのほか、吉原浩人「皇極天皇の堕地獄譚」(『国文学解釈と鑑賞』五五－八、一九九〇年)、西山克『聖地の想像力』(法蔵館、一九九八年)などを参照。
(12)　『伊呂波字類抄』(『校刊美術史料　寺院篇』上、二三二頁)、「阿娑縛抄諸寺略記」(『同』上、二三八頁)、『水鏡』(『善光寺縁起集成Ⅰ』五九三頁)、『扶桑略記』(校訂増補国史大系、二八頁)、『覚禅鈔』「阿弥陀法」(『大日本仏教全書』四五、一七九頁)、『平家物語』巻二(新日本古典文学大系、上、一一二頁)、『神皇正統記』中(日本古典文学大系、九二頁)。
(13)　『善光寺縁起集成Ⅰ』五七五頁。

(14) 金剛三昧院旧蔵『善光寺如来講式』（『善光寺縁起集成Ⅰ』）。
(15) 称名寺蔵『善光寺如来事』『弥陀観音現益事』（『善光寺縁起集成Ⅰ』）。
(16) 高橋秀栄「法光房了禅について」（『金沢文庫研究』二八四、一九九〇年）、納富常天『金沢文庫資料の研究』（法蔵館、一九八二年）。
(17) 高野山不動院蔵『高野山往生院谷帰命無量寿如来堂縁起』（『善光寺縁起集成Ⅰ』）。
(18) 村山修一『普通唱導集　翻刻・解説』（法蔵館、二〇〇六年）一〇〇頁。
(19) 内閣文庫蔵『信濃国善光寺生身如来御事』（『善光寺縁起集成Ⅰ』）。本縁起は応永九年（一四〇二）六月一二日書写の慶応義塾図書館蔵『善光寺如来本懐』上中下とほぼ共通する（『室町時代物語大成』第八、角川書店）。また、満性寺蔵『善光寺如来本懐』上巻は『善光寺如来本懐』上とほぼ同内容である（『善光寺縁起集成Ⅰ』）。
(20) 『鎌倉遺文』二四九一五号。
(21) 『壒嚢鈔』巻一二（『塵添壒嚢鈔・壒嚢鈔』臨川書店、一九六八年、六七八頁）。ただし、因幡堂薬師縁起は「三如来トハ何」の項目には記されず、「七仏薬師事」にみえる。なお、本書の内容は寛永一九年（一六四二）閏九月一五日書写の金剛三昧院旧蔵『三如来由来』（『善光寺縁起集成Ⅰ』所収）とほぼ同じである。『壒嚢鈔』については小助川元太『行誉編『壒嚢鈔』の研究』（三弥井書店、二〇〇六年）を参照。
(22) 『善光寺の縁起』三巻（『大日本仏教全書　寺誌叢書四』）。
(23) 前掲注6牛山論文。
(24) 慶応義塾図書館蔵寛文六年写本『善光寺如来本地』（『室町時代物語大成』第八）。
(25) 赤木文庫蔵万治二年刊本『善光寺本地』（『室町時代物語大成』第八）。
(26) 鎌倉英勝寺蔵『善光寺縁起絵巻』（『善光寺縁起集成別巻』龍鳳書房、二〇〇三年）、寛永古活字版『善光寺如来の本地』下巻（『室町時代物語大成』補遺二）。
(27) 『大正新脩大蔵経』一〇、三四頁。
(28) 月蓋夫婦と如是姫がともに弥陀に祈ったとする縁起もあるが、その場合でも中心となったのは父親の月蓋である。
(29) 洞明院本『大山寺縁起』（『修験道史料集Ⅱ』名著出版、三三七頁）。

（30）『沙石集』拾遺（日本古典文学大系、四六八頁）。

（31）悪人正機説については、平雅行「解脱貞慶と悪人正機説」（『日本中世の社会と仏教』）、同「親鸞の思想構造」（『歴史のなかに見る親鸞』法藏館、二〇一一年）を参照。

（32）『五帖御文』一帖一〇・二帖一・五帖七（『真宗聖教全書』三、四一六・四二四・五〇四頁）。ただし蓮如の場合、「十悪五逆の罪人も、五障三従の女人も、むなしくみな十方三世の諸仏の悲願にもれて、すてはてられたる我等ごときの凡夫なり」（二帖八）、「十悪五逆の罪人も、五障三従の女人までも、みなたすけたまへる不思議の誓願力ぞ」（二帖一〇）とあるように、「十悪五逆の罪人」を男性、「五障三従の女人」を女性とし、両者をペアとして使用している例も多い。その場合は表現上の違いはあるものの、背負っている罪業という点では男女に差違がないことになる。

（33）高達奈緒美「疑経『血盆経』をめぐる信仰の諸相」（『国文学解釈と鑑賞』五五-八、一九九〇年）、牧野和夫・高達奈緒美「血盆経の受容と展開」（『女と男の時空』中世上、藤原書店、二〇〇〇年）。

（34）平雅行「古代中世仏教における女人救済と女性差別」（『石川の歴史セミナー講演録「白山」第五回～八回』石川県立歴史博物館、二〇一〇年）、高達奈緒美「血盆経信仰霊場としての立山」（『山岳修験』二〇、一九九七年）、同「越中立山における血盆経信仰Ⅰ・Ⅱ」（『富山県立山博物館調査研究報告書』一九九二・九三年）。

（35）坂田聡『日本中世の氏・家・村』（校倉書房、一九九七年）、同『家と村社会の成立』（高志書院、二〇一一年）、薗部寿樹『日本中世村落内身分の研究』（校倉書房、二〇〇二年）、渡辺尚志「中世・近世移行期村落史研究の到達点と課題」（『日本史研究』五八五、二〇一一年）、同「村の世界」（同『近世の村落と地域社会』塙書房、二〇〇七年）。

〈追記〉

史料調査に際しては、高野山大学図書館、および木下浩良氏にたいへんお世話になった。篤く御礼を申し述べたい。

富士講・不二道の女性不浄観批判
——妊娠と出産についての言説を中心に

宮崎ふみ子

はじめに

女性の身体や生理的現象、とりわけ月経と出産を不浄の主要因の一つとみることは、近世日本では常識となっていた。しかしその常識に対する批判も、近世社会の中に芽生えていた。

月経と出産の不浄という観念が定着した主な要因の一つは、出産や月経を理由に女性やその近親者を一定の期間隔離する忌みの習慣が、社会全体に広まったことではないかと思われる。このような月経や出産に関する忌みは社会の一部に古くから存在していたが、格式が高い神社で中世に定式化された忌みの規程に含まれることになり、その影響が近世になると多くの神社や神事に及んで社会全体に広まった[1]。また近世前・中期に公布された徳川幕府の服忌令に産穢が含まれていたことも、この種の忌みの定着を促進した。さらに近世に多数刊行された日用百科の機能をもつ節用集や女訓書などの書物にも記され、社会的常識として人々に受け入れられた[2]。

出産や月経に関する忌みは特定の期間だけに限定されるはずだが、月経や出産が可能な身体を持つという理由で女性という存在自体を不浄とする観念も広まった。すなわちこの時代には、寺社の境内や堂宇の中で特に神聖な場所や山岳宗教の聖地から女性を排除する女人禁制の慣習や、女性は血の池地獄での苦患に相当する罪を犯しているという前提で血盆経による女人救済を求める信仰が普及し、女性の罪業や不浄の観念を助長した。

そのいっぽうで、近世の人々は妊娠や出産に高い関心を寄せていた。もちろんどの時代の人々も子供の誕生に関心があったと思われるが、近世には全社会的な規模で「家」が社会の基本単位となったため、家業や家産の継承者としての子供、特に男子の誕生は家の存続にかかわる重要性を持っていた。そのため表向きは月経や出産を忌みながら、実際には男女ともに妊娠と出産に高い関心を持つという、矛盾をはらむ傾向がみられた。日用百科的機能のある節用集の読まれ方に関する研究によれば、妊娠や胎教などに関する部分に繰り返し読まれた痕跡がみられる場合が多いというが、それはこうした傾向を裏づける（3）。

そのような一般的な傾向に反対して、富士講身禄派の元祖である食行《じきぎょう》身禄《みろく》（一六七一～一七三三、俗名伊藤伊兵衛）は、人間は何よりも貴く、その人間を産み出すことは尊い行為で、女性の身体や生理は清浄だと明言した。一九世紀初期に富士講身禄派の信者集団の一つから発展した不二道も男尊女卑に反対し、女人禁制の霊山とされた富士山への女性登山を推進した（4）。このような月経・妊娠・出産の不浄視や女性不浄観への批判が、知識人や医師からではなく、民俗信仰を基盤として発展した富士信仰の俗人リーダーから発せられ、その信者集団に受け入れられたことは注目に値する。本論文は、女性不浄観や男尊女卑の否定がどのような論理や教義に基づいていたのか、とりわけ教義の根幹にあった世の変革に関する観念とどのように関連していたかについて検討する。また富士講や不二道では妊娠・出産・月経に関してどのような言説が展開されたのかを明らかにする。

さらに、本論文では近世社会に広まった妊娠・出産に関する知識や言説と富士講身禄派や不二道の言説を比較検討する。近世には医学的知識を一般の読者にわかりやすく教える実用医学書が数多く発行されたが、その中に妊娠・出産に関する当時の医学的知識に基づく助言が記される場合が少なくなかった。富士講身禄派や不二道の妊娠・出産についての言説には、それらの影響を受けた部分も、それらと異なる独自性もみられる。本論文では、近世の実用医学書や日用百科的な書物に記されている妊娠・出産に関する諸説との比較を通じて、富士講や不二道の妊娠・出産についての教えの特徴を明らかにすることを試みる。

一　食行身禄と参行六王の教え——世の変革と女性罪業観・女性不浄観の否定を中心に

古来富士山は山麓地域や周辺地域の住民の民俗信仰の対象であり、中世初期以降は山岳宗教の修行場でもあった。中世後期からは山麓に拠点を置く修験者や御師などの職業的宗教者の活動により、富士山の神霊に現世利益を祈願する富士信仰が広範な地域に広められた。その信者たちの中から、自ら修行をして富士の神霊から託宣を受け独自の教義を唱える俗人身分の行者たちと、彼らに率いられる信者集団が現れた。その代表が江戸を中心に展開した富士講であり、その中で最も大きな勢力となったのが食行身禄を元祖と仰ぐ身禄派だった。本節では、食行身禄とその教えを発展させた参行六王がどのような世の変革を展望し、女性は不浄で罪業深いという観念をどう批判したかを検討する。

（1）食行身禄の教義における世の変革の教えと女性罪業観・女性不浄観の否定

食行身禄は伊勢国の山村から江戸に出て商人になった人物である。系統的な教育は受けていないが、富士信仰だけでなく種々の情報源から知識を吸収し、独自の教義を唱えた(5)。彼は民の苦しみを顧みず自己の利益を追求する幕府や大名の政治と、一般の人々の道徳的堕落や利己主義的な風潮を批判し、こうした弊害が多い現在の「世」が終わり理想的な「みろくの世」に変わる時が迫っていると信じて、これを弟子たちに説いたり、教義書に記したりした。このような世の変革への期待は、富士講身禄派や不二道の教義の核心をなし、女性観や妊娠・

出産に関する教えとの関連が深いので、まず世の移り変わりに関する教義を概観しておきたい。

食行の教義によれば、「元の父」と「元の母」が海底から立ち上がり、合体して富士山となり、万物を生み出したことによって世界が始まった[6]。この元の父と母は、月日や天地をも意味する宇宙的な存在と考えられていた。元の父と母は六千年間世界を支配した後、天照大神宮に世の支配を譲った。それ以来天照大神宮が支配する「神代」が一万二千年続き、元禄元年（一六八八）に至った。この年に天照大神宮は世の支配から退き、元の父母と本質的に等しい富士の神霊である仙元大菩薩が支配する新しい世が始まる条件が整ったと、食行は考えた[7]。彼は世の変革を「ふりかわり」、変革後の新しい世を「みろくの世」と呼んだ。

「みろくの世」とは富士信仰に限らず、日本の民俗信仰の中で育まれた未来の理想的な世の観念である。これは仏教の弥勒下生信仰に起源をもつが、民俗信仰においては仏教的意味合いが薄れ、「みろくの世」は遠い未来の幸福な世として想定されている[8]。食行が考える理想の世は、そのような民俗的な「みろくの世」の観念を基礎として形成されたと思われる。しかし彼は遠い未来に「みろくの世」が到来するのを受動的に待つのではなく、人間が積極的に行動することによって現実の世界に「みろくの世」を実現しなければならないと考えた。その点で彼の「みろくの世」の観念は民俗信仰と異なっていた。

食行は、天地と人間の両方が変わることが「みろくの世」の実現に必要だと考えていた。天地の変化に関しては、仙元大菩薩が元禄元年に富士山頂で「男綱」と「女綱」を繋いだことを挙げる[9]。男綱と女綱は天地の運行や万物の生成に関わる二つの原理を象徴し、それらが結ばれることは対立する原理が調和的に働くようになったということを意味すると思われる。人間の変化については、すべての人間が我が「身」を「ろく」という歪みのない真っ直ぐな状態、すなわち「みろく」にすることが「みろくの世」実現の必要条件だと考えた[10]。「み」を「ろく」することの具体的内容は、家業に励むこと、すべての人と共に自分も救われるようにと祈ること、救われていることを神に感謝することであった[11]。元禄元年に天地が変わったにもかかわらず「みろくの世」がまだ実現されていないのは、人間の側の条件が整っていないためだと、食行は認識していた。彼は後継者たちに、人々の心がけや生活態度を変えさせ「みろくの世」を実現することを託した。

世の変革の教義とは別に、彼は女性を罪業深く不浄だとする社会通念に反対した。彼は人間の善悪は男女の性別とは無関係だとして、「女よくつとむるは善なり、男悪をなせば悪なり」と述べた[12]。また人間が何よりも尊いという価値観に基づいて、月経を不浄としたり出産を穢としたりすることを批判した。たとえば、月経は人間を生み出すために「天より与え玉ふ故の水」であり「清浄の水なり」と述べた[13]。したがって女人禁制にも反対し男女ともに出産や月経の忌みと無関係に富士登山が認められるべきだと説いた[14]。

食行は妊娠や出産についてあまり具体的な発言をしていない。わずかに、貴賤にかかわらずすべての人間は「露」から始まるが、そこに月が宿り、さらに日が移って「血」が留まり、月日が合体して「真の玉」が備わった人間となると述べているだけである[15]。日月は元の父と母と同義なので、人間男女の「露」と「血」に宿った元の父母の合体により人間が誕生するということを意味すると思われる。

世の変革についての教えと女性の罪業観・女性不浄観の否定はいずれも食行の教えの重要な特色ではあるが、この二つは彼の教義体系の中で必ずしも相互に関連してはいなかった。しかし彼の二世代後の弟子の参行六王はこの二つの要素を関連づけ、女性不浄観や男尊女卑の克服を世の変革の必要条件とした。

（2）参行六王による世の変革の教えと女性罪業観・女性不浄観批判の連結

食行身禄は飢饉や幕府の米価政策に起因する江戸での米不足と打ちこわしに危機感を募らせ、享保一八年（一七三三）の夏に富士山北口登山道の七合五勺にある烏帽子岩の傍らで断食行を続けて死亡した。これにより彼は死後に人々の注目を集め、彼の娘のうち二人と数人の弟子はそれぞれ弟子や信者を抱えることになった。これが富士講身禄派の起源である。富士講身禄派は講組織の緩やかな連合体だった。その指導者の一人である食行の末娘の一行此花の後継者が参行六王（俗名花形浪江、一七四五～一八〇九）である。彼は食行の教義を陰陽五行の概念を用いて解釈し、世の変革と陰陽・男女関係の変革とを関連づけた。

世の変革と陰陽の変化について、参行は次のように説明した。本来は陰と陽の間には優劣の差がない。しかし「神代」の時代には陽を陰より尊重したので陽が優勢になり、五行説で陽に相当する火の勢いも強くなり、猛火や旱魃が起こる。陽が限界に達すると極端な陰へと反転し、五行説で陰に相当する水の勢いが強くなり、洪水が起こる。(16) このような陰陽の不均衡が進行して世界が「海陸」となるところだったが、元禄元年に仙元大菩薩が富士山頂で男綱と女綱を繋いだので人間や万物が救われたと、参行は述べた。(17) また男性上位・女性下位で交わると和合の心を持たない人間が生まれると、参行は述べる。その理由については、陽の男性は燃え上がる火の性質を持ち、陰の女性は流れ下る水の性質を持つので、男が上に女が下にあるときは両者の気が離ればなれになるからだと説明した。つまり参行の説では、陰陽の間に不均衡があると異常気象や災害が起こり、良い人間が生まれないという弊害があり、陰陽・男女の関係が均衡を回復すると「みろくの世」の条件が整うということだった。

参行は陰陽の調和を実現する方法として、陰陽五行説に基づいて二種類の解決方法を提唱した。第一の方法は、これまで上位にあった陽、および陽の性質を持つ火・男を下位に降し、これまで下位にあった陰、および陰の性質を持つ水・女を上位に置くということだった。男を下にして女を上にすれば、上ろうとする男の気と下ろうとする女の気が出合って和合するはずで、そのような男女の結合からは「みろくの世」にふさわしい和合の心を持つ人間が出生すると、参行は考えた。(18)

陰陽の調和を実現するもう一つの方法は、陰陽の差を小さくすることだった。これまで陽は五行のうち南・火に配当され、陰は北・水に配当されていたが、天の意志によってこれ以後は陽を東・木とし、陰を西・金に配当するように改められることになると、参行は考えた。東西は南北より差が少なく、木金は火水より差が少ないので、陰陽・男女の格差が少ない小陰小陽となり、調和しやすくなると考えたのである。[19]

以上のように参行は陰陽五行説を用いて「みろくの世」への変革と男女関係の変化を関連づけ、陰陽・男女の間に調和が実現されることが「みろくの世」実現の必要条件だとした。[20] この考え方は不二道に受け継がれていった。

二　不二道による男尊女卑の批判と妊娠・出産に関する説

一八世紀後半に富士講身禄派は発展し、女性を含む多数の信者を擁するようになった。その富士講の流れを汲む信者集団の中で、男尊女卑と陰陽の調和について最も先鋭的で明確な主張を行ったのは不二道である。

江戸近郊鳩ケ谷の麴屋の主人で手習い師匠でもあり、富士講の行者でもあった小谷庄兵衛（一七六五〜一八四一）は、文化六年（一八〇九）に参行の後継者となり禄行三志と名乗った。三志や弟子たちは祈禱や登山によって人気を集めていた他の富士講を批判し、自分達の集団を「不二孝《ふじこう》」と書いて他の富士講と区別した。この集団は一八三〇年代までに関東地方を中心として中部・近畿・九州地方の一部にわたって数千人から一万人の規模に成長した。これは三志の晩年にあたる天保九年（一八三八）に「不二道」と改称された。本論文では便宜のため、「不二孝」設立時にさかのぼってこの集団を「不二道」と呼ぶことにする。

不二道において女性不浄観と男尊女卑の否定は、家業における男女の役割の見直しや女人禁制の霊山への女性登山の推進という形でも具体化されたが、本論文では特に妊娠や出産についての言説を検討する。

（1）不二道の女性不浄観と男尊女卑の否定

不二道は食行と参行の教義を継承し、人間の義務は元の父母の意に叶うように世の中の生成に寄与することだとした。具体的には家業と子育てを通じて世界を維持し次の世代に引き継ぐことで、三志はこれを「天地相続」と表現した。[21] この義務を遂行する人間は尊く、三志は「天地のたからものは人なり」と表現した。[22] そのような人間を産み出すことは「天地相続」にとって不可欠である。したがって出産はもちろん、月経も「ありがたきおそ（備）なはり、子供をこしらへる為の御花なり」と述べ、出産の前提として高い価値を認めた。[23] 三志は男尊女卑に反対し、「女の有るゆゑ世界立つ」と明言して「世界相続」のために不可欠の働きをするのは女性だと述べた。[24] このような考え方に基づいて、女性は男性より劣る存在だと考えたり、女性には仏罰が降ると信じたり、月経をケガレとして忌避したりする当時の通念を批判した。[25] 以上の点で、不二道は食行と参行の教義を継承していた。

三志や不二道の信者たちは、女性の不浄観・罪業観や男尊女卑を単に批判するだけではなく、これを克服するために具体的な行動をとった。第一は富士山を含む霊山への女性登山を推進して女人禁制の打破を目指したことである。第二は、宗教的な場において男女が等しいと主張するだけではなく、家業や家庭内における男女差の解消をも目指したことである。[26] 第三は、男女交合は世界のために働く人間を作る「おまつりごと」つまり神事であると認識し、交合・妊娠・出産について具体的な教えを説いたことである。第一と第二の点については先行研究もあり、筆者も別の論文で扱っているので、本論文は第三の点に焦点を合わせる。[27]

（2）不二道の生命観

富士講身禄派も不二道も、天地と人間は同じ原理で成り立つと考えていた。これは前近代の思想の多くに共通する特徴である。前述のように、食行は元の父母が万物を生み出したと述べた。不二道もその点では同じだが、

「気」の凝集という概念を説明に用いた。すなわち原初の世界は固形物がないどろどろの状態だったが、「気」が集まって「しん」という天地を貫く垂直の柱となり、そこから日・月・星をはじめ万物が生まれたとする。不二道によれば天地を貫く「しん」は富士山のことで、月日は元の父母と同義だった[28]。不二

不二道は、人間の出生と死亡も「気」という概念を用いて説明した。生命の誕生については、元の父母の「気」が「仮の父母」である人間の男女それぞれの口に入り、それによって父の「露」と母の「露」が生じ、それらが合体して人間の「玉子」になると説明した[29]。人間はこのように元の父母から受けた「気」と土からできた作物を食べてできた「体」とから成りたち、その「気」が「体」から離れることが死亡だと考えた。三志はこのことを「我が身の本も、天よりも、気といふ物で腹にいり、土にそだちし物くふて、よきほどに行く人の身のかへる時にも気でかへる」と述べている[30]。不二道信者たちは、人が死ねば「体」は土に帰るが、「気」は消滅しないで元の父母のところに戻り、そこからまた仮の父母の体内に入り、別の人間となって生まれると信じていた[31]。

気の凝集によって生命が生じ気の離散よって死亡するという考え方や、生命の根本は天から生じ体は地から生ずるという考え方は、富士講や不二道に限らず前近代には広くみられる。中国古代医学書の『医心方』や『黄帝内経素問』などに基礎を置く、古代から近世前期までの日本の伝統的医学の生命観とも共通する[32]。では、伝統医学の生命観と異なる不二道の特徴は何だろうか。それは、男女の性的結合に独特の宗教的な意義を付与した点にあると思われる。

（3）交合についての不二道の教え

不二道では、夫婦の交わりは敬虔に慎重に行うようにと教えた。このような教えは不二道だけではなく、前近代には良い子供を望む夫婦は心がけを良くしなければならないという考え方が広くみられた。近世前期の代表的

な実用医学書である香月牛山『婦人寿草』（元禄五年＝一六九二）には、「夫婦ともに心行の非なるをあらため、善を修し、徳をつみ、功をかさね、恩をほどこし、恵みを敷ときは、天帝の報施自然に感通して、子を生し」という中国南宋の医師の陳自明の説が引用されている。[33]身持ちを良くして良い子を得るという点に限れば、不二道の教えもこれと大差ないといえよう。ただし不二道の特色は、交合・妊娠・出産を、夫婦や家族だけではなく、世の中全体に関わる宗教的な意義をもつ行為とする点にあった。宗教的意義の一つは、夫婦の交合によって「世界相続」に貢献する人間を作るということだった。不二道は夫婦の交合を「おまつりごとの最上」、つまり信者が行う最も重要な宗教的行為とした。[34]不二道では「月日をゐらみ、御水をそなへて、白日晴天にて、家内睦しくして、赤ままにても備えて、慎みにつつしみて」、身を清め、「天地の為になるべき子をあたへ給へ」と祈って交わるようにと教えた。そのようにして授かった子供は、酒に酔っていたり慰みに交合したりして「いつできたやら知らぬ」うちにできた子供より明らかに優れているとして、信者たちに交合を大切に行うようにと教えた。[35]

もう一つの宗教的意義は、正しい男女交合は世界の陰陽の均衡と調和の回復を推進するとしたことだった。不二道は参行の陰陽の教えを受けつぎ、「みろくの世」実現のためには世界全体の陰陽の均衡が回復されなければならず、そのために人間男女の間の均衡を回復しなければならないと考えた。不二道では日常生活での男女の役割の見直しも行ったが、同時に男女の交合においても男性主導や男性上位を改める必要があるとした。三志は「女はうゐとなり、男はしたと成て嫁《とつが》ば、女は男をいだき、男は女をいだく睦しき心也」というように、女性が上位となって交合すると男女の和合が実現すると説いた。[36]また妻が主導し夫がそれに従うことも、来るべき「みろくの世」に相応しい夫婦のあり方として肯定した。[37]

近世の人々は子孫相続や妊娠・出産に対する関心が強かったので、不二道の交合についての教えは人々の注目を集めたらしく、布教の場でしばしば取り上げられた。[38]その場合には、子供の「孝」によって老後の暮らしを安定させるという実際的な意味も強調された。不二道は「孝」を人倫の基本として強調していた。ただし不二道の教えによれば親子関係は双務的であり、親が子供やその配偶者に対して一方的に「孝」を要求することはなかった。親が自分の老後に子供から孝養を受けたいと望むなら、子供を作り育てる段階でそれに値するだけ子供を大切にしなければならないと教えた。三志は懐妊中の養生に関連して「胎内のうちにやさしく取り扱ひ、厚く大切にいたし候へば、盛人の後、親に孝行致し候事うたがいなし」と述べている(39)。夫婦の交合や懐妊の心得は、老後の安心にも結び付いていたのである。

（4）不二道の妊娠や出産の心得

不二道では良い子供を作るためには胎児のうちから働きかけることが重要だと考えていたので、妊婦の養生や胎児への教育には強い関心があった。ただし妊婦が修養によって胎児に良い影響を与えようという胎教は、また庶民には手が届かなかった。胎教は武家や上層農民町人の女性を主な読者とする女訓書に取り入れられて広まり、さらに中層以下の庶民にもある程度は知られていた。三志も、身分が高い人々は外見が良く能力も高い子供を得るために、妊娠中は男女の同室を避け、食物や動作に注意し、教訓書を読むというような胎教をすると、信者たちに伝えている。しかし不二道の信者の多くは夫婦ともに稼がなければ毎日の生活に困るような中層かそれ以下の庶民だったので、上流階級のような胎教を実践することは無理だと、三志も認めていた(40)。そこで不二道では、胎教のかわりに妊娠中の女性とその夫が親孝行をするように勧めた。父親と母親が家内の高齢者を大切にすれば、胎内の子供に孝行の仕方を教えることができるというのである。その具体的内容は体を洗うのを手伝い、柔らかく煮た食物を用意し、転ばないように気を付け、ときどき茶飲み相手を招くというような、経済的にも時間的にも負担にならない程度の高齢者介助だった(41)。

このような胎児への教育とは別に、不二道では妊婦の健康のために妊娠中の養生を説いていた。その内容は、淡泊な食事を摂り、腹帯として幅広い布を緩く結び、無理な姿勢を避け、立腹や悋気を慎み、手足を投げ出さず、反り返らずに寝ることだった[42]。このうち腹帯を緩く結ぶということには、新しい産科の知見に基づいて書かれた医学書の影響がみられるが、これについては後に詳しく述べる。

当時の出産には妊産婦にとっても胎児にとっても大きなリスクが伴っており、難産に対する近世の人々の不安は強かった。不二道はその不安を鎮めるような教えを説いた。三志は「月日の道を請け継ぎて、天地の為に人間をつくり出せる道なれば、あやまちあるべき謂れなし」と述べ、出産は天地のために人間を作り出すという意義ある行為なのだから悪い結果になるはずがないと、妊産婦や周囲の人々を安心させた[43]。『児産和讃』という不二道の教訓歌は、胎児の肱や顎が引っ掛かったり、胞衣が下りるまでに時間がかかったり、子供が膜に包まれて生まれたりするような、出産の過程で生じ得るさまざまなトラブルに対しても、具体的な処置方法があることを示して、安心させようとしている[44]。この『児産和讃』の内容には産科に関する近世後期の通俗医学書の教えと共通する部分がみられるが、その点についても後述する。

(5) 世の変革と妊娠・出産

前述のように三志や弟子たちをはじめとして、不二道の信者たちは妊娠や出産のあり方に強い関心を持っていた。子孫の誕生は誰にとっても関心事であるが、特に不二道の場合は「みろくの世」の到来への期待とも関わっていた。彼らは「みろくの世」には陰陽・男女の上下関係が逆転したり陰陽・男女の差異が少ない「小陰小陽」になったりすると考えていたので、陰陽・男女に関する諸事象の変化に注目しており、その意味で子供の生まれ方に特別な関心を持っていた[45]。

不二道が「みろくの世」の前兆と見なした変化の一つ目は、出生時の男女の新生児の姿勢が変わることである。近世の常識では男児はうつ伏せに女児は仰向けになって出生するのが普通だとされていた。しかし不二道では、「みろくの世」にふさわしい女性上位の体位で受胎した子供は、男児は仰向きに、女児はうつ伏せになって出生するとした。二つ目は、出生時の新生児の上下の向きが変わることである。一般に新生児は頭を下にして生まれるのが順当で、足から生まれる子は逆子といって難産になると問題視されてきた。しかし不二道では、「ふりかわり」に伴って上下関係が逆転すれば頭を上にして足から生まれることが普通になり、逆子でも難産にはならないと教えた。三つ目は、男女の胎児が子宮の中で宿る場所が入れ替わるということである。伝統的な産科医学書では男の胎児は胎内の左側に、女の胎児は右側に宿るとしていた。しかし不二道では、「ふりかわり」により女児は左側に、男児は右側に宿るようになるとした。(46) 四つ目は、従来「十月《とつき》」と言われてきた妊娠期間が「十月十日《とおか》」に延びるという変化である。不二道の教義によれば月と日は生命の根源である元の父母を意味し、月と日が寄り合った状態を示す「朝」という文字に特別な意味が付与されていた。この「朝」という文字を「十、日、十、月」に分解し、「ふりかわり」により妊娠期間は「十月十日」となるとした。(47)

このような点に関心をもって、三志やその周辺の人々は知人や信者から子供の生まれ方について聞き取りをしていたらしい。三志は、文化一二年から一三年（一八一五、一六）頃以降足より生まれる子、うつ伏せに生まれる女児、仰向きに生まれる男児が増え始め、天保期（一八三一～四二）になると「あほむきの男、うつむきの女、七、八分なり、足より生れるは五分」になったと書いている。(48) また男女の胎児が宿る位置も変わり、妊娠期間も伸びて「十月十日」に出産するようになったとする。(49) このような聞き取りの結果が出たことは、子供の生まれ方が変化したためではなく、従来は例外とされてきた子供の生まれ方が実際に調べると意外に多かったためではないかと思われる。しかし三志や不二道の信者たちは、このような聞き取りの結果を男女の位置や上下関係が逆転する「ふりかわり」の前兆だと信じた。

このような解釈に基づき、たとえ逆子であっても、また出産予定日を過ぎているのに出産が始まらなくても、すべて「ふりかわり」に伴う天地の変化に対応するものであり、天の意志に叶う変化なので心配はいらないと、不二道では教えた。予定日を過ぎて生まれる子は「髪の毛くろぐろとして、なきこえもじゅうぶん也」と述べ、出産が遅れても良い結果になるとしている(50)。特に逆子はこれまで難産の主な原因になると問題視されていたが、前述の『児産和讃』は、「是ぞ身禄《みろく》の吉水《きっすい》の出産なりと心得て、よろこびながら産ませたい。請け合い、産はかるきぞよ」として、逆子は「みろくの世」にふさわしく、安産になるだろうと祝福している(51)。

三　不二道の妊娠・出産に関する言説の特色——女訓書・産科養生論との比較を通して

本節では女訓書や産科に関する実用医学書と不二道の妊娠・出産に関する言説の共通点と相違点を明らかにし、その妊娠・出産観の特色を考察する。

（1）近世における産科関連の医学的知識の普及

近世の日本では、専業の医療者やこれに準ずる著者が医療専門家以外の人々のために平易な言葉で医学的知識や養生法を記した実用医学書が、数多く刊行された。樺山紘一はこのような書物に記された医学的言説を一括して「養生論」呼んでいる(52)。本論文もこの呼び方にならう。樺山によれば、多くの養生論が世に現れた画期は二度あり、第一の画期は一七世紀末から一八世紀初頭にかけて、第二の画期は一八世紀後半から一九世紀前半の天保期（一八三〇〜四四）にかけての時期であるという。第一の画期には臨床医の香月牛山や朱子学と本草学を修め医師でもあった貝原益軒が、金・元時代の中国の伝統的医学の知識に基づいて従来優勢だった仏教医学の影響を脱する契機を作った。第二の画期には古医方による医説や産科における賀川流など、実証に裏付けられた新しい医学的知識が、一般読者を対象とする医学書にも取り入れられて広まった(53)。

妊娠・出産など産科に関する「養生論」に焦点を合わせると、第一の画期には稲生恒軒『螽斯草《いなごくさ》』（元禄三年＝一六九〇）や前述の香月牛山『婦人寿草』が著された。『螽斯草』は主として仏教医学、『婦人寿草』は中国の前代の医学書に基づく知識を網羅的に紹介した(54)。第二の画期には、賀川流やその影響を受けた産科医たちが、妊娠・出産を控えた女性や周囲の人々の啓蒙を目的として実用医学書を刊行した。その例としては茂庵佐々井玄敬『産家やしなひ草』（安永四年＝一七七五）、頤斎児島善甫『保産道志類辺』（天明元年＝一七八一）、平野重誠『病家須知』巻之四の「坐婆必研」（天保三～五年＝一八三二～三四）、山田久尾女『孕家発蒙図解』（嘉永四年＝一八五一）などを挙げることができる。これらは旧来の医説や民間の知識・慣習を吟味したり批判したりして伝統的知識の限界を知らせ、妊娠・出産について実証に基づく新しい知識を与えようとするものだった(55)。

これからの実用医学書に記された産科の知識の一部は女訓書に取り入れられ、医学書の読者以外の人々、とりわけ女性たちに影響を与えた。女訓書との関係についてみれば、第一の画期に著された実用医学書の知識の方がより長期にわたって女訓書の内容に影響を与えた。たとえば元禄五年（一六九二）に出版された日用百科的な機能をもつ女訓書である苗村丈伯『女重宝記』は享和元年（一八〇一）まで版を重ね、百年以上にわたって多くの人々に読まれた。その第三巻は妊娠・出産に関連する事項を扱っているが、そこには第一の画期に現れた産科に関する実用医学書の知識が取り入れられていた。このような女訓書には医学書の知識だけでなく、月経・妊娠・出産に関する民間信仰や忌みの慣習も女性が知っておくべき知識として記されていた(56)。女訓書はこうしたさまざまな知識を包括して女性読者の間に広める役割を果たしたのである(57)。

（2）妊娠・出産に関する近世前期・後期の実用医学書と不二道の言説の比較

不二道の月経・妊娠・出産についての言説は、上述のような実用医学書やその医学的知識に基づく産科関係の養生論からある程度の影響を受けていたと思われる。ことに三志のような手習い塾の師匠や、それとほぼ同程度の知識を身につけた農民や町人は、日用百科的機能を持つ節用集などの書物を通じて妊娠・出産に関する知識を得ていた可能性が高い[58]。不二道はそれらの知識や言説の一部を選択的に受け入れた。本項では第一の画期と第二の画期のそれぞれに現れた産科に関する実用医学書の記述と不二道の妊娠・出産に関する言説との比較を通して、それらと不二道の教えとの間の影響関係を探る。

比較の結果を概観すると、生まれてくる子供の性別に関する事柄についての言説と、妊娠・出産に関する具体的な処置法についての教えでは、不二道に対する医学書の影響の現れ方が異なることが明らかになる。まず、子供の性別に関する事柄を取り上げてみよう。これについては、第一の画期に著された実用医学書、第二の画期に著された医学書、および不二道の三者がそれぞれに異った説を唱え、異った立場を取っている。特に明瞭な差異がみられるのは、母の胎内で男女の胎児が宿る場所についての説、男女の子供が生まれるときの姿勢の違いについての説、男子待望に対する対応である。

まず男子待望への対応についてみよう。近世の日本では家の継承者となる男子の誕生を待望する親や家族が多く、それに関連して胎内の女子を男子に変える方法に関心を持つ人も少なくなかった。このような関心に応えるように、第一の画期を代表する『婦人寿草』には「女を転して男となすの説」という一項があった。ここでは胎児の性別が定まるのは妊娠三か月目だという古代中国の医説に基づいて、妊娠三か月以内に胎児を男子にするためのさまざまな呪術を取り上げている。著者の香月牛山は胎児の性別を変える呪術に懐疑的で、信ずるに値しないと書き添えてはいたが、結局は人々が関心を持つという理由でこれらの呪術を紹介している[59]。有名な医学書に紹介された結果、牛山の意図に反してこれらの呪術は他の書物の中に引用されて広まったようだ。たとえば日用百科的機能をもつ女訓書の『女用智恵鑑』（享保一四年＝一七二九）の中の「女子転じて男子となす法」は牛山が『婦人寿草』に記した呪術の一つに酷似している。しかもそこには「医書にもあり」と書き添えられていて、牛山の著書かその類書を典拠としていることが示されている[60]。

これに対して、不二道は男子待望を批判した。三志は、天は男女の間に優劣の差を認めないとして、女子を望まず男子ばかりを望むのは誤りだと批判した[61]。弟子の頂行も男子ばかりを望む風潮に対して「女子をもふけて不悦、是あやまりなり、（中略）天よりさづけ給ふ子、何とて男女をへだつるや」と批判した[62]。

第二の画期に著された実用医学書は上記のどちらとも異なる対応を示した。これらの医学書は胎内で女子が男子に変わることはあり得ないとして、女子を男子に変える方法を取り上げなかった[63]。ただし人々の男子待望は当然のことと認めていた。たとえば『保産道志類辺』は産婦の心理的動揺を抑えるために、女子が生まれても男子だと偽って告げるようにと勧めている[64]。

次に男女の胎児が子宮の中で宿る場所についての説をみてみよう。第一の画期に著された『婦人寿草』は中国古代の医説を受け入れて、男女の胎児の位置を陰陽説によって説明した。すなわち陽は左、陰は右に対応するので、陽が優勢の場合には気が左の子宮に入って男児となり、陰が優勢なら気が右の子宮に入って女児となるとした[65]。これに対して不二道は前述のように「ふりかわり」に伴って陰陽・男女の位置が変わると考えていたので、従来とは反対に女児が左、男児が右へと位置を変えるはずだとした。第二の画期に著された実用医学書は、胎児の性別と胎内での位置は無関係だとした。たとえば『孕家発蒙図解』は、易に陰は右で女、陽は左で男という考え方があると述べたうえで、「当るも八卦当らぬも八卦、必ず実としがたし」と、このような考え方を否定した[66]。

次に出産時の男女の胎児の向きについての説をみてみよう。第一の画期に著された『婦人寿草』は中国古代の医説に基づき、女児は母に背を向けるので仰向いて生まれ、男児は母の方を向くので俯いて生まれると説明した。[67]これに対して不二道では「ふりかわり」により男女の位置が逆転するため、従来とは逆に女児が俯いて生まれ、男児が仰向いて生まれるはずだとした。いっぽう第二の画期に書かれた「坐婆必研」は出生時の体位に男女の差はないとして、「男女とも俯ながら産て、地に落ば仰なり」と述べた。[68]

以上のような陰陽説との関わりや胎児の性別に関する第一の画期に著された実用医学書、第二の画期に著された実用医学書、不二道の三者の違いは次のようにまとめることができる。第一の画期に著された実用医学書は胎児の性別に関心を示し、中国の伝統的医説やそれに影響を与えた陰陽説を受け入れて、女子を男子に変える方法を紹介したり、男女の胎児が宿る位置や出産時の姿勢に差異があることを教えたりしていた。不二道も陰陽・男女に強い関心を持っていたが、従来の陰陽・男女の関係を修正しなければならないという信仰に基づき、伝統的な知識とは正反対の説を唱えた。第二の画期に著された実用医学書も伝統的な知識を否定したが、不二道とは否定の仕方が異なっていた。すなわち、陰陽説を無視し、胎児の宿る場所や生まれるときの姿勢は胎児の性別と関係ないとした。

ただし第一の画期に著された実用医学書はもちろんであるが、一見した限りでは性別に関して中立的にみえる第二の画期の実用医学書も、女性特有の精神的弱点があるという考え方や、それが産婦人科のトラブルの原因となるという考え方を保持していた。たとえば第一の時期に書かれた『婦人寿草』は、女性の多くは「執侫にして嫉妬のこころふかし」と述べ、それが不妊や流産の原因になるとする。[69]第二の画期に属する『病家須知』の中の「坐婆必携」にも、女性には従順でなく、猜疑心が強く、思慮が浅く、喜怒哀楽の情に動かされやすいという「宿痾」があるとして、それが気血の循環を阻害して子宮の病気や難産をもたらすと述べている。[70]これに対して、不二道は女性特有の精神的弱点があるとは認めず、それを難産や不妊の原因とすることもなかった。

次に妊娠・出産に関する具体的な処置に関する説に焦点を絞って比較してみよう。結果から述べると、不二道の妊娠・出産に関する言説は、第二の画期に著された実用医学書やそれに基づく養生論から明らかに影響を受けていることがわかる。この時期の産科に関する実用医学書は、それ以前の産科の知識や俗習の中で医学的見地から害があると思われるものを批判し、やめるように提言していた。特に問題としたのは、妊婦の腹帯、足から先に出てくる「逆子」への対応、膜を被ったまま生まれてくる「袋子」への対応、胞衣が下がらないときの対応などである。この多くを不二道は受け入れていた。

まず腹帯についての議論をみてみよう。従来は胎内で子供が大きくなりすぎれば出産が困難になるという懸念から、安産のためには腹帯をきつく締めて子供を小さめにする方がよいと思われていた。しかし一八世紀後半以後の医学書は、きつく締めた腹帯はかえって難産の原因になると警告した。『孕家発蒙図解』は「緊縛して、横胎になり、難産に及ぶことすくなからず」としている(71)。ただしこの時期の実用医学書の著者は民間の習慣に理解も示して、折衷案を示した。たとえば前述の「座婆必研」は、長く続いた習慣を今さら変えるのは難しいので一重の布で腹を緩やかに覆う程度ならかまわないとした(72)。天保初年の作とみられる不二道の『児産和讃』には「腹帯は幅ひろき布をゑらみて、五月の五日が腹帯する日ゆへ、いかにもゆるくむすぶべし」と書かれているが、おそらく上記のような第二の画期の実用医学書か、その一部を引用した書物から知識を得たのだろう。

「逆子」については、第一の画期の医学書やそれを取り入れた女訓書と、第二の画期以降の医学書が全く異なる理論に基づき、正反対の対処法を教えていた。第一の画期には医者も一般の人々も、胎児は妊娠九か月目までは胎内で頭を上に足を下にしており、出産直前に「子がえり」という頭を下向きに変える動きをするものと信じていた。したがって逆子になる原因は、胎児が向きを変える前に出産が始まることだとしていた。たとえば『婦人寿草』は、「子がえり」の前に産婦がいきんで出産が始まってしまうと逆子になるとし、万一子供が足から生まれそうになった場合は、産婆などの介助者が子供の足を押していったん胎内に戻し、「子がえり」が済むのを待ってから出産させるようにと教えている。[73] 女訓書もこの教えにならって、出産が近づいたときにいきむのが早すぎると逆子になって難産になると、妊産婦や補助者の注意を促した。[74]

これに対して第二の画期に著された実用医学書は、出産前に胎児が上下逆転するような「子がえり」はあり得ないと否定した。また逆子が必ずしも難産になるとは限らないとした。たとえば『産家やしなひ草』は胎児が逆子であることに気付いたときに、産婦がパニックに陥ったり、産婆が胎児の位置を直そうとして出産の進行を妨害したりすると、かえって母子ともに危険に陥ると警告している。[75] いっぽう不二道は前述のように、逆子こそ陰陽・上下が逆転する「みろくの世」にふさわしい出生だとして、安産になるはずだから心配いらないと教えた。逆子についての不二道の意味づけは第二の画期の産科養生論と異なっているが、具体的な対処法は共通していた。

被膜をつけたまま生まれてくるいわゆる「袋子」への対処法に関しても、不二道の妊娠・出産に関する教えと第二の画期の実用医学書の記述の間には共通点がみられる。前述の「坐婆必研」は、新生児が胞衣を被っていても異常ではなく、新生児の頤の下あたりの被膜を切れば問題ないと、対応法を教えている。[76] 不二道の『児産和讃』でも、「つめにて膜をきるがよし、児はつつがなく育つぞよ、付き添ふ人がおろかにて、袋子などと捨てるなよ」と教えている。[77] 以上のような腹帯、逆子、袋子についての説をみると、不二道は第二の画期に著された実用医学書から知識を取り入れた可能性が高いことを示している。

以上の比較から、妊娠や出産の具体的な処置に関する不二道の教えには、第一の画期に現れた実用医学書や女訓書に記された伝統的知識よりも、第二の画期の実用医学書と多くの共通点があることが明らかになった。この第二の画期は不二道の形成・発展期と重なるので、おそらく不二道がこれらの実用医学書から新しい知識を取り入れたものと思われる。不二道は伝統的な常識に反する説を唱えていたが、出産には不測の事態が起こりうるだけに、そのような常識に反する説に従って出産に臨むにはある程度の不安もあったのではないだろうか。そのような不安を払拭するうえで、第二の画期の実用医学書の知識が不二道信者にとっての支えとなった可能性がある。

ただし、こうした新しい産科医学書の背景にある生命観や生殖観は、不二道の生命観や生殖観と本質的に異なっていた。不二道は天と人間は一体であるという観念に基づき、妊娠・出産を宗教的コスモロジーの中でとらえていたが、近世後期の医学書の著者たちは天と人間の一体性を前提とはせず、妊娠や出産は専門的医療者が管理すべき事柄だとし、専門家による医療の妨げにならない範囲で宗教や信仰の関与を容認していたにすぎなかった。伝統的観念からの離反という点では共通していたが、その根拠となるものは全く異なっていたのである。

おわりに

本論文では、食行身禄や参行六王、およびその弟子の三志に率いられた不二道による女性不浄観への批判と、それに関連する月経・妊娠・出産に関する言説を明らかにし、産科に関する近世の実用医学書や女訓書に記された説との比較を行った。

前近代の日本では、月経・妊娠・出産も、女性という存在自体も、不浄とする社会的通念があった。清潔・不潔と異なり、清浄・不浄は宗教的な観念であるから、これを批判するには、非宗教的な立場をとるか、別種の宗教的信念に依拠するかしなければならない。富士講や不二道の信者たちの場合は独自の宗教的信念に基づいて、近世社会の常識となっていた清浄・不浄の区分に異議を申し立てたのである。

不二道が成立発展した時期は、実証や経験に基づく実用医学書や養生論の類が数多く著された近世第二の画期でもあった。これらの医学書は旧来の医説や民間の知識・慣習に基づく伝統的知識の限界を知らせ、実証に基づく新しい知識を与えようとするものだった。その新しい知識の一部は、妊娠・出産に関する伝統的な常識から不二道信者たちが自由になるうえで支えとなったと思われる。しかし妊娠・出産と宗教の関わりという点で、不二道とこれらの実用医学書は異なっていた。医学書の著者たちは、実証や経験に基づいて確立された新しい産科の知識や技術に信頼を置き、妊娠・出産への宗教の関与を制限しようとした。しかし男尊女卑のような社会的通念には、あえて反対しなかった。いっぽう不二道の妊娠・出産に関する言説は宗教と不可分に結びついていた。妊娠・出産についての常識だけでなく、女性不浄観や男尊女卑のような社会的通念にも対抗するためには、宗教的信念による裏づけが必要だったのである。

これに関連して、一九世紀中ごろに天理教教祖となる中山みきが妊婦たちに「をびや許し」を与え始めたことは注目される。みきは禁忌にとらわれ難産を恐れる女性たちに対して、「親神」の力で安産が約束されるとし、腹帯も食物の禁忌も不要で、出産によるケガレもないと教えた。不二道と天理教の間に相互の影響関係はほとんどないと思われるが、「元の父母」や「親神」というような宗教的権威に依拠することで、伝統的な禁忌から人々が自由になるのを助け不安を鎮めた点に共通性が見出される。女性たちを不浄観・罪業観や妊娠・出産に関する禁忌に基づく不安から解放したのは、近代的な合理主義だけではなかったのである。

(1)「文保服假令」はその代表的な一例である。神宮古典籍影印叢刊編集委員会『神宮古典籍影印叢刊七　神宮参詣記服記』(皇學館大学、一九八四年)所収。

(2)本来節用集は文字の辞典であるが、近世には百科事典機能をあわせ持つ、付録が多い節用集が多数刊行された。女訓書の中でも日用百科辞典の機能を持つものが多く刊行された。月水七日・出産三五日の忌みはこれらにしばしば記されている。産穢は一七世紀後期から一八世紀前期にかけて幕府が発布した服忌令に含まれ、公的な忌みとして扱われるようになった。

(3)横山俊夫・小島三弘・杉田繁治『京都大学人文科学研究所調査報告　第三八号　日用百科型節用集の使われかた——

地小口手沢相の電算画像処理による使用類例析出の試み――』（京都大学人文科学研究所、一九九八年）五三～五六頁。

（4）富士山における女人禁制の成立、食行身禄の女人禁制批判、不二道による女人禁制への挑戦については、宮崎ふみ子「富士山における女人禁制とその終焉」（『環』一二号、二〇〇三年）および Miyazaki Fumiko, "Female Pilgrims and Mt. Fuji: Changing Perspectives on the Exclusion of Women," (*Monumenta Nipponica*, vo.60, no.3, 2005) 参照。竹谷靱負『富士山と女人禁制』（岩田書院、二〇一一年）一九二～一九三頁に、富士山の女人禁制に関する著書・論文のリストがある。

（5）富士講と食行身禄については井野辺茂雄『富士の信仰』（官幣大社浅間神社、一九二八年）六～六三頁、一六三～一六五頁、岩科小一郎『富士講の歴史』（名著出版、一九八三年）一二八～一九七・二三二～二七三頁参照。

（6）食行は天・元・南の三字を組み合わせた文字を作って元の父を表し、西・天・人を組み合わせた文字で元の母を表したが、本論文では便宜上「元の父」「元の母」と表記する。

（7）「一字不説之御巻」（前掲注5『富士講の歴史』）五〇〇～五〇一・五〇五頁。

（8）日本の民俗信仰にみられる「みろくの世」観念の成立と展開については、宮田登『ミロク信仰の研究』（未来社、一九七〇年）参照。

（9）「一字不説之御巻」五〇四頁。

（10）「一字不説之御巻」五〇五頁。

（11）「一字不説之御巻」五〇二頁。

（12）「三十一日乃御伝」（前掲注5『富士講の歴史』）五二四頁。

（13）「三十一日乃御伝」五三八頁。

（14）「御添書之巻」（前掲注5『富士講の歴史』）五二七頁。

（15）「三十一日乃御伝」五三八頁。

（16）「ゑぼしいわ御つたゑがき」（鳩ケ谷市文化財保護委員会編、岡田博校訂・註『鳩ケ谷市の古文書　第四集』鳩ケ谷市教育委員会、一九七八年）八一頁。

（17）「えぼし岩御伝解」（前掲注16『鳩ケ谷市の古文書　第四集』）一〇五～一〇六頁。

（18）「えぼし岩御伝解」一〇六頁。
（19）「えぼし岩御伝解」一〇五～一〇六頁。
（20）男女関係や四民の関係の変化と世の変化に関する参行の言説については、宮崎ふみ子「「ふりかわり」と「みろくの御世」」（『季刊現代宗教』第一巻第五号、一九七六年、後に宮田登・塚本学編『日本歴史民俗論集一〇　民間信仰と民衆宗教』吉川弘文館、一九九四年に収録）参照。
（21）『鳩ケ谷市の古文書　第一四集』（一九八九年）六五頁。
（22）『鳩ケ谷市の古文書　第一五集』（一九九〇年）三四頁。
（23）『鳩ケ谷市の古文書　第二四集』（二〇〇〇年）五八頁。
（24）『鳩ケ谷市の古文書　第一五集』八九頁。不二道には不浄という概念があったが、三志の弟子の頂行は「不浄といふは、愚痴より深きはなし」と述べ、女性の生理現象とは無関係だとしている（『鳩ケ谷市の古文書　第九集』一九八三年、四二頁）。
（25）『鳩ケ谷市の古文書　第二四集』五七頁。
（26）三志は、女性が立ち入るべきでないとされてきた鍛冶場・麴室などでの労働に女性が進出したり、女性が家業経営の中心となったりする様子を具体的に描いた。岡田博編集・校訂『富士講・不二道孝心講詠歌教訓歌謡集』（小谷三志翁顕彰会、一九九三年）一三七・一五四頁参照。これは、当時の代表的女訓書の教えと明確に異なっていた。たとえば『女重宝記』は、算盤や秤量の使い方など女性らしくないと思われる技術を習得すべきではないとした。苗村丈伯著、有馬澄子・若杉哲男・西垣賀子翻刻・註・解説『〈元禄五年版〉女重宝記』（『東横学園女子短期大学　女性文化研究所叢書　第三輯』東横学園女子短期大学女性文化研究所、一九八九年）九・一一頁参照。
（27）労働の場や社会的立場における男女の在り方の変革に関する不二道の言説については浅野美和子「民衆宗教における女性」（福田光子編『女と男の時空Ⅳ　近世』藤原書店、一九九五年）七七～七九頁、および倉地克直「生活思想における性意識」（女性史総合研究会編『日本女性生活史　第三巻　近世』東京大学出版会、一九九〇年）一七四～一七五頁参照。
（28）星は晶に通じ、晶という文字を倒立させると胃という文字と似た形になることから、星は天地の胃を意味するという。

胃は体の中心であるということから、天地の胃とは富士山であるとする。また月と日から生まれる人間にとって、胃は人体の胃を意味するという。ここには不二道の天人相関論がみられる。前掲注22書、一〇三頁参照。
(29)『鳩ケ谷市の古文書　第一四集』五三頁。
(30)『富士講・不二道孝心講詠歌教訓歌謡集』一四八～一四九頁。
(31) たとえば三志の弟子の黒田杢助は遺言状の中で自分の子供たちの孝行に感謝し、彼らのうちのいずれかの子供となって生まれ「孝行報謝」をしたいと述べる。しかし彼らは貧しくて家族が増えると困るだろうから、元の父母に任せて別の家に生まれるつもりだと書いている（「井行三太翁送状並譲書」、川口市立郷土資料館（旧鳩ケ谷市立郷土資料館）所蔵黒田家文書のうち）。
(32) 新村拓『出産と生殖観の歴史』（法政大学出版局、一九九六年）六・九頁。
(33) 呉秀三・富士川游編集・校訂『日本産科叢書』（思文閣出版、一九七一年復刻）六六頁下段。
(34)『鳩ケ谷市の古文書　第一五集』三四頁。
(35) 同右書、三四～三五頁。
(36)『鳩ケ谷市の古文書　第一四集』五六頁。
(37)『富士講・不二道孝心講詠歌教訓歌謡集』一五三～一五四頁。
(38) 文政一三年八月の右大臣九条尚忠邸における三志の説教についての書状に「子供の作り方の事」などについて説教したことが書かれている。渡邊金蔵『鳩ケ谷三志』（一九四二年、文進社）一四四～一四五頁。
(39)『鳩ケ谷市の古文書　第一三集』（一九八八年）三一頁。
(40) 同右書、三二頁。
(41) 同右書、三四頁。
(42)『富士講・不二道孝心講詠歌教訓歌謡集』一四〇～一四二頁。
(43) 同右書、一四五頁。
(44) 同右書、一四三～一四四頁。『児産和讃』の作者は不明であるが、岡田博氏は小谷三志作と推定している。同上書、一四一頁。

(45) 気候や風俗の変化の例として、冬暖かく夏涼しくなったこと(『鳩ケ谷市の古文書　第一三集』三五・三七・五〇・五一頁)、女性の衣服が大胆に華美になり男性の衣服が控えめになったこと(『鳩ケ谷市の古文書　第一五集』七二頁、『富士講・不二道孝心講詠歌教訓歌謡集』一三二～一三八・一五二～一五三頁)、女性が手習いするようになったこと(『鳩ケ谷市の古文書　第一五集』四八頁)等を三志は挙げた。実際に天保期には冷夏が多かったし、文化年間に書かれた『世事見聞録』にも男女の服装の変化について同様の記述がある。武陽隠士著、本庄栄治郎校訂、奈良本辰也補訂『世事見聞録』(岩波文庫、一九九四年)五〇～五一頁。
(46) 『鳩ケ谷市の古文書　第一四集』一三二頁。
(47) 『鳩ケ谷市の古文書　第一三集』五五頁。
(48) 『鳩ケ谷市の古文書　第一五集』八二頁。
(49) 『鳩ケ谷市の古文書　第一四集』五七・一三二頁。
(50) 『鳩ケ谷市の古文書　第一五集』八二頁。
(51) 『富士講・不二道孝心講詠歌教訓歌謡集』一四三頁。
(52) 樺山紘一「「養生論」の文化」(樺山紘一『ルネサンス周航』福武文庫、一九八七年)一九八・二二六頁。
(53) 蘭医学は一八世紀に医療専門家の間に広まり始めたが、一般の読者を対象とする実用医学書に取り入れられるのは天保末年以降となる(前掲注52書、二〇二～二〇四・二四二～二四三頁)。
(54) 前掲注32書、八九・九四頁。
(55) Susan L. Burns, "The Body as Text: Confucianism, Reproduction and Gender in Tokugawa Japan," in Elman Benjamin A, John B Duncan & Herman Ooms, eds., *Rethinking Confucianism: Past and Present in China Japan, Korea, and Vietnam*, Los Angeles: UCLA Asian Pacific Monograph Series, 2002, pp.193-202, 沢山美果子「産科養生論と近世民衆の「産」の心性」『(女性史学』第四号、一九九四年)二六頁。
(56) この種の民間信仰としては母親の干支と妊娠した年の干支の組み合わせによる吉凶などがある。苗村丈伯『女重宝記大成』第三巻、一一帖。
(57) 『ゑ入女重宝記』七八頁。

(58) 不二道の教訓歌「児産和讃」には「上々様」の胎教の内容が紹介されているが、その多くは『女重宝記大成』第三巻などと共通している。（『富士講・不二道孝心講詠歌教訓歌謡集』一四一～一四二頁、『鳩ケ谷市の古文書　第一三集』三二頁）。
(59) 『日本産科叢書』八三頁。
(60) 香月牛山の『婦人寿草』には、妊娠三か月以内に斧の刃を下に向けて妊婦の床下に密かに置くという呪術が紹介されている。女訓書『女用知恵鑑』には、妊婦の夫が桃の枝を柄にした斧を妻の床の下に置く呪術が記されているが、これは『婦人寿草』から影響を受けた可能性がある。
(61) 『鳩ケ谷市の古文書　第二四集』五七頁。
(62) 『鳩ケ谷市の古文書　第九集』三七頁。
(63) 『日本産科叢書』七三七頁。
(64) 同右書、九八六頁。
(65) 同右書、七六頁。
(66) 同右書、七三七頁。
(67) 同右書、八一頁。
(68) 同右書、一〇〇九頁。
(69) 同右書、六七頁。同時代の女訓書である『㒵入女重宝記』にも、貪欲で、理を知らず、直ならず、拙いと、女性特有の短所が列挙されている。
(70) 『日本産科叢書』九九九～一〇〇〇頁。
(71) 同右書、七三五頁。
(72) 同右書、一〇〇一頁。
(73) 同右書、一〇〇頁。
(74) 『㒵入女重宝記』六九頁。
(75) 『日本産科叢書』三五五頁。

(76) 同右書、一〇〇九頁。
(77) 『富士講・不二道孝心講詠歌教訓歌謡集』一四四頁。

奈良の伝統的祭礼と女性――歴史民俗学的視座からの分析

武藤康弘

はじめに

本論文は、奈良県内の伝統的祭礼のなかで、女性がどのように祭礼組織や催行組織、儀礼に関わっているのかを、個別事例を中心に分析し、歴史民俗学的な視座から、祭礼と女性の関わりを検討したものである。以下、除災行事、農耕儀礼の順に個別事例を分析し、最後に奈良の祭礼を特徴づける里の巫女の活動について、史料をもとに歴史的な変遷過程を検討してみたい。

一　除災行事における女性

(1) 仏教系除災儀礼の諸様相

修正会と修二会は、大寺院で年頭の正月と二月に行われる法会である。古くは修正月と修二月とよばれ、仏法によって国家の安寧と鎮護を祈願する古代の国家鎮護仏教のもとで成立した。長い歴史と宗教儀礼としての変遷のなかで、さまざまな要素から構成されるようになったのである。

修正会と修二会のなかで最も重要なものは、悔過とよばれる部分であり、これは本尊に対して懺悔《さんげ》し、本尊を賛嘆して苦行をつむことである。これによって、国家の安寧が祈願されるのである。そして、懺悔とは日ごろの過ちを告白し、許しをこい、国家の安寧と国民の幸福を祈念することである。古代の城柵遺跡から出土した土器に「懺悔」と墨書きされたものがあることから、古代まで歴史的に遡及できる。

奈良を代表する行事である東大寺のお水取りすなわち修二会とは、御本尊の十一面観音に懺悔する十一面悔過であり、厳しい別火精進や、走りの行法や五体投地礼が行われる。また、薬師寺の修二会（花会式）は、薬師如来に懺悔する薬師悔過が行法の中心となる。年初の法会で重要なことは、その年の災厄を取り除き、人々が平和に暮らせるように祈願する作法の一つ、牛玉加持が中心になる。その時に護符として配布されるのが牛玉札で、一般的な書式は牛玉宝印の四字が配置され中央に寺院名が位置し、朱母が押印される〔図1〕。

図1　奈良市針観音寺 牛玉札

一方、国家鎮護の法会に対して、地域社会に密着した村内安全や厄除け、農作物の豊作などを祈願して地域の小寺院で行われ、ローカル版の修正会ともいえるオコナイとよばれる行事も、奈良県内をはじめ近畿地方各地で行われている。漢字で「初祈禱」と表記されるこの行事は、文字どおり年の初めに村内の安全を祈願する行事なのである。さまざまな作法が複合しているが、最も特徴的な所作として乱声があげられる。これは、大般若経転読や神名帳の奉読などが行われる法会の最中に導師の合図で、村人達が、オコナイ棒とよばれる栗の木や漆の木・藤の木等の長さ三〇センチ前後の棒で、御堂の床を大きな音をたてて乱打するものである〔図2〕。呪法の一つで、足を踏みならして邪気を払うことに由来する所作といえる。

初祈禱と同様の仏教系の行事として、ケイチンやケッチンとよばれる行事も奈良

図２　東吉野村木津川　初祈禱乱声

図３　奈良市押熊八幡神社　卦亭《けいちん》

県内各地で行われている(1)〔図３〕。漢字では「結鎮」などと表記されることから、修正会と修二会の「結願」に由来するものと考えられる。「ショウゴン（荘厳）」や「ボダイボダイ」等とよばれる行事とともに、現在は神社で行われることが多いこれらの正月行事も、本来は仏教系の初祈禱を構成する一部と考えられる。儀礼としての構成要素は修正会や修二会あるいはオコナイと同一であるが、特徴的な所作として、祭文の奉読、歩射（奉射）、綱掛けや農作業のまねごとをする田遊び等がともなったり、「牛蒡食らい」行事など食事に特徴があったりと、非常に複雑な様相を呈している。

（2）綱かけ行事

ツナカケ（綱掛け）とよばれる、大きな綱を道を横切るように掛けわたす行事も各地で行われている。行事の名称としては、綱掛けが一般的であるが、神を勧請するという意味の「勧請掛け」や、それが転じた「神縄掛け」などもある。また、神社祭祀として行われるものや、仏教の年初の法会の一部を構成するものなどさまざまな様相がみられる。

儀礼の機能としては、伝染病や農作物の不作などの原因となる疫病神すなわち「疫神」が、村内に侵入するのを防ぐために、結界の綱を張るものである。疫神は道路だけでなく水路を遡って侵入すると認識されていることから、集落の入口の川と道が交差する橋の上などのきまった場所に綱が掛け渡される。

また、綱にはさまざまなサガリが下げられる。多くは、松や杉の枝を梯子状に組んだものであるが、桜井市小夫では、年末の一二月と年が明けた二月に神式と仏式で二度行うため、松と樒の枝の二種類のサガリとなる。また、川西町下永の八幡神社では綱掛けの綱にヨロイとよばれる大きな球状の杉玉がかけられ、綱の両脇の古木の上には矢筒に入れた弓矢が置かれる。綱はただ掛け渡すのでなく長い竹に沿って掛け渡し、全体としての弓と矢の形を表象している〔図4〕。古式の綱掛けの姿を今に伝えるものとして貴重である。各地の綱掛けの梯子状のサガリはこれを簡略化したものであろう。また、特殊なサガリとして、奈良市大柳生町塔坂では木製の鍬と鋤のミニチュア農具の間の綱の中央に、藁製の蛸の造り物が下げられる。疫神除けのものと考えられるが、三重県にわずかに類例が見られるものの、奈良県内には他に例をみない貴重なものである。

図4　川西町下永 ヨロイ

綱かけ行事では、ところによっては、雌と雄の二種の綱をつくり、合体させる所作が特徴的な行事がある。これは、子孫繁栄を象徴するもので五穀豊穣を祈願する意味があると考えられる。また、清めといって、参加者が綱に巻きつけられたり、綱で押しつぶされたりすることがあるが、これも年初の除災行事の特徴で、「禊」的な機能があるものと考えられる。

(3) 山の神祭

山の神祭も奈良の正月の行事の一つである。おもに、県東部や県南部の林業の盛んな山間地域を中心に行われている。山の神を祀る祭礼は、七月や一一月など年に数回あるが、年の初めの一月七日に最も盛大に催行される。行事では、山の神に山の道具の小型模造品やオコゼ、山の神のカンザシ（ケズリカケ、ケズリバナ）等が奉納さ

図5　東吉野村木津川 山ノ神祭

れ、山仕事の安全、豊作、地域の安全等が祈願される〔図5〕。山添村周辺の東部山間地域、東吉野村と川上村周辺地域、十津川村など行事内容に地域的な差異がみられる。また、先述の綱掛け行事における農耕具や山仕事の道具の小型模造品を綱に下げて奉納する形式は、山の神祭りの影響によるものと考えられる。山の神の祭神は女性神と考えられているところが大部分で、厳しい女人結界が特徴といえる。

（4）その他の除災儀礼（疫神と御霊、鬼神）

古来、天然痘や赤痢などの伝染病は、近代医学成立以前、人々の最も大きな脅威であった。伝染病をもたらす元凶として、疫神（鬼神）のほかに、御霊などさまざまなものが畏敬の対象とされてきた。なかでも、不遇のまま亡くなった個人の霊魂が、人や農業・天候などに害悪をおよぼすと考える御霊の信仰や、普段は人々を守護してくれるが、粗末にするとそれ相応の災厄をもたらす、畏敬の対象である祇園精舎の守護神の牛頭天王や速須佐能（素戔嗚）神、蘇民将来等が、古くから複合した形で信仰されてきたといえる。特に夏季は伝染病が発生しやすい時期であることから、牛頭天王や速須佐能神を祀る祇園祭が中世に成立した。その後、祇園祭は夏を身体健全に乗り切れるように祈願する祭として、風流《ふりゅう》化して賑わいを増して各地に広まっていく。また、現在家々の戸口に掲げる茅の輪や粽、「蘇民将来子孫家也」等の祈禱札の類は、すべて蘇民将来の伝説に基づく除災のためのものである。

一方、神道祭式の除災行事も古くから行われてきた。『延喜式』にも記されている「祓」がそれである。祓は、人々が日常生活の中で身につけていく罪穢れを、半年に一度人形《ひとがた》に移して除去する儀礼である。六月の夏越の祓

図6　石上神宮　夏越の祓

と一二月の年越しの大祓、ともに最終日に行われるが、近畿各地では月遅れの七月末に行われるところもある〔図6〕。

この他に、夏は稲の開花・受粉期にあたるため、農業に関わる祭礼行事も疫神祭として位置付けられるものが多々ある。なかでも、虫送り行事はその典型例といえる。

虫送りとは、稲の害虫駆除の儀礼で、田んぼの周囲を松明をかざして、鉦・太鼓をたたきながら廻るものである。虫の供養のための行事とも考えられているが、それは第一義的なものでなく、稲の病虫害、天候の不良そして伝染病などを引き起こす疫神を追い払うのが本来の意味である。虫送りでは、松明や鉦太鼓の火や音で疫神を追立て、さらに祈禱札を立てて、疫神の再進入を防ぐことが行われる。また、サネモリ人形という藁で作った騎馬武者を象った人形を先頭にして松明行列を行う虫送りもある。これは、平安時代末の武将斎藤実盛が稲株につまずいて転び、討ち死にしたため、稲の害虫となったという御霊信仰に基づくものである。また、台風等の風水害や天候の不順も疫神がもたらすものと考えられており、暴風雨を防ぐためのさまざまな祈禱、「風祈禱」や「風鎮祭」が行われてきた。

上記の神道と仏教系統の祈禱の他に、中国伝来の鬼神に対抗した道教系の祈禱も古代から盛んに行われてきた。一例をあげると奈良時代に天然痘等の伝染病の平癒のために使用された「喼急如律令」と記された呪符木簡は、平城京跡でも数多く発掘されている。この呪符は、現在伊勢地方で使用される鳥羽市松下社の注連縄の木札にも見ることができる。この他にも、修験道の九字の護身法や鬼の敵である鍾馗《しょうき》も古くから信仰されてきた。特に鍾馗の絵はもっぱら疱瘡避けに、屋根瓦に鍾馗像を載せる瓦鍾馗等は鬼神よけとして近畿各地に分布している。

（5）除災行事における女性の関わり

大峯山における女人結界に象徴されるように、除災系の祈禱や宗教儀礼では、基本的に女性は排除されてきたといえる。年初の除災行事を例にあげると、初祈禱の時は堂内に女性が入れなかったり、綱かけ行事では、女性は綱にふれたり、跨いではいけないなどの禁忌がみられる。この傾向は神道系の行事ではそれほど強くはないが、仏教系行事の場合は顕著である〔図7〕。また、修験道系の山岳信仰や山の神祭では、女人結界は極限に達する〔図8〕。山の神祭りでは、当日女性はほとんど外出できないし、祭具の調整や、行事そのものへの一切の関わりを禁止される。祭礼の日以外でも山の神を祀る場所へは女性は近づくことが制限されている。このような禁忌は、現在は山村の少子高齢化と人口減少によってやや緩和されているところもみられるが、地域によっては厳格に守られている。

このように、仏教系の法会や山岳信仰の場では、女性が厳しく排除されていることは紛れもない事実ではあるが、一方的に排除するだけではなく、女性用の専用の拝礼空間が用意されているところにも特徴がある。このよ

図7　談山神社 女人禁制碑

図8　大峯山 女人結界碑

図9　洞川母公堂

うな女性の拝礼空間および施設の存在は各地の山岳信仰の霊山における女人堂や母公堂〔図9〕の存在、女性専用のものではないが、東大寺のお水取りにおける二月堂内の「局」等にみることができる。

二　農耕儀礼における女性の関わり

(1) 水口祭

水口祭は、稲の苗を育てる苗代のなかに、水路を通じて、稲に害悪をもたらす疫神が入り込まないように、水の取り入れ口となる水戸、場合によっては水の出口を結界する役割がある。

まず、水戸となる畦の切れ目の両側に、年初の田遊び行事であるオンダ祭などで配布される松の枝でできた模造の苗を門松のように立て、さらに、年初の仏教儀礼であるオコナイで配布される厄除けのお札である牛玉札を、木の枝で挟んで立てる。そして、同じくオンダ祭りで松の模造苗と一緒に配布された籾種が撒かれ、最後に花やキリコ（餅を細かく切って炒ったもの）などが供えられるのが特徴である〔図10〕。しかし、現在、このようにすべてが揃った例は少なく、多くの場合は、松の模造苗や花のみが、苗代に供えられている。それぞれ、供えものには意味があり、松の枝で作られた模造の苗には、まっすぐに伸びた松の葉が稲の早苗を象徴し、杉の枝の模造苗が供えられる場合、杉には実がつくことから、豊作を象徴するものと考えられている。模造苗は多くの場合松であるが、杉・椿・空木《うつぎ》などが使用されることもあり、田の虫よけとも考えられている。水口祭に、松の模造苗を使う記述は、江戸時代後期の『諸国図会年中行事大成』等の史料にもみられる。

図10　桜井市箸中 水口祭

一方、もう一つの主役となる牛玉札は、さまざまな種類の木に挟まれて、水口に立てられる。一般的には竹が利用されるが、柳や藤あるいは漆などの、オコナイで乱声というお堂の床を叩いて大きな音をたてる所作で使用された棒がそのまま利用される例もある。また、神社で配布された牛玉札様の厄除けの御札が供えられる例や、天理市藤井町では、年初の鬼打ち行事で使用された矢が苗代に立てられる。また、供花も、彩りの鮮やかな色花がよくみられる。春先に山野に咲く色鮮やかな花は、古くから田の神の依り代と解釈され、キリコなどが一緒に供えられることから、豊作を予祝する儀礼の荘厳の一つといえる。

（2）サビラキ

奈良の農家では、田植え初めを祝う「サビラキ」と、田植え終いを祝う「サナブリ」（サナボリ）という行事がある。「サ」とは、田の神をあらわし、サビラキは田植え初めに田の神が降臨すること、サナブリは田植え終いで、サビラケに招いた田の神が帰ることを意味していると考えられている。

図11　桜井市小夫 サビラキ

サビラキでは、田植えを始める直前に、畦の一角に「フキダワラ」とよばれる焼き米を蕗の葉で俵状に包んだものを、木の枝に結び付けてお供えするのが一般的である。桜井市小夫地区のサビラキでは畦の一角に、花葛とよばれる樒の枝を稾でYの字状にくるんだものと栗の枝に幣紙をつけたものを供える〔図11〕。花葛は二月のオンダ祭のときに神社で配布されたもので、樒の枝を使用するところなどに神仏習合した様相がみられる。また、栗は、秋に実をたくさんつけることで豊作の象徴と考えられている。サナブリは、奈良県東部の山間地の水田でよくみられるが、奈良盆地では、田植え始めの儀礼は全くみられない。

一方、田植えが終わったあとのサナブリとよばれる儀礼も独特の様相をもっている。農家では、田植えが終了したことをお祝いして、早苗を米や塩とともに村の鎮守に供え、田植え終いを報告する。以前は、竈に苗をお供えする「家サナブリ」が行われていたが、現在では竈のある家も少なくなり、村全体で行う「村サナブリ」の形になっている。サナブリは、奈良盆地に集中していて、県東部の山間地では行われていない。サナブリのときには、収穫したばかりの麦で作った餅にキナコをつけたサナブリ餅や、稲が良く根をはるように旬の食材であるタコの酢の物などを食する。奈良の農業に関わる儀礼食には、よくキナコが登場する。正月の雑煮でも、丸餅を汁椀からとりだし、キナコをまぶして食するのが特徴である。なぜ、キナコをつけるのかという理由には諸説があるが、キナコの色あいが稲の花粉と似ていることから、農業に関わる儀礼食にしばしば用いられるものと考えられている。

家サナブリや、稲の刈りあげなどの儀礼では、苗や鎌が竈に供えられるという特徴がある。竈神が関わる農耕儀礼は、かっては戸主である男性が行っていたが、台所で行われる儀礼であるため、女性が関わる場合もあった。また、初夏に行われる奈良の農耕儀礼としては、藁綱を引きまわすノガミ（農神）祭があるが、正月の綱かけ行事が麦の収穫期と田植開始期の間に移行した様相をもつことから、正月の除災行事と同様に女性が排除されるという特徴を有する。

（3）予祝儀礼（田遊び系儀礼）における異性装

奈良県内で伝承されている御田植祭の大部分は、いずれも五穀豊穣を祈願して行われる行事であるが、稲の穂孕みと子孕みが相通じ、多産と豊饒の願いが込められた独特の所作をともなうオンダ祭がある。模擬的に田植えまでの所作が演じられるオンダ祭の中でも登場人物が多いもの、特に「オナリ」とよばれる「ケンズイ」（間

炊）運びの女性が登場するものは、他の一般的なオンダ祭とは、内容が古相を示し一線を画する。(2)

なかでも、最も複雑な演目をもつのが、オナリ役の妊婦が出産の所作を行う川西町の六県神社のオンダ祭である〔図12〕。オンダ祭は、荒田起しから始まり、牛使い、施肥、田植えと一連の農作業が神社の拝殿で模倣的に演じられる。いずれの場面でも最後に「アバレ」がともなう。「アバレ」とは観客である子供達が、演者である大人に対して飛び乗って叩いたり、蹴り飛ばしたりする手荒なものである。一瞬のことであるが、この時だけ子供と大人の立場が逆転するのである。この「アバレ」の所作は、祭りの非日常性を象徴するだけでなく、子供そのものが風ないしは風雨に耐えて力強く成長する早苗を象徴していると認識されている。

その後、妊婦の弁当運びと安産の神事が始まる。これは、田んぼで働く夫のもとへ、妊婦がケンズイを運ぶ途中に、急に産気づき出産するという筋書きである。男性が女装して太鼓をおなかに入れて妊婦に扮して行う。はじめに、お米をいれたお盆を頭にのせて、拝殿を一周して神主役の前に跪く。そして、神主役の長老から行き先を尋ねられ、東西南北の田にケンズイを一〇杯ずつ配ったことを報告する。次になぜか台所周りの質問に移り、茶碗や柄杓・水桶などがどこにあるかを尋ねられる。そうこうしているうちに、問答の途中で急に産気づき、「お腹がキリキリ痛くなりました。ウー」と叫んで、赤ん坊に見立てた太鼓を放り出す。すかさず、神主がそれを取り上げて、「ボンボン（男の子）でけたボンでけた」といって太鼓を打ち鳴らすのである。最後に、「種蒔き歌」が歌われて幕となる。この種蒔き歌の詞章は、大阪平野の杭全神社の御田植祭や、山城木津の相楽神社の御田植祭の詞章と近似しており、これらの祭礼が相互に連関をもつ古式のものであることの証左となる。(3)

図12　川西町保田六県神社　オンダ祭

オナリが登場するオンダ祭は、奈良県内では橿原市畝火山口神社をはじめ、宇陀市大宇陀区平尾の水分神社、野依の白山神社のオンダ祭等、奈良盆地南部のものに特徴的にみられる。明日香村の飛鳥坐神社のオンダ祭も、本来は近似した構成であったものと考えられている(4)。これらのオンダ祭では、オナリと呼ばれるケンズイ運びの役は、いずれも男性が女装して大役を果たすことになるのである。

このような祭礼における異性装は決して現代になってからの産物ではなく、古くから行われていたことが、史料からも裏づけられる。江戸後期の近畿地方の祭礼行事を豊富な挿絵で紹介した『諸国図会年中行事大成』には、興味深い事例が取り上げられている。文化三年（一八〇六）に速水春暁斎が著した同書の年初の一月の項には、「西七条村田植神事」の記述がある〔図13〕。

正月十五日　西七条田植神事　山城国葛野郡西七条村にあり

今夜西刻ばかり当家の男麗しき女の小袖を着し、赤き蔽膝をかけ面に紅粉を粧ひ、大きなる盒子に注連を引て頭に戴く。（盒子をユリナといふ）戴く人をおやせといふ。此着する小袖は当村新婚ありし嫁の小袖を出さしめ着する故殊に曠《ハレ》なる衣裳なり。扨蓑笠を着し鋤鍬を持ちたる者二人おやせの先に立て、村中家々に入て耕の真似す。耕をシリナラシと云　是に鉦太鼓を合ておやせおやせおやせ榎木婆おやせと同音に囃す。此時其家々より包銭を出し、おやせが戴ける盒子に納む。如斯して村中を廻り、其後産土神松尾の旅所に詣で終る。

図13　西七条村田植神事

西七条の田植神事は、現在奈良県内や近畿各地で広く行われているオンダ祭とは異なる様相を呈しているが、当家の男が小袖を着る点など非常に興味深いものがある。この場合の異性装は、単に祭を盛り上げる神事の芸能化といったものではなく、

図14　宇陀市野依 白山神社オンダ祭

「新婚ありし嫁の小袖を出さしめ着する故殊に曠なる衣裳なり」との一文に端的に表現されているように、稲の穂孕みと子孕みを同時に祈願する農業神事特有の態様の一つといえるのである。

次に先述した異性装が特徴のオンダ祭の中から、大掛かりな異性装のみられる宇陀市大宇陀区野依の白山神社のオンダ祭をみてみたい（図14）。

野依の白山神社のオンダ祭は、現在五月五日に催行されている。この日は田休みの日で、農作業は一切しない特別の日である。その内容は次のようなものである。

祭の当日、午前中にその年の頭（当）家（大頭・小頭）が無病息災を祈って菖蒲と蓬で、神殿の屋根をふき、粽を供え、山から新芽の出たばかりの空木の小枝をとってきて、オンダ祭で使用する模造の苗をつくる。

そして、大頭（田主）・小頭《オナリ》・荒鍬・萬鍬・小鍬・苗龍・植女《ショトメ》（早乙女）・ケンズイ配り・囃子方（唄い手・大太鼓・小太鼓）が配役される。小頭と植女は、男性が女装する。

祭は、社務所の中での植女の舞からはじまる。まず赤棒をかけて裾を膝までまくり上げた植女が、手に持った菅笠を上下させながら、

「今年のホトトギスは何を持って来た　桝と桝かけと俵持って来た（そうやのう・そうやのう）」
「西の国の雨降り舟は何を持って来た　桝と桝かけと俵持って来た（そうやのう・そうやのう）」
「白山権現の舞も（そうやのう・そうやのう）　やよの舞も（そうやのう・そうやのう）」

と太鼓の音頭に合せて、白山権現とやよの舞を舞う。

舞が終ると、素足のまま境内に出て、神社の正面を皮切りに社殿前を含め五か所で同じ舞を繰り返す。

社殿の前では、最初に、烏帽子に直衣姿で能面を付けた大頭が、腰に杵とを巻いたゴザをぶら下げ、手に蛇ノ目傘を持って、開いたり閉じたりしながら、「田主どんの申すには、八百世の中余年までよいように、ようござった」と舞う。

次に、農夫の姿の荒鍬役が手に鍬を持って、足を交互に出しながら、「荒鍬はんの申すには、八百世の中、余年までよいように、ようござった」と荒耕しの所作をする。続いて萬鍬役が、「萬鍬かきの申すには、八百世の中、余年までよいように、ようござった」と唄って同じように農作業の所作をする。次いで、小鍬役が「小鍬はんの申すには、八百世の中、余年までよいように、ようござった」と謡いながら、鍬で耕す所作をする。

一連の田を耕す所作が終わってから、次に苗籠を担いだ苗運びが登場する。苗運びは、足に付いた蛭を取る様子をリアルに演じながら、空木の枝で作った模造苗を三か所に投げ置き退下する。

田んぼが整った後、男性が扮した植女三人が登場する。植女は、「植女さんが申すには、八百世の中、余年までよいように、ようござった」と謡い、手にした笠を上下させながら舞う。上記のような田起しから田植えまでの一連の所作を、社殿前、社殿下の広場と場所を変えながら三度繰り返す。

最後に、小頭が烏帽子に直衣姿で、頭には鬘と能面を付け、背中には座布団を入れて腰が曲がった嫗に扮して、間炊桶を肩に担いで登場する。そして、間炊配りの役が、大頭からはじめて、荒鍬役などの諸役へ、順次「野依の白山米」という飯を杓子でよそう所作をしながら、「ワッ」と声を張り上げて与えていく。最後には、一般の参詣者や見学者にまで、飯を与える所作をする。

ケンズイ配りの所作が終わると、小頭が大頭と同じような舞を、詞章なしでケンズイ桶を背負ったままの姿で舞う。

野依の白山神社のオンダ祭は、他のオンダ祭と比較して著しい相違点すなわち特色がみられる。その特色の一つは、オンダ祭の催行時期が五月五日と遅く、実際の田植えの時期に近時している点である。筆者は以前のその理由として、農村の遊山行事との関連で分析したことがある。(5) 奈良のオンダ祭の大部分が、年初の行事に由来するものであるに対して、野依白山神杜のオンダ祭は、別の系統に由来するものであることは明白である。

もう一つの相違点は、大掛かりな異性装がみられる点である。多くの事例では「オナリ」役は一人であるが、早乙女役全員が女装するという点で、近隣地域では他に全く類例がみられない。地域の神社で行われるオンダ祭りでは、祭礼集団が男性のみで組織されるため、男性が女装して早乙女役を演じているが、実際に田植えを行う田植神事と構成が類似しており、多くの早乙女が登場する。この大掛かりな異性装がみられるという点で、一般的なオンダ祭とは区別される。先に分析したように、野依白山神社のオンダ祭の大掛かりな異性装は、この時期の農村の余暇行事として行われる四月下旬の「ダケノボリ」と五月上旬の「レンゾ」などの余興として、非日常の空間を演出する装置の一つとして、成立した可能性が想定される。

（4）収穫祭（秋祭り）における女性の関わり

秋祭りは、文字通り収穫を感謝する祭りである。翁舞・田楽踊や神事相撲の奉納が行われる。神幸の先頭を行くのはその年の最初に収穫された稲を神にささげる御初穂である。奈良の秋祭りでは、山車や太鼓台・ダンジリといった大阪周辺の都市型祭礼に一般的にみられる要素は希薄で、どちらかといえば神事芸能の奉納に重点が置かれているといえる。これは、奈良の秋祭りが近世というよりも、より古く中世の祭礼の様相を色濃く残しているからなのである。神事芸能として特に注目されるのは、奈良市東部地域に伝承されている田楽踊と題目立である。

田楽踊は、大寺院に専属した芸能集団である田楽座によって演じられる芸能である。きらびやかな装束に身をつつみ、「編木（ササラ）」という楽器や笛、太鼓による奏楽と刀玉や高足とよばれる曲芸が一体化したもので、平安時代後半から鎌倉時代に最も流行した古典的な芸能である。もともとは農耕を模倣する所作が連続的に演じられて踊りの全体が構成されていたが、時代を経るにしたがって踊りの所作が断片化して、現在は部分的に伝承されている。奈良県内各地の神社の秋祭りで伝承されている「神拝」や、擬態的呼称の「三角跳」や「横跳」あるいは、擬音的呼称の「バタラン」や「ピッピラ」といった特徴のある神事芸能がある。これらの神事芸能には、扇で楽器や床を扇ぐ所作などが見られ、本来は一連の流れをもった田楽踊が、断片化して部分的な所作だけが伝承されたものと考えられる。

さらに、田楽だけでなく、猿楽と能楽も重要である。奈良市奈良阪町の奈良豆比古《ならづひこ》神社の翁舞は、室町時代の能楽が民間で伝承されたもので、猿楽・能楽の発生の地である奈良を代表する祭礼といえる。また、奈良市大保町の八坂神社では、神社の周囲の山の神の名前を順に読み上げる「森神呼びだし」とよばれる所作がある。これは、春日大社の神おろしの神楽が伝承されたもので、このような地域の祭礼に、中世から近世の興福寺や春日大社、その最も大きな祭礼である春日若宮おん祭りが、大きく関わっていたことを示す証といえる。

一方、奈良市上深川町（旧都祁村）の八柱神社の秋祭り宵宮に奉納される題目立は、福岡県みやま市（旧瀬高町）の幸若舞とともに日本の中世芸能を代表するものである。演者は立ったままほとんど動かず、番帳とよばれる進行表の順に、不動の姿勢のまま、自分の台詞を淡々と謡い上げていくのが特徴である。武家物語などの語り物が舞台芸能化していく初期の姿をとどめる貴重な芸能として、国の重要無形民俗文化財に指定され、ユネスコの世界無形文化遺産リストにも登録されている。

題目立は、もともとは神社の造替時に奉納されていたものと考えられている。現在は秋祭りの宵宮に一七歳前後の少年達によって奉納されている。演目は、平清盛が弁財天から長刀を授かる「厳島」が中心となるが、東大寺の転害門が舞台の「大仏供養」も一〇年ほど前まで、「厳島」と交互に演じられてきた。この他に明治時代以来演じられていない「石橋山」という演目もある。このような題目立は、東部山間地域では八柱神社のほかに隣接する山添村峰寺で過去に行われていたことが史料から明らかになっている。また、奈良市丹生町の丹生神社には、天正三年の記年のある台本の残欠が保存されており、室町時代の興福寺の僧侶が記した『多門院日記』の記事とともに、題目立が中世にまで遡る古い歴史があることを直接示す重要な史料といえる。また、上記の三地区以外にも、奈良市東部の北野山の戸隠神社と隣接する山添村室津の戸隠神社と桐山の戸隠神社では、秋祭りに「ウタヨミ」とよばれる神事芸能が奉納される。神事芸能の奉納のあとで、当屋宅に戻り、笹の枝をもちながら、米をまいて種まきの所作をする「オドリコミ」とよばれる短い芸能が演じられる。この際に謡われるのが、先の題目立の導き歌である「安芸の国、厳島の弁財天は……」と類似した「安芸の国、厳島の弁財天の、いざや宝を拝むよう」という台詞である。このような事例も、かって行われていた題目立の遺風を留めるものと推定される。

上記のように中世後期の室町時代の一山村において、題目立のような芸能が奉納されていたことは、当時の大和の国の農山村のリテラシーの高さ、つまり文化水準の高さを端的に物語っており、古い歴史をもつ寺社とその周辺の村落とで、一体となって芸能が育まれていくという、奈良の風土の特性として特筆すべきものといえる。

この他に奈良の秋祭りに特徴的なものとして、餅や木の実・果実を山形に盛りつけたり、串刺しにした特殊神饌とよばれる御供えや、神の依り代となる御仮屋があげられる。特殊神饌は本来寺院の仏饌であったものが、神仏習合によって神社の神饌となったものが多く、桜井市多武峯の談山神社の「百味の御食」を代表例〔図15〕として、各神社の祭礼で独自の様式の神饌が伝えられている。一方、御仮屋は、鳥の巣箱様の小さい家形のものから、以前は土壁建ての一メートルを越える大きさのものまで作られていた。また、家形以外にも円柱状のものなどさまざまな形がある。

図15　談山神社 百味の御食

秋の収穫後の最後を飾る祭りがイノコ（亥の子）祭りである。西日本を中心にして全国各地でみられ、奈良県内でもいくつか典型的な事例がみられる。大淀町上比曽地区では、子供達が藁を棒状に束ねて持ち手をつけたものを作り、その年に嫁入りがあった家々を廻って、入り口で亥の子歌を歌いながら、地面を敲くという典型的なイノコ祭が現在でも行われている。祭りの最後には、藁束を家の屋根に向かって放り投げるのが特徴である。一方、桜井市高田地区は、一般的なイノコ祭とはやや異なった、子供たちの大暴れがある珍しい亥の子暴れ祭りで有名である。小型模造農具を奉納したりする点から山の神祭と習合した行事と考えられる。イノコ祭りが終わると、土臼終いといって、稲刈りの後の農作業がほぼ終了するのである。

秋祭りへの女性の関わりについては、秋祭りを特徴づける神事芸能の奉納・神事相撲・競馬等の行事からは完全に女性は排除されていると言っても過言ではない状況である。本来このような秋祭りを催行するのは、寺社の祭礼組織である宮座や講である。講の場合は女性のみで組織されるものもあるが、宮座の場合は、構成員は戸主および戸主となる長子に限られており、女性は基本点に関わることはない。また、祭礼当番ともいえる当屋は、一年間氏神の分霊を自宅の一室に祀るという事例もある。この場合も、その部屋は注連縄で結界され、女性は立ち入ることができない〔図16〕。神饌の調整・献饌・撤饌などでも一切女性が関わることはないといえる。しかし、近年の農山村の高齢化や、祭礼行事の宮座からの分離と簡素化傾向によって、一部の祭礼行事や神饌の調整等に女性が参加する例もみられるように変化している〔図17〕。

イノコ祭も、本来は男子のみが参加できる行事であったが、農村の少子化によって男子のみでは催行が困難になっている例が多く、一部地域では女児の参加が容認されるような変化がみられる〔図18〕。

図16　奈良市大柳生町
当屋宅の氏神の分霊

図17　百味の御食の調整

図18　桜井市高田 暴れ亥の子祭

三　歴史民俗学的にみた神道祭祀と女性の関わり

(1) 中世前期～近世の神道系予祝儀礼と女性の関わり

前節までは、奈良の伝統的な祭礼のなかで、いかに女性が排除されてきたのかという点を分析してきたが、次に歴史民俗学的な視座から、女性の祈禱師である巫女がいかに祭礼のなかで重要な役割をはたしてきたのかということを検討してみたい。

奈良の伝統的祭礼には神仏習合の様相が色濃くみられる。明治初年の神仏分離令の前後では祭礼の様相に大きな相違がみられる。そこで、近代以前の神社祭祀における女性の関わりについて分析してみたい。また明治以前の神社祭礼の様子は、絵巻等の絵画資料や文献から知ることができる。ここでは奈良を代表する二つの大きな祭礼を取り上げてみたい。

（2）オンダ祭りにおける巫女の関わり

明治初年の神仏分離令以前の神社祭礼の様子をうかがうことできる史料としては、奈良市の手向山八幡宮に伝わる、江戸時代後期の文政元年（一八一八）の「平城八幡宮御田植神事之図」という絵巻が重要である〔図19〕[6]。そこには、田主に扮した翁面を付けた男性が、種籾を神社の拝殿で播く種まきの場面が描かれている。傍らには牛の面を付けた「牛童」と目される少年が着座し、拝殿の前面には、現在のオンダ祭でも使用されるものと同様の鍬や肥桶などの祭具が描かれている。現在と異なる点といえば、拝殿にずらりと並んだ巫女が明治時代以降若宮社の廃絶によって失われてしまったことである。拝殿前面に台があり神楽鈴が乗せられているので、現在行われているような子供の巫女による田植えの所作が当時はなく、巫女が神楽を奉納したものと推察される。現在使用されている種籾を入れる福種桶の底には、江戸時代後期の文政二年の銘があり、文政二年の記年がある御田植図巻とほぼ同時期のものである。江戸時代のオンダ祭の様子を具体的に伝える唯一の絵画資料として貴重なものといえる。

図19－1　「平城八幡宮御田植神事之図」　田主の種まき
（手向山八幡宮蔵）

図19－2　同上、八乙女

　このような資料から、江戸時代以前のオンダ祭は、能楽様のものであったことがわかるが、中世の吉野山の様子を伝える室町時代中期の応永二〇年（一四一三）頃の「当山年中行事条々」[7]によると、吉野山の上社と下社における「田殖」の祭礼に、能楽の大夫が出仕していることが明らかにされており、このようなオンダ祭の形式は中世まで遡る可能性がある。史料に「田殖」と記された祭礼がどのようなものであったのかは、詳細な内容について不明な部分が多いのであるが、「田殖」は、さらに古い時期の史料にも散見される。

奈良の祭礼に関する特に古い史料としてしばしば取り上げられるのが、春日大社の社家の文書の御田植神事に関する史料である[8]。最も古いものでは、約千年前の平安時代後期に「田殖」が登場している。鎌倉時代前期の史料に次のようなものがあるので以下に引用する。

寛元四年（一二四六）正月十八日

今日可有田殖之儀、行幸之還御酉刻之間、入夜田殖不吉之旨、巫女等申之、延引可為晦日之由

（「中臣祐定記」『春日社記録 一』）

中臣祐定という神職の日記の記事であるが、正月の一八日は、御田殖の儀礼を行う日だったのに、後嵯峨天皇の春日行幸の還御が遅れてしまい、午後六時頃になってしまった。夜になってから「田殖」の儀礼を行うのは不吉であると巫女が言うので、月末に延期したという内容のものである。「田殖」の儀礼の内容は記述からは全くわからないが、正月の儀礼であることから、実際に農作業を行うというよりは、奈良時代に唐の「籍田」を導入して始まった、年初に農作業の真似事をする宮中儀礼の系譜をひくものと推察される。また、夜に行うことは不吉であるという点から、予祝的な性格をもつ行事であったものと解釈される。一番重要なのは、正月の予祝的儀礼を催行するか否かを判断しているのが、巫女であるという点である。この一文からは、祭儀の内容はわからないし、また、現在春日大社で行われている田植神事とは、内容が大きく異なるものと考えられるが、巫女が祭儀に関して大きな権限を有していたことは確実である。

また、現在のオンダ祭形式の田植神事では、松の枝で作られた稲苗の模造品が重要な役割をもっており、実際に苗代作りの際の水口祭で苗代に供えられる。この苗の模造品についても、前掲の『諸国図会年中行事大成』には、興味深い事例が取り上げられている。文化三年一月の項には、農事と関連した祭礼として、春日大社の御田植の記事がある。

二申　春日御田植　大和国添上郡にあり。

其式榊に綿《ユフ》を付けてかざり田植の真似をなす。此榊松葉を農民等田の水口に挿す。又南都市中に住巫子の類此松葉を檀家に配る。

この記事で重要なのは、豊作を予祝する重要な祭礼の祭具である稲苗の模造品の配布に、巫女が関わっている点である。現在行われている田植神事では、巫女は箕に入れた籾種と餅を細かく切った切子を斎庭に撒き、その上に模造苗を置いて田植の所作を表現している。祭礼の後で、模造の苗は参拝の農家がもちかえり、水口祭で奉納する他、神社の授与所でも配布されている。巫女は模造苗の配布に直接関わることはない。同様の松葉で作られた稲苗の模造品は、手向山八幡宮でも使用される様子が、図19に示した絵画資料にも描かれている。「平城八幡宮御田植神事之図」には、八乙女と従八人が精密に描かれており、八乙女には「惣之一女」「左之一女」「右之一女」「横座之女」「東女」「南女」「西女」「北女」という序列に加え、「各執檜笠松苗」と記されている。檜笠と松苗が巫女の採物となっている点は、現在の春日大社の御田植神事と類似しているといえる。また、八人の従のうち、上殿は紅梅の小枝をもち、下仕は福桶持と記されている。後者の桶は現在も御田植祭で使用されている文政二年銘の桶と同一のものと考えられる。

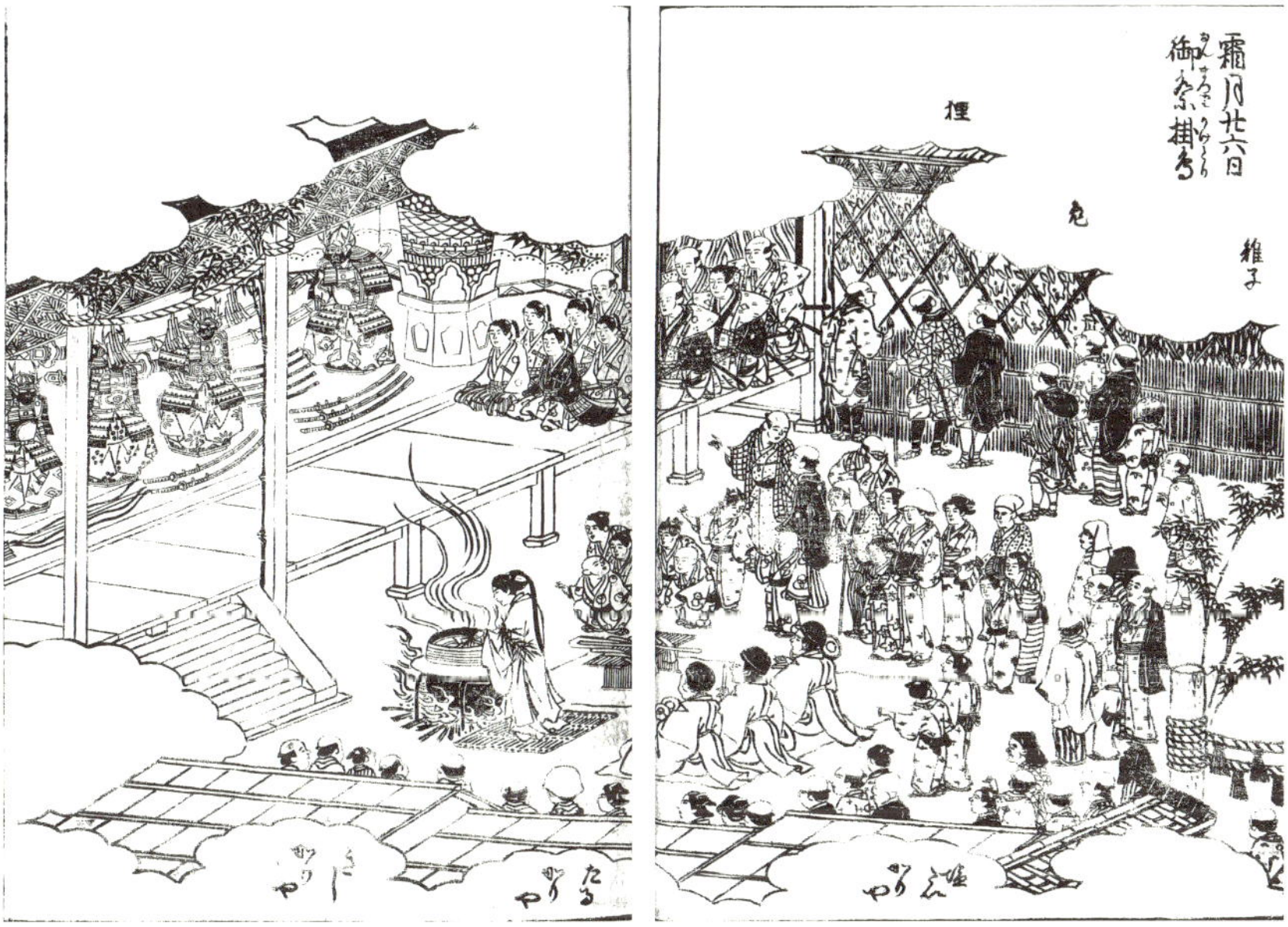

図20　『大和名所図会』

（2）春日若宮おん祭りと里の巫女の活動

次に重要なのが、近世大和における里の巫女の活動である。里の巫女は、通称ソネッタンとよばれ、漢字の表記としては惣一、物市などがあてられる。ソネッタンは寺社に所属せず、独立して村のなかで祓や祈禱などの活動をしていた。近世までは大きな影響力があったが、明治時代以後の国家神道のなかで市井の巫女の活動は禁止されてしまった。

江戸時代の春日若宮おん祭の祭礼の様子を描いた絵図では、大宿所における大和士《やまとさむらい》を御湯で祓う場面が描かれている〔図20〕。これは寛政三年刊行の『大和名所図会』のもので、おん祭りの大宿所の一つである興福寺の塔中の遍照院跡の大きな宿所の前庭で、流鏑馬の警護役が着用する甲冑や野太刀などの祭具が並んだ建物の前に湯釜を据え居並ぶ祭礼の実質的な催行者ともいえる大和士を御湯で祓う場面が描かれている。祭礼のプレリュードともいえる御湯立は、祭礼に参加する人々

図21　ソネッタン

図22　天理市海知町シンカン祭
当屋の祓

の穢れを祓うという最も重要な行事であり、その中心となるのがソネッタンとよばれる里の巫女なのである。

春日若宮おん祭りの御湯立は、明治期以降廃絶してしまい、現在行われているものは昭和になってから復興したものである。現在の巫女は大和郡山市若槻町加奥家が代々務めている。また、奈良にはもう一つ生駒郡三郷町に坂本家という里の巫女があり、おもに龍田大社やその周辺の神社において、祓の神楽や祈禱などを行っている〔図21〕。まさに、近世以前の里の巫女の活動が連綿と続いているのである。これ以外にも秋祭りなどで、当屋や祭礼の参列者を巫女が御湯で祓うところがある。特に、天理市海知町恩智神社の秋祭りであるシンカン祭では、当屋の家の中庭で、湯立を行い穢れを祓うという古式の形式が注目される〔図22〕。

おわりに

歴史民俗学的な視座から奈良の伝統的な祭礼と女性の関わりについて検討してきたが、現在みられるような、伝統的な祭礼からの女性の排除というものは、江戸時代にまで遡ってみてみると、一面的な様相でしかないことが明らかである。

近世までは神仏習合した非常に多面的な宗教祭祀の存在があり、祓の作法もさまざまなものが併存していたのである。そのなかで、地域の信仰を担った里の巫女の活動は極めて重要なものであった。しかし、明治時代初年の神仏分離令とそれ以降の国家神道の発展や、新しい宗教政策のなかで、そのような多面的多元的な宗教活動は一元的なものに収斂して、里の巫女等の市井の宗教者は排除されていったものと考えられる。このような経緯については小平美香の研究によって明らかになっている[9]。

一方、このような巫女の活動は、歴史遡及的にどこまで辿れるのであろうか。鎌倉時代前半の春日大社の社家文書に記された巫女は、祭祀に関してどのような権限を有していたのであろうか、またその祭祀とはどのようなものであったのであろうか。未解明な部分はなお多いといえる。

また、このような里の巫女の活動とは、朝鮮族の巫堂や琉球の女性祭祀者、満州族や蒙古族等の東北アジアの薩満とどのような共通性や相違点があるのであろうか。中国内モンゴル自治区のモンゴル族の伝統的な祭礼であるオボー祭で[10]、女性シャーマンが旋回的な所作の神踊を舞いながらトランス状態になる様子は、中世の巫女の神楽の原型のように思われるのである〔図23〕。

図23　中国内モンゴルの女性シャーマン（左端）の神踊

東アジアの基層信仰として巫俗の態様、つまり東アジアの視点からみた、巫女と巫俗およびシャーマニズムとの関わりを、今後の研究課題としたい。

（1）図2の押熊八幡神社の写真は、田中眞人氏から提供をうけた。
（2）野本寛一『稲作民俗文化論』（雄山閣出版、一九九三年）。
（3）新井恒易『農と田遊びの研究』（明治書院、一九八一年）。樋口昭・石坂七雄・池田淳「大和の御田」（『埼玉大学紀要（教育学部）』第四九巻第一号、二〇〇〇年、一三〜一七頁）。武藤康弘「大和における御田植祭の系譜」（『万葉古代学研究所年報』第四号、二〇〇六年、八九〜一〇一頁）。
（4）桜井満・並木宏衛編『飛鳥の祭りと伝承』（おうふう、一九八九年）。
（5）前掲注2武藤論文。武藤康弘「祭礼と異性装――野依白山神社のオンダ祭をめぐって」（『奈良女子大学文学部研究教

育年報』第四号、二〇〇七年、九七～一〇四頁）。

（6）本絵巻には、祭礼の渡御の場面から、田遊び儀礼、それを見守る人々の様子が順に描かれ、巻末に詞章が記されている。図19は、平成二二年秋に実施した資料調査の際に、筆者が撮影したものである。

（7）吉野山の竹林院所蔵の古文書で、室町時代中期の応永二〇年（一四一三）頃の中吉野山の祭礼行事を記したものである（岩井宏実「御田植神事」『吉野町史　下巻』吉野町役場、一九七二年）。

（8）大東延和他編『春日大社年表』（春日大社、二〇〇三年）。鹿谷勲「春日大社の御田植行事」（『奈良市民俗芸能調査報告書――田楽・相撲・翁・御田・神楽――』奈良市教育委員会、一九九〇年）。本田安次「春日大社の御田植祭」（『本田安次著作集　日本の伝統芸能』第八巻、一九九五年、五五九～五六二頁）。

（9）小平美香『女性神職の近代』（ぺりかん社、二〇〇九年）。

（10）シャーマンの神踊の写真は、二〇一〇年六月に中国内モンゴル自治区ウランチャップ盟四子王旗のバインタラオボー祭の調査で、筆者が撮影したものである。

古代浴衣の復元の為の覚え書き

武田佐知子

はじめに

筆者が古代の浴衣を復元しようと思い立ったのは、道後温泉旅館組合の要請があったことによる。道後温泉は、「伊予国風土記」逸文が、オオナムチ・スクナヒコナの蘇り伝承に端を発して、その薬効を求めて、歴代天皇の行幸も五度に及ぶと記している。景行天皇・仲哀天皇・神功皇后・舒明天皇・聖徳太子・斉明女帝・中大兄皇子・大海人皇子など、古代の天皇や皇子たちの入浴が記録され、名をはせてきた。同書が引く聖徳太子の湯の岡碑文も「神井」と賞賛された当温泉の評判をますます高からしめるものとなった。

しかし今日では、古代以来の伝統ある温泉ということはほとんど忘れ去られ、明治時代の建築である道後温泉本館が夏目漱石の『坊ちゃん』に登場することから、象徴的な建物となって、坊ちゃん、マドンナの湯として人口に膾炙して来た。

道後温泉本館の周囲は最近整備され、シャッター通りといわれかねなかった商店街にも若い女性の観光客が、思い思いの個性的なユカタで行き交っている。広告塔の規制や撤去が行われて、道後も美しい街に生まれかわり始めている。しかし道後温泉は、こうした努力や、空前の温泉ブームや、「坂の上の雲」景気にもかかわらず、入湯人口は減少の一途だという。

そこで道後温泉の旅館組合は、内閣府や国土交通省の支援を受けて行動計画を立ち上げた。道後を、坊ちゃんや、マドンナだけが売りではなく、古代からの日本最古の湯として、そして斉明天皇など、女帝が入浴した「女帝の湯」として、アピールしようというプロジェクトである。題して「道後温泉三千年の歴史ただようまちづくり、女帝の湯再生プロジェクト」。

そこでの私の使命は、古代のユカタを復元することである。しかし下着とか寝間着とか浴衣とか、こういう類のきわめて日常的であっても、おおやけの場面にあらわれない性質の衣服は、きわめて復元が難しい。古代の庶民の日常着を復元することが難しかったように、まず文献の上にあらわれてこないからである。

そもそも現代の私たちは入浴する時、裸で入るが、果たして古来からそうしてきたのか？　この現代人が考えるまでもないような、あまりにも当然と思われる問いにすら、実は未だに明確な答えを出せないでいる。入浴といっても様々な入浴がある。温泉に入る場合と、沸かした湯を浴槽に張って体を浸ける場合、また文字通り蒸気によって体を蒸らす「風呂」へ入る場合がある。ここで問題にしたいのは、温泉に入る場合である。

『出雲国風土記』意宇郡条(1)が伝えるのは、今も名湯として名高い玉造温泉の古代における姿である。

忌部神戸郡家正西廾一里二百六十歩国造神吉詞望参向朝廷時御沐之忌里故云忌部即川辺出湯出湯所在兼海。陸仍男女老少或道路駱駅或海中沿洲日集成市繽紛燕楽一濯則形容端正再沐則万病悉除自古至今無不得験故俗人曰神湯也

川のほとりに湯が湧く出湯のあるところは海山の景勝の地でもあったので、老若男女が道に列をなして連なり、海辺に沿って集って市をなし、大勢が入り混じって宴を催していたという有様であった。

この湯は一度入れば容姿が輝き、二度入れば万病も悉く癒える、美人の湯として名高く、神の湯と称された、古来から霊験あらたかな温泉であった。

『出雲国風土記』仁多郡の、飯石郡との境の漆仁川のほとりにあった薬湯も、

通飯石郡堺漆仁川辺廾八里「即川辺有薬湯一浴則身体穆平再濯則万病消除男女老少昼夜不息駱駅往来無不得験故俗人号云薬湯也(2)

と、一度浴びれば身体がやわらぎ、二度入れば万病が癒えたので、老若男女が夜となく昼となく、途切れることなく列をなして通い、湯に入れば誰も験を得られない者はなかったという。そこで薬湯と呼ばれたのだと……。このくだりは、出雲の湯村温泉を指しているといわれ、ここでも男女が湯に集って、大変な賑わいであったと強調されている。老若男女が列を成して湯浴みしたというこれらの温泉は、お湯が男女別になっていたのだろうか？ そしてこうした賑わいの湯に集った人々は、果たして裸で入浴するのか、はたまた何らかのものを纏《まと》って入浴するのだろうか？

一 温泉と浴衣

草津温泉は、前近代の伊予がそうであったように、今でも湯桁を組むことを特色とする温泉であるが、高温で、強酸性の温泉成分を特色とする草津温泉では、現在も残る湯揉みをはじめ、一斉に入浴する時間湯など、様々な入浴流儀が工夫されてきたようで、明治二年（一八六九）に石坂白亥によって著された『白根紀行』には、白布を腹に巻き、足袋・脚絆をはき、手の甲をかけ、首には手拭いを巻いて入ったとあり、ここでは、熱い湯から体

軀を守るために、白布を巻いたり、足袋脚絆などが纏われたことがわかる。

こうした状況下では、混浴もまったく不自然ではない。

昭和七年に開所した栗生楽泉園は、江戸時代以来、草津の湯の効能を信じて草津に集まってきたハンセン病患者の収容施設となっていた。ここにも草津の湯畑から湯がひかれ、六つの温泉浴舎が作られたが、患者用の施設はすべて混浴だったという(3)。

道後温泉は、平成一七年（二〇〇五）に松山市立埋蔵文化財センターが発掘調査を行っているが、道後温泉本館の東側の、道後湯月町遺跡で発掘された古代から近世にわたる池状遺構は、土から硫黄成分も検出されており、温泉池そのものの可能性があるという(4)。

この温泉には、池を囲む建物状の遺構はあったのだろうか？　つまり男女別の浴室が用意されていたのだろうか？　男女混浴ならばなにがしかの衣料を着用して入浴したに違いないと思うのは、現代人の思考が男女別の浴室に馴れきっているからかもしれない。

この問題に関しては、「伊予の湯桁」に関する諸書の所説が参考になるかもしれない。『源氏物語』には、二か所ほど「伊予の湯桁」について記載がみえる。

まず「空蟬巻」には、空蟬が継娘の軒端の萩と碁を打っているのを源氏が垣間見ている場面で、「いで、この度は負けにけり。隅のところどころ、いでいで」と指を屈めて「十、二十、三十、四十」などと

数ふるさま、伊予の湯桁もたどたどかるまじう見ゆ。

とあり、十、二十、三十、四十と、指を折って数え上げる碁の目数が多いことを、数の多いことの代名詞になっている伊予の湯桁に対比して述べている。

また「夕顔の巻」では、源氏の許に空蝉を伴って伊予に赴任していた伊予介が帰郷の挨拶に参上した場面で、伊予の国のことを語る伊予介の話を聞きながら源氏は、

（伊予介は）国の物語など申すに「湯桁はいくつ」と問はまほしくおぼせど、あいなくまばゆくて、御心の中に思し出づる事もさまざまなり。

と、伊予の湯桁の数を訊ねたいと思いながら果たせなかったと書いている。

豊原統秋の『体源抄』にも、「伊予の湯の湯桁はいくついさ知らず数へずよまず君ぞ知るらん」とあり、『源氏物語』の注釈書である『河海抄』[5]にも「伊予の湯の湯桁の数は左八つ右は九つ中は十六」と詠まれている。伊予の湯桁の数が多いということは、古代から京都でもよく知られた事実なのであった。おそらく湯桁が数を連ねて並ぶ様子が、壮観であり、全国に名を馳せたものであろう。さて、伊予の湯桁の後の姿は、どのように景観を変えていったのだろうか。

『河海抄』に、

予州温泉はその勝天下に冠絶し、その名人中に著聞す。累々として山頭より出で、潺々として海口に迫ぶ。中底白砂潔く、四隅青岸斜なり。……海を辞すること二三里、その温泉を観れば、上下区して以て別と為す。以て貴賤をして混在せしめざる故なり。上は則ち廊宇を構へ、戸牖を開き、その裏に屛息居閑の具を備ふ。下亦石を左にし、岸樹を右にす。その間陰風陽日の気を虞る。是に出りて来る者憚ることなく、浴する者便あり。

とある。『河海抄』は将軍足利義詮の命により、貞治年間（一三六二～六七）に書かれたとされ、この部分は古代の文体を伝えるとされる「予州温泉記」からの引用である。

これによれば、山から二、三里離れた海岸まで、とても広大な温泉だったようで、なかには貴賤が混じって人

浴することのないよう、建物が造られて、そこで入浴したらしいが、下々の者も、温泉の上に枝をさしかける樹木が日陰を作り、入浴できたという。

つまり、伊予湯桁はすでにすべてが露天風呂だったのではなく、その一部はすでに建物で囲いを造った入浴施設になっていたようなのだ。

これは古代にも同様だったようで、「伊予風土記」逸文には、舒明天皇と皇后が入浴に訪れた際に、その大殿戸に、椋の木と臣の木（＝もみの木かとされる）があり、そこに止まった鵤と比米鳥のために、特別にその枝に稲穂を掛けたという逸話が伝わっている。ここにいう「大殿戸」は、天皇の行幸の為に造られた入浴施設であるらしい。なぜなら山部赤人が伊予の温泉に至って詠んだ長歌が残されているが、「三湯の上の　樹村をみれば臣の木も　生い継ぎにけり、鳴く鳥の、声も更らず　遐き世に、神さびゆむ　行幸処」とあって、昔どおりに臣の木が、三湯の上に枝をさしのべているとあることから、舒明天皇の行幸の際の大殿戸も、温泉の上に造られた行幸時の入浴用の建造物であったと想定できるからである。

伊予の湯の上に木が豊かに生い繁っていたことは、聖徳太子の湯の岡碑文にも「椿樹相廕而穹窿。実相五百之張蓋。……丹花巻葉映照。玉果弥葩以垂井」とあり、椿の枝が幾重も重なった様子は、五百張りの蓋を差しかけているようだったと書いてることからも明らかであろう。なおここで三湯とあるのは、「伊予の湯桁の数は左八つ右は九つ中は十六」とあるように、三つに区分されていたことが明らかなのだが、そのうちの一部を指すものであろう。後述のように江戸時代には、三の湯というと、庶民の男子の入る湯になっていたようだが、建造物が少なかっただろう古代の場合は、それと同一実体と考えることはひかえたい。

寛永一二年（一六三五）に松山城主となった松平定行は、温泉を整備し、仕切り石を積み、垣を設け、溝を掘って、温泉を別けて三局とし、第一局を士人・僧侶に、第二局を婦人に、第三局を下ざまの男子の入浴用にと区分した。また旧い慣習を引くものとして、十銭湯・養生湯と名付け、旅人や雑人に入浴を許し、最も下流のところを馬湯と名付けて、牛馬の入浴に提供したといい、定行が改築した温泉の絵図が掲げられている(6)。

その後たびたびの改修を経ているが、おおむね侍と僧侶用の一の湯、女性用の二の湯、庶民男子用の三の湯と、男女別に仕切られた養生湯という構成は変わらない(7)。

他に湯桁で有名な温泉には、草津温泉がある。草津は湯温もきわめて高い強酸性の湯で、「白布を腹に巻き、足袋、脚絆をはき、手の甲をかけ、首には手拭いを巻いて入った」と記され、これが高温の温泉に入る際の入浴スタイルだったとされる(8)。

草津では湯治客は、褌を着けたりバスタオルを巻いて、湯桁の周りに立ち、二メートル弱の湯揉み板で湯を攪拌して、湯温を下げてから、湯長の合図で一斉に入浴するのだ。

江戸時代、あるいは明治初期に描かれたとおぼしき「草津温泉滝之湯の図」には、湯樋から流れ落ちる湯に身を打たせている湯治客の姿があるが、湯桁の傍らには肩を脱ぎかけた女性の姿が見える(9)。また洋服姿の人物描写も混じることで明治の作と知れる「上州草津熱の湯の図」には、湯桁を囲んで湯揉みする多くの褌姿の男達の図があり、周囲に、旅姿の笠を持った男や、手拭いで裸の体を拭く男が見え、着物を着た女達の姿も散見する。

これらの図像が、共に湯桁を開放されたスペースとして描いている事実は、絵画技法上の『吹き抜け屋台」のテクニックだとばかりは思えない。

なぜなら、ベルツは日記に、草津温泉に行った時、難病を患う湯治客が屋根掛けしただけの粗末な共同湯に浸かるだけで、なんら医学的な処置が施されていないことに驚きを禁じ得なかったと書いている。明治期の共同湯は、屋根があるだけで、壁をめぐらしていなかったと考えられるのだ。さらに明治三七年（一九〇四）の日記にも、草津温泉の入浴法について次のように書いている。

「この草津に来るのは、ほとんど下層社会の人々ばかりである。もちろん、多数の醜い患者が、町にひしめく光景は、決して人の気を誘うものではない。癩《ママ》患者は、本来の町の外に隔離されているが、黴毒患者や、その同類も好ましい見ものではない。おまけに西洋人を驚かせるのは、まるでエデンの園のように羞恥心のないことだ！　ここ数年来は、男女別の入浴が行われるようになり、今では、男女共に素裸で往来を歩くものを、殆ど見かけないが、昔はそれが当たり前のことだった」としている。また「なにしろ日本では、浴場なるものは、中世におけるドイツの鉱泉浴場と同様に、一種の社交機関なのである。当地でも昔は、老若、男女を問わず、いっしょに入浴したものだった」[10]と……。

明治一六年（一八八三）に刊行された「草津鉱泉独案内」によれば、御座の湯の湯坪は二つあり、ひとつは四方が塀で囲まれていて入り口が二つあって中が見えないように作られ、ハンセン病患者専用であった。もうひとつは誰もが入浴できたが、ハンセン病患者がこちらの湯坪にも入浴するため、一般湯治客は嫌って入浴しなかったとあるので、湯坪は塀などで囲わない開放的な空間として存在していたとみられる。

このように、屋根が掛かるばかりの開放空間で、裸で男女混浴するのが、明治時代にいたるまで、庶民の温泉入浴の常だったとすると、浴衣は庶民レベルでの入浴の具ではなかったとしなければならない。少なくとも入浴に際して用いられる衣料ではなかったであろう。

松田忠徳氏によると、かつて温泉の宿には風呂がなかった。個々の宿が内湯を持つようになったのは昭和四〇年代以降のことで、湯治客は共同湯＝外湯に通ったとされるが、共同湯はおおむね入込み湯＝混浴だった。やがて城崎温泉の外湯などでは、幕湯といって、幕代を徴収して、時間を決めて入り口に幕を掛けて貸し切りにすることが行われ、湯治客には「必ず幕湯にすべし」と、これが勧められたという(11)。

宝暦一二年（一七六二）に著された『熱海温泉記(12)』に、

先ず杓にて頭よりそそぎかけ暫くして湯の中に入り、乳を限浸し、気を鎮め、腰、腋を温め、額に汗を催すとき槽より揚がり、四肢を伸ばして浴衣を着て休臥する間暫時なるべし

とあることからは、入浴時は裸で、そして浴槽からあがってから浴衣を着た事実が想定されよう。

むろんこうした裸で男女混浴する風景については、幕末にペリーら外国人の目に触れて記録されたものが存在する(13)のは、よく知られた事実であり、日本列島において普遍的に見られる事態であったことは自明である。

先に述べたように草津温泉に設けられた栗生楽泉園の六つの患者用温泉浴舎は、すべて男女混浴だったという。これがどのような伝統をひくものか不明だが、多摩全生園に入院した女性患者も、収容門を入ってすぐ入浴させられた際、汽車に乗り合わせた男性患者と一緒に入浴させられたと回顧談を語っている。

栗生楽泉園は、明治期に、湯ノ沢を療養入浴地区と定めて集住させられていたハンセン病患者を、草津温泉郷から隔離する目的もあって、草津温泉からさらに東に三キロ離れた地を買収して作られた。湯ノ沢地区の居住民は、療養所の敷地内に、家を解体・移築して移り棲んだという。このことから推察するに、二〇世紀の初頭に療養所が全国に作られた際、栗生楽泉園では、草津温泉の入浴法にそのまま倣って混浴の温泉として温泉施設が作られたのだろうか。

前近代の入浴を描いた絵画表現は多くはない。『遊行上人縁起絵』には、内宮参宮の折、五十鈴川で裸で禊す

る時衆の姿が描かれている。金光寺本では、僧尼が川を隔てて、別浴する表現であるが、宗俊本では、僧のみが禊している。金光寺本の男女別浴の描写の理由は、次のようにも考えられよう。

『天狗草紙』に

袈裟をば、出家の法衣なりとて、これを着せずして、なまじいに姿は僧形なり。これを捨つべき、あるいは馬衣を着て衣の裳を着けず。念仏する時は、頭を振り肩を揺りて踊ること、野馬のごとし。騒がしきこと、山猿に異ならず。男女根を隠すことなく、食べ物をつかみ食い、不当を好む有様。併せて畜生道の業因とみる(14)

とあり、『野守の鏡』などでも男女が入り交じっている様子に批判が集中していたことに対応してか、ことさら男女が座を別にしていることを強調した描写が見られるので、金光寺本のこの場面で、あえて男女が橋を隔てて禊する姿も、事実関係は疑問とせざるを得ないが、少なくともこの時代に、裸で水に入って禊ぎしたのは正しいかも知れない。

いまひとつ入浴の場面が見られるのは、『是害坊絵巻』である。湯槽に天狗が浸かっている場面があるが、湯槽の天狗が衣料を纏っているか否かは不明である。ただ、入浴を介添えする天狗が、湯槽の上端の周囲に、手巾なのか、解いた下帯なのか、白い布をめぐらしているが、その意味は解せない。入浴する天狗と介添えする天狗の双方の着衣の違いも判別しがたい。

二　古代の浴衣

さて、こうした温泉入浴の諸相をふまえて、いよいよ古代の浴衣を見ていこう。

正倉院文書を見ていくと東大寺の写経所関係の文書の中に、沢山のそれとおぼしき衣服の記述が見える。写経所では、経師・装潢生・校生や仕丁など、写経事業に従事する者達に浄衣と称する衣服の一揃いを支給していた。汗衫、褌、細布袍、細布袴、温帳、袜、細布被、襖子などである。

この中で「温帳」と称されるのが、古代の浴衣と目される衣料で、別に「湯帳」「湯張」「温張」「湯帷」（＝ユカタビラ）とも称される。

『倭名抄』には、「内衣　温室経云、操浴之法七物其七曰　内衣和名由加太比良　論語注云　明衣以布為浴衣也」とあって、まさにユカタビラは浴衣の始原なのであり、内衣とも称された。

天平宝字八年一一月二八日の「経所解」には、経師の料として「襖子・汗衫・褌・細布袍・細布袴、細布被」とともに、湯帳と袜が上がっているが、[15]翌二九日の「経所解」には、同じ「襖子・汗衫・褌・細布袍・細布袴、細布被」とともに、「温帳」「袜」等の衣料が経師の「浄衣料」としてあげられている。[16]

ここで、湯帳は、温帳と等しいことが確認できる。そして膳部、雑使については、袍袴しか書き上げがないが、それらを包括して「経師並びに雑使等浄衣」と表記していることから、湯帳＝温帳は、雑使たちについては、「浄衣」の一揃いの中に含まれておらず、支給されなかったものと見てよいだろう。

「浄衣」とは、祭祀・法会などの宗教行事に参加する奉仕者や信徒が着用する清浄な衣服の総称である。湯帳もそうした一環で、写経事業に直接従事した経師や装潢・校生などに、支給されたらしい。

温帳は、女性にも給されたようで、神護景雲四年五月二〇日の年記のある「奉写一切経料浄衣用帳」には、「被」とともに「温帳一条」が、優婆夷赤染玉宮女に給すべき料としてあげられている。[17]

他にも優婆夷・厮女らに調布で製する早袖・冠・前裳の用布量が計上されているが、これも彼女らの「浄衣」

を構成する衣服の一具とはみなされていないようである。[18]より明白なのは、厮女一人の袍と裳の料が、それ以前に書き上げてある舎人・自進の袍袴料が、「僧以下舎人已上夏浄衣等」と舎人以上の男性の衣料について「浄衣」と一括されるのに対し、厮女の袍と裳は、その範疇に入らず、その他の衣服という意味で「等」の文字によって付言されていることで明らかであろう。[19]

むろんこの史料は、「奉写一切経所解　申請浄衣事」と題されているとおり、浄衣の書き上げと目される史料であり、大きくいえば浄衣の範疇に入っているとみなしうる。それでも六―六一・六二によれば、優婆夷・厮女の早袖・冠・前裳などの衣料はその前段に記される別当僧・校経僧と案主の衣料までを「校一切経僧幷案主等浄衣」と、一括して浄衣と呼んでいるのに対し、明確に区別して浄衣と呼ばない決意が見て取れる。おそらく写経という事業に直接タッチせず、その補助作業にすぎないという位置づけが、彼女たちの衣料を「浄衣」と呼ぶことを避けさせたのであろう。むろんここでは優婆夷・厮女のそれは、袍や裳が含まれておらず、基本衣料が含まれていないので、浄衣の範疇に入らないとの見方もできそうだが、他例では、厮女の袍や裳が、浄衣に含まれないケースがあり、[20]たとえ袍や裳が含まれていても、女性の場合は浄衣とは称されないものと見える。

なおこれらの縫製にあたったのは、宝亀二年三月三〇日の「奉写一切経所解案」には、「経師浄衣縫婢」九九人について、人別六合の米が計上されていることから、[21]経師らの浄衣の縫製にあたったのは、約百人の東大寺の寺婢たちであったことがわかる。同文書には、針十手が買い入れられたが、それが「浄衣被縫料」[22]と、浄衣の縫製のために使用されたことも明らかで、さらに経師の浄衣の洗濯のためにもまた、専従の雇女がいた。宝亀三年の「一切経所告朔解案」によれば、一〇月一か月のうち、二七人の優婆夷が「縫経師画師等浄衣」つまり浄衣制作の仕事に従事し、また六人の雇女が「洗経師画師等浄衣」[23]すなわち浄衣洗濯の仕事をしていた。浄衣の制作から洗濯まで、東大寺内部で一括して行われていたことが明らかであろう。また翌一一月の「告朔奉写一切経所告

朔解」では、のべ六一人の優婆夷が、経師等の浄衣を縫っている。(24)

ただ、「洗経師等返上浄衣」(25)とあるところをみるとこの浄衣の洗濯は、汚れるに応じて行われたのではなさそうで、浄衣を返上した際に行われるものだったようだ。少なからざる請暇解が、「穢衣洗」(26)という理由で申請されているのは、普段の浄衣は、自ら洗濯しなければならなかったからであろうか。

天平一一年のものとされる「写経司解案」からは、写経所の劣悪な勤務環境の改善を訴える写経生たちの姿が浮かび上がってくる。箇条書きされた要求項目の一つに、

欲換浄衣事　右浄衣、去年二月給付、或壊或垢、雖洗尚臭、請除、被及帳以外悉皆改換(27)

と、浄衣の交換を要求している。

なお付言しておくとこの洗濯は、いわゆる縫製を解いて洗う解き洗いだったようで、宝亀四年二月の「奉写一切経所解」(28)には、一一人の優婆夷について「縫雑使仕丁等浄拼法師浄衣衾解洗」という任務が書き上げてあり、いま一人の雇女が、「洗経師等浄衣衾」とあって、浄衣の洗濯は、いわゆる洗い張りをする、解き洗いだったことが理解されよう。つまり洗濯は、解き洗いすることと、再びそれを縫って着物に仕立て上げることが不可分だったのであり、ゆえに浄衣縫製と洗濯の職務が、同じ優婆夷の集団に託されたのでもあろう。(29)

ともあれ浄衣の一構成要素であった温帳・湯帳は、「写経」という清浄な仕事に従事するために温浴をした際に必要とされた衣料であったと推定される。

さてその温浴施設の具体的形状だが、「大安寺資材帳」には、

合温室院参口

一口長六丈三尺広二丈　一口長五丈二尺広一丈三尺

一口長五丈広二丈　並葺檜皮(30)

とあって、大安寺には三つの温室が設けられていたことがわかる。

また「法隆寺資材帳」には、

合釜壱拾肆口

温室分銅壱口　口径四尺五寸深三尺九寸

……

合火炉玖口

……

温室分鉄一口　口径二尺深二寸七分(31)

とあり、鉄釜の口径と深さは、とうてい湯浴するための釜とは思えないが、前にあがっている直径四尺、深さ三尺もある銅釜なら、充分身を沈めるに足る大きさだといえよう。

天平宝字四年七月の「写経所解」には、

東寺写経所解　申請板屋事

合一間長十五間廣一間

右、為作経師等厨并湯屋　所請□□《如件カ》　仍具状、以解

天平宝字四年七月十六日　主典　安都宿禰

とあって、続いて、

経如解　申請黒葛事

合五斤湯

右、為結所作板屋垂木所　請如件　以解

天平宝字四年七月十二十日　主典　安都宿禰[32]

とあり、同じように火を使う湯屋と厨が、長さ一五間の長大な建物に共に設けられ、湯屋の垂木を結びつける黒葛が請求されている。中央に通路を挟んで、厨と湯屋が、七間ずつに仕切られたものかと、馬場基は推定している[33]。

温屋には、水麻笥・柄杓が備えられ[34]、薪一四八荷が、沸温料として計上されており、それは五六日分が日別に二荷、二四日分が一日分一荷で、湯が沸かされたようである。薪は仕丁達に採薪させて集められたようで、ここでは総計四一七荷があがっているが、政所から請求された六荷を除けば、二五一荷は八九日分、日別二荷から四荷の消費をする料理供養所での料となっており、他に時々に索餅を茹でる料として一二荷が計上されている。これが湯槽へ入る方式の湯だったのか、蒸し風呂なのか、不明とせざるを得ないが、八〇日分の温浴に要する薪料一四八荷は、料理用の薪に比べるとはるかに少ない。

三　湯帳の形態

再び湯帳の問題に戻ろう。

湯帳を数える単位は「条」である。古代の「条」で数える衣料には、領巾（＝ストール）、意須比（＝オスヒ）・前裳（＝前掛け）、手巾（＝手ぬぐい）、冠等があり、いずれも長い方形のもの、という特徴が瞥見される衣服である。領巾は、筋でも数えるが、それは湯帳や前裳・手巾などより、さらに縦横比が細く、長いものだからであろう。

意須比については『嬉遊笑覧』が、

大神宮式に、帛、意須比八条、長二丈五尺二幅などみえていと長きものなり[35]と、説明している。これは「度会宮装束」に「帛絹忍比四条各長二丈五寸」とあり、また「皇大神宮儀式帳一新宮遷奉御装束用物事」に、

出座御床装束物七十二種

帛御意須比八端　長各二条五尺廣二幅

とある例に相当する。

関根正直は、「太古の男女とも於須比といふ物を被たり。古典に幾所も記載しあれど、其の状其の製は詳ならず。稍後世の書ながら、大神宮式に、帛ノ意須比八条、長二丈五尺廣二幅とあるを始め、他書に見えたるところも更に裁ち縫はぬ品のやうなれば、本居氏の古事記伝等にも、布一幅にまれ二幅にまれ、長きままを頭より被りて、衣服の上に襲ひ覆ひて、裾まで垂れたるなるべし。さてこそ名義も押覆か。襲覆の意ならめと云ひ、（中略）按ふに此の於須比は、原始時代の男女（暖地熱地に住める）が、麻木綿の類を織りだして、未だ裁縫する法を知らず、布のままに被りて、身体を蔽へる物の遺風ならむ。後漸漸文化進みて、男女それぞれに衣袴また裳を著する世に至りても、事とある時は、猶彼の於須比を、表着の上に襲ひ着る風を成したるには非ざるか」（傍線は筆者による、以下同）としている。[36]

湯帳は、

湯帳二十条各二幅

湯帳壱条別二幅

湯帳二条二幅[37]

と、意須比と同じように、湯帳一条が、二幅から成り立っており、布の織り幅二つを継ぎ合わせただけのタレギ

ヌ状のものと推察され(38)、条あたり布一丈から一丈四尺が計上されており、これは時代が下るほど少しずつ長くなってくるが、用布量からいえば意須比より短い衣料である。

『古事記伝』は、おおむね二丈五尺の長さを二幅に分かって制作した意須比が、「頭より被りて衣の上を掩ひ、下は襴まで垂ると見ゆ」、あるいは『端は襴へ垂る、なるべし』と、裾が足下までの長さを持つとしている。

天平期の尺度によれば、天平尺は一尺が二九・七センチであるから、二丈五尺は約七・五メートルで、これを二幅に分けると、片身は三メートル七五センチ、これを肩から掛けてさらに前後の身頃に分けると一メートル八七センチとなり、これは確かにゆうに踝に達する丈となろう。

一方湯帳は、一丈から一丈四尺、すなわち約三メートルから四メートル二〇センチ用いた衣服である。これを丁度半分に切って、一・五メートルから二メートル一〇センチくらいの布を二つ折りにし、織り幅二幅を、さらに左右の身頃の身幅にして、背中心を縫い合わせる。各々を左右の肩に掛け、前後の身頃にすると、七五センチから一メートル五センチの長さであるから、湯帳は、ちょうど膝までくらいの丈の衣服になろう。

また素材の上でも、意須比は帛・絹だが、湯帳は調の麻布で製せられるという相違点がある。こうした湯帳の形状を具体的に想定するならば、これはまさに筆者が想定してきた貫頭衣の形態に他ならない。

ただ写経所の湯帳に用いられた奈良時代の調布の織り幅は、普通二尺四寸という広幅であった。これらを二幅用いて仕立てたとすれば、腕を覆う裄の長さが可能になる。当該期の写経所で営まれた湯が、蒸気浴であったとすれば、腕を保護するには充分だが、膝以下はどう保護したのか、いささか疑問が残る。『和名抄』では澡浴具にあげられる手巾も、同じく浄衣の一具の中に含められて、人別ではないが、何人か毎に支給されている。条別五尺と、現代の我々が考えるより相当広幅のものであったが、これを以て膝以下を覆う料にした可能性もあるかもしれない。

四　天羽衣——天皇の浴衣

前近代において、着たまま湯槽に入ったことをいっそう明白に証してくれるのは、大嘗祭など神事の際に、天皇が纏った浴衣である。

『建武年中行事』には、

御神事、一日よりはじまる、行幸あり。（中略）とのもんれう、御湯まいらす、御舟にとる也、めすほどにうめたり、そののちひの口より七たびまいらす。御舟にとる也。めすほどにうめたり。そののちひの口より七たびまいらす。山陰の中納言子孫なるくら人。御ゆのことをつかうまつるなり。その人なければ、外せきにも末なる又えたり。頭もしは五位蔵人の中。これも山かげの末御ゆ殿にまいる。うへのきぬぬぎてうへに明衣をきたり。下襲おなじく着せず。神殿の方にむかひて七たびこれをそそく。さて御舟に御ゆかたびらめしていらせ給。

と、湯を入れた湯舟に、ゆかたびらを着て入る、という事態が明言されている。天皇が大嘗祭の時に着たユカタビラは、特に天羽衣と呼ばれた。

『江家次第』には、卯の日に天皇にお湯を供する時、天皇は天羽衣を着たまま湯槽に降りるが、もう一枚の天羽衣が、御身を拭うためにあったという。(39)

『北山抄』(40)に、

主殿寮供奉御浴自東方供之、即着祭服

について、

本帛御衣之、仁和記云御東方小床、着天羽衣、供御湯畢、御中央二重御畳、次御西方、供奉御装束、

と割り注しているくだりは、『江家次第』(41)には、

奉仕御湯殿之人、於女官幄　可解改装束　而於釜殿脱之之人有之云々。仁和記云。御東方小床、着天羽衣供御湯、了御中央御帖、次御西方供奉御装束、治暦長元御記、乍着天羽衣　入令下御槽給、又以　領奉拭云々

承保供御河薬入土器　据折敷

次御装束

近例脱帛御衣之袍下襲等、令着祭服給、至表袴以下者、不改給、又御幘令廻御巾了給、不必曳廻御額、量帝（供）無幘之儀

とあって、『仁和記』『治暦長元御記』、それぞれ細部は少し違うが、天羽衣を着たまま湯槽に入るという点は共通していて、これを西方で御装束に替えることとしている。

また装束について、帛御衣之袍や下襲は脱ぐが、表袴については改めないとしている点は、『建武年中行事』に「うへのきぬぬぎてうへに明衣をきたり。下襲おなじく着せず」とある明衣が、先にも見た『倭名抄』にあるように、「浴衣」のことであるから、ここでは御湯のことをつかまつる山蔭中納言子孫の蔵人達の着る装束をいっているのであろう。

つまり供奉の者達も天皇と同じく、浴衣を着たのだと考えられる。しかし『江家次第』の「近例脱帛御衣之袍下襲等、令着祭服給、至表袴以下者、不改給」と、近例では、帛御衣も下襲も脱いでから着るという「祭服」は、『建武年中行事』にいう、「うへのきぬぬぎてうへに明衣をきたり、下襲おなじく着せず」という明衣などと同一の着装形態ではあるが、なお同一にとらえるべきか、躊躇するところである。なぜなら次いで御湯かたびら→天の羽衣→御湯かたびら、そして帛御装束とめまぐるしく着替える主上の衣服とは次元の異なる、供奉の者の明衣

についての記載だと思われるからである。

つまり主上の祭服と、供奉の者の明衣は同じものではないのではないかという推定である。これは『江家次第』では「祭服」は「御装束」として述べられていること、また『北山抄』では、祭服の着用について、もとは帛御衣を着したと明言している。

『永和大嘗会記』(42)には、

其後御湯をめす。其ありさまくだくだしくしければ、かかず。(中略)あまの羽衣めされて御槽にをりさせ給ふ。いとかうがうくめずらしき行水のさまなり。御湯はてて。また帛の御装束をめさる。幘とて。御冠の巾子をすずしのきぬにてまとはせ給ふ。これ又大神事の御装束なり。

とあり、ここでは、「天羽衣」を着て湯槽に入り、終わって後、これを脱いで帛の御装束に着替えるとある。

また『兵範記』によれば、仁安三年(一一六八)の大嘗宮には、二脚の案(机)が用意され、そこには、絹で作った三河の国の「和世天羽衣」と、布で作った阿波国の「荒世天羽衣」が安置された。天羽衣には、絹と布製の二種があったことに注意を喚起しておきたい。この天羽衣とは別に、内蔵寮から二領の天衣が用意されたが、その理由は、天羽衣は一つは湯船に入る時に着、もう一領はお湯から上がる時に着て、それらを脱ぐ際にさらに二領を供して着て戴くためで、都合四領の天羽衣が準備されるのだという。

そして『匡房卿大嘗会記』の天仁元年(一一〇八)の大嘗会では、『兵範記』で「天羽衣」と称された衣料は「御帷」と言い換えられており、御帷を着ながら湯槽に下りるが、槽の北には、木の床子が二脚があって、帷が置かれていること、主上は御帷を着たまま御槽に下り、背中を三度摩らせたあと、帷を槽中に脱ぎ捨てて湯槽から上がり、他の御帷を着て、身を拭うのだとしている。

これが『建武年中行事』になると、「さて御舟は御ゆかたびらめしていらせ給。三杓めして天羽衣、舟のうちにぬぎすてて、さらに又くられうの御ゆかたびらをめしてあがらせ給」とあるくだりの、「天羽衣」に、「御ゆかたびらをいふなり」との割注が付いている。(43)『兵範記』の記載に照らして、「天羽衣」がユカタビラと同義であること証明してくれる史料である。

『倭訓栞』(44)にも、

あまのはころも　天羽衣也。（中略）神今食などにいふは御湯かたびら也といへり。

とあり、天羽衣＝湯帷であることが明白であろう。

『康富記』の永享二年（一四三二）一一月一八日条として引かれる「永享大嘗会記(45)」は、後花園天皇の大嘗祭について記すが、天羽衣の織り手の事について、以前参河守護と争論があったことを割り注のかたちで注記している。

天羽衣織手事。兼日参河守護与二星野一令二相論一。所詮勅使下向参河国、令星野被官人織進之云々。将亦御斎服兼不織儲之、臨期、雖仰采女可縫献由、縫様未覚悟之間、当座雖叶之旨申之、遂以内侍被縫献之、仍神服（＝「永享大嘗会記」では「殿」）出御及遅々云々。女工所令斎籠。縫給事（＝「永享大嘗会記」では「畢」）云々。

結局これを収拾するため、勅使を三河に下向させ、星野の被官の者に織り進めさせることとしたということだと。はたまた御斎服についても、あらかじめ織って準備しなかったが、時期がきたので、采女に間に合うよう縫いあげて献ずるよう命じたが、「縫い方の見本がなく、おぼつかないので、すぐには無理だ」といってきた。そこでついに内侍にこれを縫献させた。だから神服での出御が遅れたのだということである。女工所に内侍を斎み籠もらせ、縫い給うたということであると……。

この天羽衣と斎服の両者の記載で注目しておくべきは、天羽衣については織るという工程が、制作の重要な要素にあげられているがゆえに、織り手を誰にするかが争論の種になったことに注目したい。これに対して神服とも称された斎服は、縫製という工程が不可欠であり、また見本なしに誰しもが縫える体のものではなかったことが知られ、その手配の不手際が神服での出御の遅滞を招いたという事態からは、斎服と天羽衣が、形態的に異なるものであったと想定できよう。それがとりもなおさず、斎服が縫製を不可欠の要素とする衣服であったに対し、天羽衣は、織ることによって衣服制作が完結するということであり、まさにこれは古代の貫頭衣と同じである。この点でも、天皇が着用した天羽衣というユカタビラは、貫頭衣と同じような、二幅の布を並べて両肩に掛ける形式の衣服であったとみてよく、古代の湯帳の系統をひくものと考えてよいであろう。

(1) 岩波古典大系本、一一〇頁。
(2) 岩波日本古典文学大系本、二三二頁。
(3) 森川育「草津温泉とハンセン病の関係」(『桜花学園大学人文学部　研究紀要』第一〇号、二〇〇八年)。
(4) 前園実知雄「久米官衙遺跡群と道後温泉」(『一遍会報』第三三七号、一遍会、二〇一〇年)。
(5) 南北朝期、四辻善成著。
(6) 「伊予史料」(秋山久政『松山叢談』所収)。
(7) 『道後温泉』増補版(松山市観光協会)。
(8) 森川育「草津温泉における時間湯入浴法」(『桜花学園大学人文学部　研究紀要』第一二号、二〇一〇年)。
(9) 前掲注3論文の一五七頁に、「桐島屋旅館　中澤芳章氏提供」として掲げられた図版。
(10) 「ベルツの日記」明治三七年九月一九日。
(11) 松田忠徳『江戸の温泉学』(新潮社、二〇〇七年)。
(12) 渡親由『熱海温泉記』。
(13) ペリー『日本遠征記』。

(14)『天狗草紙』三井寺巻第四段（『続日本の絵巻』巻二六、中央公論社、一九九三年、五六頁下段）。
(15)『大日本古文書』五―五〇四。
(16)『大日本古文書』五―五〇六。
(17)『大日本古文書』六―一五。
(18)「奉写一切経所解　申請浄衣事」『大日本古文書』六―六一。
(19)同、六―七六。
(20)『大日本古文書』六―七五・七六、神護景雲四年六月二九日「奉写一切経所解　申請浄衣之事」。
(21)『大日本古文書』六―一四二。
(22)『大日本古文書』六―一五五。
(23)『大日本古文書』六―四一五。
(24)『大日本古文書』六―四二二。
(25)『大日本古文書』六―一九八「奉写一切経所告朔解」。
(26)『大日本古文書』六―一六八「九部大人請暇解」。
(27)『大日本古文書』二四―一一六。
(28)『大日本古文書』六―四八四。
(29)『大日本古文書』六―一六〇には、三十七人の雇女について、「洗経師等浄衣幷雑生菜二五石七斗简幷洗漬」と注記されているのは、浄衣の洗濯と野菜を洗って漬け込む作業が、供に井戸の縁で水を使用する作業として一括されたのであろう。
(30)『寧樂遺文』中巻、三七七頁
(31)『寧樂遺文』中巻、三五〇頁
(32)「写経所解」『大日本古文書』一四―四一二・四一三。
(33)馬場基『平城京に暮らす』（吉川弘文館、二〇一〇年）一二三頁。
(34)『大日本古文書』六―一五六、宝亀二年三月三〇日「奉写一切経所解」。

(35)『嬉遊笑覧』巻二上（服飾）、二六一頁。
(36)『制服の研究』（古今書院、一九二五年）一〇～一一頁。
(37)各々『大日本古文書』七―二三三・二六一、五―五〇四。
(38)関根真隆『奈良朝服飾の研究』「湯帳」（吉川弘文館、一九七四年）一六九頁。
(39)『江家次第』第一五「大嘗祭」に、次のようにある。
乍著天羽衣、入令下御槽給　又以一領　奉拭云々。
(40)『北山抄』巻五「大嘗会事」。
(41)『江家次第』巻一五「大嘗祭」。
(42)『群書類従』第七輯。
(43)『建武年中行事』六月一一日『群書類従』第六輯、巻八五。
(44)『倭訓栞』中編「阿」。
(45)『群書類従』第七輯、巻九五「永享大嘗会記」にあり。『康富記』には永享二年条なし。『故事類苑』「器用部十一」六二七頁より。

女性と穢れ――『玉葉』を手がかりとして

加藤美恵子

はじめに

天台座主慈円がその著『愚管抄』で「保元元年七月二日、鳥羽院ウセサセ給テ後、日本国ノ乱逆ト云コトハヲコリテ後ムサノ世ニナリニケルナリ」「城外ノ乱逆合戦ハヲホカリ」「マサシク王・臣ミヤコノ内ニテカヽル乱ハ鳥羽院ノ御トキマデハナシ。カタジケナクアハレナルコトナリ(1)」と振り返った公家と武士が並び立つ、院政期から鎌倉初期は、穢れの認識もまた時代の様相と呼応しながら新たな展開を見せる。このような時代のなかにあって、貴族社会における女性への穢れ観は、どのような変遷をたどるのか、またそれは後世にどのような影響を与えたのか。

本論文では、女性と穢れ、特に女性の身体的特性との関連に焦点をあて、月穢・産穢・傷胎（流産）について考えていきたい。また、産穢と深くかかわるいわゆる「白不浄」についても検討してみたい。

史料としては、慈円の同母兄で、当時の最上級クラスの公家の一人である九条兼実の日記『玉葉(2)』を中心に見ていく。

『玉葉』に見える女性の忌みについては、すでに、岡田重精がその著書『古代の斎忌――日本人の基層信仰――』において論じている(3)。同著には、院政期を含む、古代の斎忌全般が網羅されており、『玉葉』からの引用も多く、当時の斎忌を考察する上で欠かせない論考となっている。ただ、女性の穢れに関しては、その身体的特質を踏まえての詳細な論は展開されておらず、本論文では、女性の身体性に注目し『玉葉』の記述を手がかりとして考察を進めて見たい。

一　神事と月穢

月穢の変遷についてはすでに拙著で論じた(4)。そこで取り上げた『玉葉』の記述にも再度触れつつ、さらに当時の貴族の月穢への認識とその変遷を追って見たい。

『玉葉』の嘉応二年（一一七〇）二月五日条に「左頭中将頼定朝臣来云、可奉行祈年穀奉幣事、左府被申障也」とあり、同月一五日の「祈年穀奉幣」を奉行する予定であった左大臣に障りが生じ、右大臣兼実がこれを執り行うことになったとの記述がある。また、同日の条に「自今日立神事簡了、自今日、忌僧尼重軽服人、幷月水女等也、別屋月水女等居住、強不忌之、自前日可出也」とあることから、五日に神事簡を立て、その日から僧尼や重服・軽服の人々とともに月経中の女性等にも忌みが生じ別屋に移ったこと、月経中の女性は、僧尼・重軽服の人々とは異なり、奉幣の前日まで邸内の別屋に居住することは差し障りなしとされていたことがわかる。また、承安元年（一一七一）九月七日条に、このときも左大臣に障りが生じ一一日の「例幣」を奉行することになったことが見える。その折にも七日から神事札を立て、「祈年穀奉幣」と同様に、月経中の女性等を別屋に移している。

ただ、伊勢神宮と関連する神事である「太神宮文書」奉行（承安二年九月一四日条）の折には、一四日に神事札を立て、その日に、月経中の女性は別屋への移動ではなく、重軽服の人々とともに「郭外」・邸宅外に出されたことが記されている。しかし、承安五年（一一七五）六月四日の神事（「神宮上卿」）の折には、僧尼の参入は禁止されているが、月経の女性に関しては宿蘆への退出となっている。同じ神宮神事でありながら処遇に差が生じたことに関して「先年出郭外、今度依式文候宿蘆也」とあり、先の一四日条とは異なり、「式文」に準じるとして「年穀奉幣」や「例幣」などの神事と同様の扱いになっている。

以上から、月経中の女性の処遇にはなお混乱も見られるが、一二世紀後期には、神事の奉行に任じられ神事簡（神事札）が立てられた日から神事が執り行われる前日まで、月経中の女性はもちろん、その期間中に月経の始まった女性をも含め別屋に移り、さらに神事が執り行われる前日に月経が終っていない女性は邸内から退出していたことがわかる。

『延喜式』「臨時祭」の条に祭日の前日に宿蘆への退下との記述があること(5)や、藤原忠実の日記『殿暦』に月経中の女房が神事（祈年祭、春日祭など）の前後三日間、忠実と同じ邸内に居ることができず退出した記事が見えること(6)と比較すると、神事の奉行の決定と同時に神事簡を立て、その日のうちに月経の女性を別屋に移動させ、神事の前日に邸外に退出させることとの慣例化は、女性の月経を忌む期間が長期化し、月経への穢れ認識が強まっていることを示していよう。その背景には、神事における清浄の厳格化にともなう神事奉行人への潔斎の長期化が考えられる。

ただ、妻室と他の女性たちの間には、月経中の処遇に差があったようである。

承安二年九月一六日条には「自今夕、女房障出来、渡別屋、於妻室者、別屋不憚之故也」とある。先に見たように、一四日に月経中の女性たちは重軽服の人々とともに「郭外」・邸宅外に出されたとの記事があるにもかかわらず、「太神宮文書」が渡り来た一六日に妻室は別屋に居住している。また、安元二年（一一七六）一月一六日条にも「今日、女房除服、日来依月障、在別棟屋、其程太遠、而之間、一昨日服仮事出来、雖須出郭外、先例於妻室者、居住別屋、強無憚歟、随又神事之体、強不密、依不出也」とある。これらの記述から、神事の奉行の決定と同時に別屋に移動した月経中の女性たちのうち、妻室は神事の前後および当日も別屋に居り、それ以外の月経中の女性たちは、邸外に出たことが明らかになる。

また、『玉葉』に記された宿蘆・局・別屋については、神事の折、月経の女性が別屋に移動していることや、文治二年（一一八六）二月三日条に「此日、依祈年祭前斎神事、如例服者僧尼不入家中、月水女房在局」とあることなどから、別屋（別棟屋）を指すと考えてよいと思われる。そして、その別屋は一月一六日条から、邸宅内にあるとはいえ、当時の貴族の感性では、寝殿屋・本所からは相当に離れた場所に位置するとの認識があったことがわかる(7)。

兼実は神事について、承安二年から安元二年の間に幾度となく、神祇官や神事奉行の経験者さらには祭主等に質問をしており、その問答のなかに「月水女忌事」もある。少し詳細に見ていきたい。

まず、承安二年九月一六日に神祇権大副卜部兼康を召して問うている。兼実の問いに卜部兼康は、月経の忌みは始まった日から数えて七日以後に沐浴して参入できるとし、なお月経が続いている場合は、月経が止まって三日後に参入が可能と答える。これに対し兼実は不審が残るとし、月経の忌みは月経が始まって七日を以って限りとなし八日目には沐浴して参入するのは古今之通例、旧記の注するところであり、七日以上に及ぶ場合は出血が止まって後三日して参入可能というのは納得できないと主張する。さらに続けて、月経が一日二日で止まった場合、なぜ七日間参入を待たなければならないのかとの疑問を投げかけ、出血の日数にかかわらず月経の始まった日から七日を限るべきではないかと再度問う。それに対し兼安は、七日というのは世間の「用来」であって、「習伝」のところは出血が止まって三日を以って限りとなし参入すべきとするとし、出血が七日ある場合は一一日日に、出血が一日の場合は五日目に参入でき、必ずしも七日間待たなくてもよい。七日間憚るのは世間の「流例」であると述べる。兼実は納得がいかず、この記述の最後に「此申状、雖会釈相当、非無不審、尚問祭主等可決之」と記す。そして同月二一日には、兼実を訪ねてきた藤中納言資長に、彼がたびたび神事の奉行をつとめていることから、月経中の女性の忌みについて問う。資長は、「月水女事」は日数の多少によらず、ただ出血の最初から七日間を計り八日目に沐浴解除して家中に入るとし、出血が止まってから三日を過ぎなければならないとは聞かないと答える。さらに一二月一〇日条では、祭主三位大中臣親隆にも問うている。親隆は初日より計って八日目の朝に沐浴して参入すべしとし、「過三ヶ日之条」は不自然であり、八日九日に至っても出血のある場合は、止まった翌日に参入すべきだと答えている。兼実はこの申状に、神祇官である兼安の言い分とは相違があるが、これは『江記』にも叶い、また親隆が中臣で祭主であることから、神事においては、この説によるべきであると記す。

神事に対する月経の忌みの期間は、さきにも述べたように、一〇世紀に編集された『延喜式』臨時祭では神事の前日からの宿蘆への退下となっており、一一世紀末から一二世紀初期に記された『殿暦』には月経中の女房は神事の前後三日間邸外に退いたことが記されている。そして一二世紀後期になると神事の奉行に任じられた公卿の邸内に居住する女性の月経の忌みの期間が問題となり、『玉葉』では七日間という忌みの日数が前面に出てくる。

ではなぜ、神事の前日からの宿蘆への退下や前後三日間の邸外への退出であった月経中の女性の忌みの期間が、七日に延長され、その期間が問題になるのか。検討してみたい。

先に見たように、兼実の「月水女事」の質問に対する藤中納言資長や三位親隆の答えは、七日間を月経の忌みの期間の基準としており、兼実もこれに同意している。現代の成人女性の月経は二～八日続き、平均は四～六日であるという。(8) 七日間の忌みという公卿たちの認識は、おおむね女性の月経の期間に符合する。この事実は、月穢が女性の身体のあり様に即して捉えられるようになったと見ることができよう。つまり、月経の忌みの七日間の背景には、神事簡が立てられた日から月経中の女性は別屋へ移動させられていることからも明らかなように、時代が示す穢れの肥大化のなかで、(9) 神事の準備期間においても清浄が求められるようになったことと深く関わる。たとえば嘉応二年二月一五日の祈年穀奉幣の奉行の折には、神事簡を立ててから神事の執行までは一〇日間に及んでおり、女性の月経の期間を踏まえると、邸内に居住する女性たちの月経時の去就が、自ずと大きな問題とならざるをえなかったことは容易に推測できる。そして、この七日間の月穢の普遍化・慣習化は、女性たちの行動を大きく制限するものとなったこともまた、間違いないであろう。

ところで、なぜ兼実と卜部兼康との間に、月経の忌みにおける日数の認識の差が生じたのであろうか。少し考えておきたい。

鎌倉末に伊勢神宮参詣精進の法を知らしめるため記された、服仮令注釈書『文保記』(10)の「一婦人月水。付血気禁忌等事」の項に「墜（燧歟）火事」とある。少し長くなるが引用すると「清浄時食用物不可為墜火之由有古老説之上者。雖及度々沙汰。所不用之也。如貞和二年閏九月法家勘答者。法意不及沙汰云々。雖然不可有苦見之由更不見。自先祖不用来之上者。今更難食用哉。彼墜火物食之者。当日憚翌日令沐浴也。是古来儀也」と記されている。「墜火」を「燧火」・打火と考えると、右の記述は、「法意」の沙汰ではないが、神宮においては先祖相伝の慣習として、燧火は「清浄時」には用いないこと、これを用いて食事の準備をした場合は、当日と翌日は憚りが生じ沐浴をする必要があると理解できる。また同記には続けて「於遠所相親他界得告之時。彼墜火物食用者。中三ヶ日可忌同火歟。為仮火之故也。此事雖無所見。任愚意注之。用捨宣在于己心哉」とあり、遠くに居て親の他界を知った時は、食事の準備に燧火（仮火）を用い、「中三ヶ日」は同火での食事を忌むべきであると記す。

さらにこの記述に引き続き、「月水過夜。引縄出別屋。翌日入家中也。是当家之家法也。若無便宜別屋者。八日以後。過女姓宿廂間之条。強非制法歟。但是者愚案也。是者家主女姓事也。於従女者非此限。雖不可依人。従女者動依有不信事也。過于七ヶ日女。次日。計同人忌之地体。従女者過明之後。隔中一日入家内也」とある。前述の内容を踏まえると、月経中の別屋での食事には燧火を用い調理しているため、家中に入る際には、家主女の居る別屋には縄を引き、従女は、月経後、中一日隔て沐浴して家に入ることが必要だと解釈できる。『文保記』に見える「月水女七ヶ日以後。三ヶ日潔斎。第四日参宮無憚」には、月経とその間の食事の準備に用いた燧火との関連を考えなければならないだろう。つまり、神宮においては、年代は不確定ではあるが一四世紀以前より、月経は「一身穢」と言われつつも忌むべき対象とされており、それゆえに別屋での食事の準備に燧火（仮火）・別火が用いられていたと推測できる。

以上から推して、『玉葉』と『文保記』ではその成立に一世紀以上の時代差はあるが、兼実と卜部兼康の見解の相違には、月経時、神祇官である兼安が別屋での燧火の使用、あるいは実際にはすでに燧火は使用されていなくてもかつての慣習を踏まえて答えているのに対し、兼実等公家の家中では、別屋にいる女房たちの食事の準備に燧火を用いていなかったか、あるいはその慣習がすでに伝承されていなかったことによる、日数差である可能性を思わせる。

月穢が、徐々に拡大する様は『玉葉』の他の日々の記述にも散見できる。

元暦二年（一一八五）六月三〇日の六月祓いの折、兼実、女房（妻室）、姫君が一緒に陰陽師主税介安倍晴光から祓いを受け、その後に、息子の大将（良通）、中将（良経）方でもその居所において六月祓いが行われたとの記述がある。そのなかに「余依病不洗手、女房又有月障、然而解之、縄撫大麻無憚、於管貫者、有月障之人不為之、以衣裳代之」とある。この記述から、六月祓いには、病気の兼実、月経中の女房（妻室）も参加していることがわかる。一方、菅貫の神事には月経中の女性は参加できず、代わりにその女性の衣裳が祓いを受けたことが明らかになる。六月祓いは、兼実邸などで行われている姿が本来のあり方で、病人や月経中の女性もその障りを解き祓いを受けることができたのであろう。ところが内裏では、より清浄な空間が求められ、穢れが忌避されるなかで、月経中の女性の身体は排除され、身代わりとして衣裳が払いを受けたと考えられる。

また、寿永三年（一一八四）五月二三日条に「此日又参宝前、奉読心経千巻、無言不起去御前、日来之間、余、女房、姫君、山法印等、毎日入堂也、凡七ヶ日之間、重軽服月水妊者等出家中、於僧尼余強不憚之也」とあり、仏事においても、月経中の女性が、重軽服の人や妊者とともに家中を出されていることが見える。

さらに、『玉葉』建久二年（一一九一）二月五日条には「今日、九条懺法結願也、女房早旦行向了、女房依月障不合眼」とあり、兼実が月経中の妻室と視線を合わすことを避けたとある。また『殿暦』には祈念祭前斎ため月経中の女房は忠実の目に触れる場所には出ないとの記述がある（長治二年（一一〇五）二月三日条）。これらの記述から即断はできないが、月経中の女性の宿廬への退下あるいは別屋への移動の動機は、神事の奉行人が月経中の女性たちと出会うこと、特に視線が合う事態を避けようとしたためではないかとの推測が成り立つ。そして視線を合わせない行為の歴史的背景として、経血への畏怖を想起させ、さらに産穢と同じく、月経への畏怖が穢れゆえの忌避へと変化し変遷する過程をも推察させる。(11)

時代は下がるが、天文一五年（一五四六、春ないし初夏から初冬）に、日本に滞在し、その時の見聞や体験、伝聞を、ザビエルへの報告書としてまとめたJ・アルヴェレスの『日本の諸事に関する報告』(12)には、「女性は月経になると如何なるものにも手を触れず、用足しの時のほか一ヶ所から動かない。女奴隷や下女の場合には、月経期間中、これが済むまで一人で家に閉じ込もっている」とあり、九州薩摩半島山川港辺りの月経中の女性の姿を今に伝えている。

この報告書に記述された月経時の女性の姿は、『玉葉』に記された月経中の女性たち――邸内の別屋に留まった妻室と邸外に出た女性たち――の数世紀後の姿へとつながる。月経中の女性たちの『玉葉』から『文保記』さらには『報告書』への記述の変遷は、中世を通して、貴族層から庶民層へ、京都から地方へと伝播する月経時の女性への穢れ観の拡大と浸透を想起させ、さらには、つい最近まで全国で見られた月経小屋のはじまりをも推測させる。

二　産穢と傷胎

産穢についてはすでに、拙著で論じた。ここでは当時の貴族社会における、産穢の期間および傷胎（流産）への認識について、『玉葉』を中心に検討したい。

兼実には一一人の実子がいるが、『玉葉』に出産およびその後の儀礼などに関する記事が詳しく記されているのは、父忠通の家女房であった藤原兼子（藤原季行女・嫡妻）との間に生まれた嫡男良通（仁安二年（一一六七）一一月六～一五日条）と後の後鳥羽天皇中宮任子の誕生時（承安三年（一一七三）九月二三～二九日条）のみで、他の子どもたちに関しては、「此日寅刻、男子所生、其母、女院女房大弐」（治承三年（一一七九）七月一二日条、良円・後興福寺別当）、「此日卯時、或女房産男子平安、為悦々々」（寿永三年（一一八四）四月一九日条、良平・後太政大臣）、「今暁寅刻、或女房有誕生男子八条院女房三位局、盛章朝臣娘、彼院無双之寵臣也、」（元暦二年（一一八五）九月二〇日条、良輔・後左大臣、「男子誕生、卯刻歟」（元暦二年九月二八日条、良快・後山門座主）、「女房三位今日戌時男子平産、尤為悦」（文治三年（一一八七）一〇月八日条、良海・醍醐寺）、「亥刻、男子平産遂了」（建久三年（一一九二）一月一七日条、良恵・後東大寺別当）とのみ記され、良通の同母弟良経のように誕生の日時が記されていない子どもたちもいる。

兼実は、嫡男良通の出産には立ち会っているようだが、任子の出産時の記述には、「下官依可参御堂供養、不籠産穢所、渡九条頼輔朝臣直盧」とあり、出産には立ち会っておらず、他の子どもたちの出産にもその記述内容などから立ち会った可能性は低い。出産する母と生まれる子どもは当事者であり、産穢からは逃れられないが、父親は産の穢れに触れない場合も多かった。

ただ、兼実が、実子の出産や養育に無関心であったわけではないことは、子どもたちの出産に「為悦々々」「尤為悦」などと記していることからも明らかであろう。また文治元年（一一八五）一〇月三〇日に兵部少輔藤原能業に養育を任せていた女子（四歳）を亡くしているが、その折には「病危急」と記し、施薬院使丹波頼基を召し病状を問い、仏厳聖人（法然）に見せ、在宣に病気平癒を願っての剃髪に良い月を問うている。また、その子の百日の祝いについても、自らは差障りがあるとして嫡男良通邸でこれを執り行わせている（寿永三年八月一四日条）。さらに、後の良円・良快兄弟の着袴の儀についても、自らは出向いていないが、嫡男良通を中心に、二人の着袴の儀が執り行われたことを記している（元暦元年八月一三日条）。


では当時の産の忌みはどれくらいの期間であったのだろうか、見ていきたい。

『玉葉』承安二年（一一七二）七月七日条には、後白河院が、三〇日間の産穢を理由に法勝寺の御八講結願に行幸しなかったことが記されている。後白河院のこの行為に対し兼実は、白河・鳥羽両院は共に熊野叡山等を崇めてはいたが、参詣の時以外は三〇日間の産穢はなく、式条にも、法令にもそのような内容はないと述べる。また、同年九月一六日条の神祇権大副卜部兼康を召して問うた神事に関する条々のなかには「産穢日数事」がある。兼康は「七个日也、但其身三十个日不可参入、是近代儀也、使者往反、七个日外、不可憚歟」と答えている。つまり、出産に立ち会った人の穢れは七日間、出産した産婦の穢れは三〇日とし、これは「近代儀」と断わっている。『延喜式』「臨時祭」には、「凡触穢悪事応忌者、（中略）産　七日」とあり、当事者である産婦も含め、出産に立ち会ったすべての人に七日間の忌みが生じるとある。摂関期に書かれた『宇津保物語』「国譲　下」には、第二子の宮の君を出産した女一宮に、尚侍が、七日の産養いも済んだのだからと内裏に父朱雀院を訪ねることを勧める場面がある。(13) 兼実は、産婦も含め出産に立ち会ったすべての人に七日間の忌みというこれまでの慣習の変化・「近代儀」には承知できなかったようで、治承三年二月一一日の条に「産穢七ヶ日以後、不忌之、尤可謂正法、定叶神慮歟、服仮、雑穢之事、不可乖律令格式、而近代、就児女士之説、多有違法事、還神慮有恐事歟」と記し、さらに産穢の女性と子どもへの拡大を、律令格式に照らし違法と批判している。しかし、時代における穢れの肥大化と女性への偏重は、兼実の「思い」を越えていく。兼実の記述を踏まえるとき、産婦の産穢を三〇日とする認識は、一二世紀ごろに広がりを見せ、さらに、死穢の忌みの期間が三〇日と『延喜式』以来その期間に変化がないことから推して、産穢には死穢と同等の触穢認識が生じつつあったともいえよう。

では三〇日の根拠は、何によるのであろうか。当時の医書などにそれを想定させる記述のあることはすでに拙著で述べた。

現代の医学書などには、産後二週間で血液の量が三〇パーセントも減ることがあり、多量の経血に似た悪露が体外に出され、これは普通二～四週間続くとある。(14) つまり、産後の女性の出血は約三〇日程度続くと見てよかろう。先に、月穢が、女性の身体の生理を踏まえた出血の期間に沿って拡大していく事実を見た。産穢の三〇日への期間の拡大もまた、出産後の経血に似た悪露の期間に符合している。産穢が三〇日となる背景には、女性の身体の生理、つまり出血とその期間が問題視され、それが深く関わっていることが明らかになろう。

この時代の出産が、しばしば産死や流産（傷胎）をともなうことは、多くの研究に明らかなところであるが、『玉葉』にもいくつかの産死の記述が見える。寿永二年（一一八三）閏一〇月一四日条には、藤原経家の妻が男子を産んだ直後に亡くなったことを記し、今年は出産直後に産婦が亡くなる例を多く聞くとし、「可恐事歟」と述べている。また、宮中での流産（承安二年五月一二日条）や流産後に死亡した記述（安元二年（一一七六）一〇月一六日条）も見える。ここでは、流産とその穢れの期間および当時の貴族社会の流産への認識について少し見ておきたい。

流産については、『延喜式』「臨時祭」の項に「凡改葬及四月以上傷胎、並忌卅日、其三月以下傷胎忌七日」とあり、忌みの期間が、妊娠三ヵ月以下は七日間、四ヵ月以上は三〇日間になっている。妊娠期間の一ヵ月の差が忌みの期間に大きな差をもたらしている。つまり、四ヵ月以上の三〇日の忌みは、死穢と同じ忌みの期間でもある。

ただ、先に見たように女性の穢れ（月穢・産穢）の忌みの期間は長期化しているが、流産の忌みの期間は鎌倉末の『文保記』においても、『延喜式』に記された期間と同じで変化はない。これはなぜなのか、このことは何を意味するのか。『玉葉』の記述や当時の医学、さらには現代の医学をも踏まえ、考えてみたい。

『玉葉』承安五年七月一〇日条には、流産の穢れで家中が、いわゆる展転の穢れの丁の触穢にあたる疑いがあるとして、明法博士仲原基広や神祇大副卜部兼康に問うている記述がある。兼実の問いに対し、仲原基広の書状には、流産した胎児の「死骸」がある場合、胎児は四ヵ月以上であり、三〇日の忌みになると答えている。また、『文保記』には、「就文永三年十一月十一日祖父長官富尚于時権任。問。左衛門少尉中原章兼答云。四月已上傷胎。忌卅日。三月已下傷胎。忌七日之条。懐妊之間。依人体之具否。然者雖為三月已下。難准月水。猶可有甲乙憚歟云々」とあり、忌みの期間について「人体之具否」が問題になっている。さらに、時代は下がり情況も異なるが、『お湯殿の上の日記』文明一七年（一四八五）二月二日・三日条[15]には、一月二六日に御所に伺候した観修寺教秀の触穢により、御所が乙の穢になることが判明し、白川忠富や吉田兼倶に検分させたところ、三〇日の忌み（二月二三日までの忌み）となり、忌明けまで、天皇は「御はい」を中止されたとある。三〇日の忌みとなった理由は、「子をおろしたる事三つきといへとも。そのたい（胎）あるによりてゑ（穢）する也」とある。つまり妊娠三ヵ月で「子をおろし」たとの認識であったが、胎児として確認できる体形が出来上がっていたため七日ではなく三〇日の忌みになったという。

ところで、永観二年（九八四）に丹波康頼が著した現存する日本最古の医学書『医心方』[16]には、中国の隋代にその名が見え、また『宇津保物語』「蔵開 上」[17]にもその名が記された『産経』からの引用が収められている。その巻第二二「妊婦脈図月禁法第一」には、その最初に「産経云。黄帝問曰。人生何如以成。岐伯対曰。人之始生。々於冥々乃始為形。々容無有擾乃為始収。任身一月曰胚又曰胞。二月曰胎。三月曰血脈。四月曰具骨。五月曰動。六月曰形成。七月曰毛髪生。八月曰瞳子明。九月曰穀入胃。十月曰児出生也。（後略）」とあり、胎児の成長が月ごとの特徴とともに記されている。またその後の妊娠各月の記述には、女性の裸体像と胎児・経脈・鍼灸を禁じる位置の名称とつぼが書き込まれている。その図を見ると妊娠一ヵ月は小さなリングが、妊娠二ヵ月は少し大きめのリングが描かれている。妊娠三ヵ月には、はじめて小さく体形が書き込まれ、体形は月数とともに徐々に大きくなり、妊娠八ヵ月目には目や口が、妊娠九ヵ月目には顔（眉・目・鼻・口）が明確に描かれ、妊娠一〇ヵ月ではしっかりとした児として表現されている。

現代、妊娠四ヵ月までの胎児の成長を超音波で診ると、妊娠四～五週目には、子宮のなかに黒い楕円形の胎嚢が見え、胎嚢のなかに卵黄嚢とポツンと小さな白い点として胚芽が映る。妊娠三ヵ月（八～一一週末）では、頭・胴・手足の区分もはっきりとし、内臓の器官の形もほぼ完成しそれぞれ働き始める。また、血液が胎児の胎内を循環しはじめ、心臓の拍動もかなりはっきりしてくる。さらに、妊娠四ヵ月（一二～一五週末）には、胎盤が完成し臍帯を通して母体から栄養を取るようになり、胎児の成長が進む。各器官の形成期が終わり、内臓の基本的な形が完成するとともに機能が徐々に発達し、皮膚は透明で透けていたものが不透明となり厚みを増し顔には産毛も生え、外性器の形も完成し性別の判定ができることもあるという[18]。

『産経』に記された胎児の成長が、現代医学のそれと大きくかけ離れていないことに驚くが、ただ、ここで確認したいのは妊娠四ヵ月が、『産経』には「具骨」とあり、現代医学では各器官の形成が終わりまた内蔵も基本的に完成し、男女の区別も明らかになってくるとされることである。これを踏まえ、さらに先に見た『玉葉』『文保記』『お湯殿の上の日記』の記述を合わせ考えると、人間としての体形（内蔵の基本的な形の完成も含め）が整っているか否かが、忌みの期間の七日と三〇日の差になっていると考えられ、その時期が妊娠四ヵ月目ということとなる。つまり、胎児の体形が整う四ヵ月以上が三〇日の忌みの理由であるとすると、流産は女性の体内でおこる生理的な出来事でありながら、『延喜式』以来、直接的には女性の身体的穢れとは結び付かず、「人」の死に匹敵する穢悪と認識されていたとの推測が成り立つ。

また、藤原実資の日記『小右記』長和五年（一〇一六）六月一九日条には、死体と五体不具の穢れの関係について述べられており[19]、そこには、「近代」は片手片足を欠いていれば五体不具と見做し七日間の忌みとしているが、古くは背骨が連なっていれば三〇日の忌みに該当するとされていたとある。流産における三〇日の忌みは、五体不具の穢れの忌みとも重なってくる。

さらにこの流産の認識には、この時代の死生観の一端がうかがえよう。つまり、四ヵ月以上の胎児を「人」と見做す生命観は、胎児時代の一年を加え、数え年で年齢を数えてきた日本人の慣習に反映され、今に伝えられてきたといえる。

以上見たように、流産は、直接的には女性の身体特有の穢れとは見做されていなかった。しかし、そのことは流産の当事者である女性の忌みの軽減を意味しなかった。J・アルヴェレスの『日本の諸事に関する報告』には、流産した女性の処遇について、彼自身が聞いたこととして「三〇日間家から出ず、誰もその女性と話さない。ただ、米や薪は窓越に与えられ、彼女はそれで食事を作り、この時も誰も彼女と話をしない」と記されている[20]。この記述から、一六世紀半ばには、地方でも、流産が三〇日の忌みとされ、流産をした女性は月穢や産穢の女性と同様に隔離の対象となっている事実が確認できる。

三　出産空間の白設と白不浄

『紫式部日記』[21]には藤原道長女彰子の出産風景が見える。そこに「十日の、まだほのぐとするに、御しつらひかはる。白き御丁にうつらせ給ふ」とあり、出産間近の彰子が、白一色に設えられた産所（殿舎）に移っている記述がある。この白設の記述は、藤原実資の日記『小右記』（寛弘五年九月一〇日条）にも「白木御帳」「白木御屏風」などと見える。また物語ではあるが、『宇津保物語』「蔵開　上」には、「産屋の設け、白き綾、御調度ども銀にしかへして、殿に設け給フ」とあり、女一宮が犬宮を出産する産所が、白い綾や、銀色の調度品に変えられる様が描かれている。

ところで、一二世紀末に制作され、原本に忠実な模本が伝来する『彦火々出見尊絵巻』には、未完のままに終わった産屋の一部が描かれている[22]。産屋の全体像は不明であるが、屋根は黒い鵜の羽で葺かれており、白色の使用は見当たらない。

産所を白一色にする慣習について、西山良平は、産屋を白の装束・調度に転換するのは、既成の殿舎を一時的に転用するようになってからのものとし、さらに平安初期以後はその白の装束・調度は出産の穢れをも表現したと指摘している[23]。

平安期の白に関して、黒田日出男は境界の色としての「黒」と「赤」を論じるなかで、日本古代の基本的な色彩語彙は赤・白・青・黒であり、この四色によって日本古代の聖なるシンボリズムが成り立っていたとし、白色は最も聖なる色として祥瑞の断然トップであり、また紫と五色という外来の色彩シンボリズムが支配層を中心に本格的に浸透・定着してくるなかでも、白色の聖性は著しく強まると述べている。[24]

『玉葉』には、「女房云、白烏去二八日出来、其色同白鷺、其足頗赤云々、此日、季弘進勘文、徳至者白烏到、又粛敬宗廟者烏到云々、今宇佐宮事有沙汰、仍此有瑞祥歟云々」（文治二年七月二日条）とあり、白烏の出現を「瑞祥」と記している。

『玉葉』や黒田の見解を踏まえると、白色は本来、直接的には、穢れや不浄とは結びつかない。ではなぜ、産所が白色の調度で整えられ、その白が出産と結びつき、白不浄と呼ばれるように穢れを表現することになるのであろうか。白色と出産の関係について少し考えておきたい。

まず、産屋での出産の意味について考えていきたい。

岡田重精は、産屋は、邪悪を祓い危険を防徐して守護することを第一義として隔離したものとする。[25] また民俗学の立場から、アンヌ・マリ ブッシイは、産屋の宗教的意味は産神が来訪する場であることに認められるとし、産の忌みは産屋の外にあるものの進入を拒否するための隔離（内忌）であり、これには母子への障害の発生、すなわち母の力が衰退することへの恐怖が根底にあるとする。[26] さらに、生物学の立場から、功刀由紀子は、産屋への母と子の隔離は、不特定多数の危険との接触の回避、つまり感染症から母子を守るための、内による外の排斥であるとする。[27]

以上、各氏の論から見えてくる産屋の意義・産屋への隔離の目的は、産屋内の守護・生命誕生の無事と母子の安全を守るための隔離にあり、産屋とはそのような使命を持った空間であったといえる。

各氏の論を踏まえるならば、出産の場所の変化、つまり隔離された産屋から邸内（産所・産室）への移動は、当時の人々にとって非常に決断の要る行為であったと推測できる。言い換えれば、邸内の既成殿舎の産所には、生命の誕生の無事と母子の生命を守る産屋と同質の出産のための空間を作り出すことが求められ、それが移行時の最も重要な課題であったと考えられる。

このことを踏まえるとき、空間を白に整えることの初発には、穢れゆえではなく、むしろ隔離された産屋と同質の安全な出産の空間を作り出そうとする意図があり、それが最上の方策と考えられたためと推察できる。つまり、『紫式部日記』や『宇津保物語』「蔵開　上」に見える、産所の周囲を白色の几帳や屏風で囲うだけではなく、すべて——畳の縁や出産を介添えする女性たちの衣まで——を白色に統一する背景の初発には、空間のすべてを白に設えることによる産屋内と同質の空間の再現、つまり母と子を守る「安心」「安全」な出産のための空間を作り出そうとの意図があり、それに適う色が白であり、白が唯一無二の色であると考えられていたと推測できる。

産所の白設を『御産部類記』[28]に見ると、天暦四年（九五〇）五月二四日の冷泉院誕生時の「女房等各着白裳唐衣」（『九条殿記』）から、弘長二年（一二六二）四月二日の貴子内親王の九夜儀での「改白御装束」（『公相公記』）の記述に見えるように、長期にわたる天皇家での出産における白設の一端が確認できる。またこの白設は室町期将軍家の出産時にも、引き継がれていたようで、『御産所日記』[29]の「普広院殿様御時之事」の義勝誕生の条にある「御産所之御具足色々給汻文」にも「一御びやうぶ。二さう大小。白。御書鶴亀」「一御蚊帳。御紋鶴亀。同御竿金物白」「白御小袖　一重」などとあり、また江戸期、伊勢貞陸により書き写された室町中期〜戦国期の祐筆伊勢貞治による「産所之記」[30]には、畳の縁の白、屏風の「しろはり」など出産の調度が、種々白を基調とし準備された様子が見える。

『玉葉』仁安二年（一一六七）七月一七日条の着帯に関する記述のなかに「帯護身」とある。この記述から腹帯が妊婦と胎児を守る手段であることが明らかになるが、当時の腹帯は白絹でこれも母子を守るための色であったと考えられる。また、先に見た『御産所日記』義勝誕生の条には「一九日御所様御成之時。御胞衣緒被次申。御直垂。白。御所様御着。御竹刀数二。役二階堂大夫判官之忠進上之。白直垂着」とあり義教は産所に入る際、白直垂を着、同じく白直垂姿の二階堂之忠が用意した竹刀で胞衣緒を裁っている。この白直垂の着用は、産所の穢れに触れないためばかりでなく、産所の空間を守る手段であった可能性をも持つ。

以上見てきたように、平安期から室町期まで連綿と続く産所の白設には、白色により産所の空間や母子の安全を守ろうとした初発の「意図」が、薄れつつもなお存在し続けたことを推測させる。

『日本産育習俗資料集成』には、沖縄では産をシラといい（宮古郡）、産神をシラガミ、産婦をシラビト（石垣）といったとの報告がある[31]。シラは、日本の古語にあり、人間の誕生または分娩と関係するという。宮田登によれば、天皇家の即位の象徴とされる真床覆衾の儀式は、次の王位につく皇太子が、白布にくるまり、天皇霊を附着させてから、高御位に立ち、王権を継承していく内容で、誕生に際し、白と重なるシラの情況が表れている。さらに、奥三河地方の民俗芸能花祭りのなかに、白い御幣と榊の葉で作られた白山《しらやま》と呼ばれる忌籠りの装置があり、六〇歳になった村人が集団で白山に入って一夜を明かし、その中から出てくると生まれ変わった、生まれ清まったと考えられていたという[32]。ここでも白は誕生を見守る色であったといえよう。

次に、絵巻物を通して白設の変遷を見ていきたい。

一二世紀後半から一三世紀初頭に作成された『餓鬼草紙』[33]の伺嬰児便餓鬼が描かれた場面では、産所は、白縁畳、産婦とその周りの介添えの女性はすべて白装束、襖の前に立てられた几帳も白とすべてが白で統一されている。また、一四世紀初期に描かれた『法然上人絵伝』(34)の出産場面には、一段高くなった御帳台を囲むように屛風が立てられ、そこに描かれた妊婦と介添えをする女性たちの装束はすべて銀色か白で、畳の縁も白く、産所が白で統一されている。一四世紀に入っても、産所が白に統一されて描かれており、なお白が産所を象徴する色であったことは、絵巻物からも確認できる。

『法然上人絵伝』が描かれたのと同じ頃（鎌倉末）の制作とされる『融通念仏縁起』(35)にも出産の場面がある。その京都下町の牛飼童の家の出産場面には、産室になっている部屋の奥に白い衣らしきものが、竿に掛けられて描かれている。白木の縁の置き畳や妊婦が出産時使用する紐が天井から吊るされるなど、出産の場面が詳細に描かれていることなどから推して、この白衣は庶民の出産空間に必要なものとして描かれたと思われる。この白衣は、財力のない庶民の精一杯の出産の場の設であったのではないだろうか。

ところで、『法然上人絵伝』でも見たように、屛風は出産の空間を象徴する調度の一つであった。この屛風は、出産のたびに他の調度とともに新調されるが、一四世紀後半には材質が白綾ないし生平絹（「白綾屛風」）から白唐紙（「白絵屛風」）に変わる。その最大の要因は、経費節減のためとの指摘がある(36)。この転換のあり様は、出産の空間を白に設えた初発の意味が失われつつあったことをも示していよう。ただ、白絵屛風は江戸期の出産にも引き続き用いられており、一九世紀に川原慶賀等により画かれた『人の一生図』の出産の場面には、白絵屛風を意識したと見られる水墨屛風が描かれている(37)。

『法然上人絵伝』から『人の一生図』までに描かれた屛風を見てくると、先に見た『融通念仏縁起』の白衣は、『地獄草紙』『法然上人絵伝』の貴族の出産の場面に描かれた几帳や「白綾屛風」から、江戸期の庶民の出産に使われた「白絵屛風」への過渡的な形態として、当時の庶民の出産に用いられたのではないかと推測できる。

一二世紀以降、産婦と新生児そして夫への穢れの忌みの期間が長期化するなか、産所の設の白は、先に見たように、九条兼実が娘任子の出産時に産所を「産穢所」と記述していること（承安三年九月二三日条）からも推測できるように、出産の穢れと産所を穢れた空間とする認識とが徐々に同一視され、その結果産所の設の白が穢れを表わす色へと変転していったのではないかと考える。

産屋から邸内での産所・産室への移動期に、出産の安全を守るため白一色に統一された部屋内部の設や白に込められた意味は時代の変遷とともに後退し、江戸期にはその残り火の如く、「白絵屛風」が出産の場の象徴として設えられ、この頃には、出産の穢れは白不浄という語彙として定着していたのであろう。

ただ、江戸期に入っても、出産の場に白の設の一つである「白絵屛風」が用いられ続けていた事実は、かつて白が出産の空間の守りの色であった「記憶」がなお人々の心底深くに存在し、母子の安全を守護する白の設を捨て去りえない心性をうかがわせる。

おわりに

以上、女性の穢れ――特に月穢・産穢・流産――を九条兼実の日記『玉葉』を踏まえ検討し、さらに産穢との関連から、出産と白および白不浄の関係についても考察した。

まず、月経の忌み・穢れについて、『延喜式』「臨時祭」と『玉葉』の記載内容を比べると、忌みの期間が、前者は神事の前日の宿蘆への退下と記されているが、後者では七日を基準に種々な解釈があることが明らかになった。これは時代が示す穢れの肥大化と深く関わり、神事の場の清浄がより厳格化されるなかで、その清浄が準備段階から求められ、神事を奉仕する公卿の邸内に居住する女性の月経の期間までもが問題になっていった。その結果、女性の身体的特質が注視され、成人女性の一般的な月経の期間である七日間が、忌みの期間として固定化されていく。また、神事の奉行人に任じられ神事簡を立てると月経中の女性たちを別屋に移動させるという事象の歴史的背景には、血穢の忌避とともに、月経中の女性と視線を合わすことの忌避があったのではないかと推測した。そしてこの事実はかつて人々が持っていた月経中の女性への畏怖の念をも想起させると指摘した。

さらに、月経中の女性の隔離は、時代の変遷を経て、一六世紀半ばのJ・アルヴェレスの『日本の諸事に関する報告』にある月経中の女性の姿（情景）のように、神事の折のみではなく月ごとの隔離へと推移していく。

産穢においては、兼実の「服仮、雑穢之事、不可乖律令格式」（治承三年二月一一日条）との「思い」とはかけ離れ、一二世紀には、当事者である産婦の忌みは三〇日になっていく。産穢が三〇日となる背景には、月穢と同様に女性の身体の生理にともなう出血とその期間が注視・問題視され、女性の身体的特質に添って忌みの期間が設定され、女性への忌みが長期化していく事象があると述べた。

さらに流産の忌みの期間は、中世においても『延喜式』の式条がそのまま踏襲されており、出産にともなう女性特有の穢れの拡大とは連動せず、変化することはなかった。それは、『延喜式』以来、胎児の体形が形成される四ヵ月以上の流産を妊婦の体内で起こる異常でありながら、「人」の死と見做したことによると考えた。またそれゆえに、四ヵ月以上の流産は五体不具の忌みとも重なると推測した。しかし、当事者である女性への処遇は、月穢や産穢における女性への差別と同様に次第に厳しくなり、J・アルヴェレスの『報告書』にもあるように、一六世紀半ばには、隔離の対象となっている事実を見た。

出産と白および白不浄の関係についても検討し、本来、出産における白は穢れの色ではなく、不特定多数の外敵から出産の空間を守るための色であったのではないかと推測した。つまり、『餓鬼草紙』『法然上人絵伝』に描かれた白一色の産所の風景の初発には、産所の空間における母子の安全を守る意図があったと考えた。鎌倉末期に描かれた『融通念仏縁起』の牛飼いの家の出産場面の白衣は、産室を白に統一する貴族の慣習の庶民への広がりを示し、それは江戸期の『人の一生図』の出産の場面に描かれた「白絵屏風」へと変化していったと指摘した。

さらに、時代の示す産穢の拡大・浸透のなかで、その初発にあった出産の空間を守る色としての白は、出産の守りの象徴としての「意味」を次第に失い、産所が産穢所であることを象徴する色として、出産＝白不浄と呼ばれるように転化していったのではないかと推測した。

女性への穢れ観が、時代とともに変化することを見てきた。女性への差別が時代とともに作られてきた歴史的産物であるならば、そのメカニズムが明らかにされつつあるこの時代にこそ、その解消への道を力強く歩みたいと思う。

（1）日本古典文学体系『愚管抄』（岩波書店、一九六七年）。
（2）国書刊行会編『玉葉』全三巻（名著刊行会、一九七一年）。
（3）岡田重精「イミの問題場面　日記類」「イミの諸相　出産・月事の忌」（『古代の斎忌――日本人の基層信仰――』国書刊行会、一九八二年）。
　女性の身体的穢れに関しては、脇田晴子「女人禁制と触穢思想――ジェンダーと身体的性差――」（『女性史学』一五、二〇〇五年）を参照。
（4）『日本中世の母性と穢れ観』（塙書房、二〇一二年）、以後拙著と記す。
（5）黒板勝美・国史大系編集会編『交替式　弘仁式　延喜式前篇』（吉川弘文館、一九七二年）。
（6）長治二年（一一〇五）二月九日条。東京大学史料編纂所編　大日本古記録『殿暦』二（岩波書店　一九六〇年）。服藤早苗は「性愛の不浄観とジェンダー」において、藤原忠実の日記『殿暦』を詳細に分析し、一二世紀初頭、忠実のときから厳密に戒を行うようになりつつあり、月経にも厳しく対応するようになったと指摘している。服藤早苗・小嶋菜温子・増尾伸一郎・戸田点編『ゲガレの文化史――物語・ジェンダー・儀礼』（森話社、二〇〇五年）。

（7）『玉葉』には、邸内における「忌み付き舎屋」について「家中舎屋之中、以何屋可付忌哉、申云、於定本所之家者、以寝殿屋、為本所、付謂他枝屋等、於旅所者、不論寝殿枝屋等、只以四十五日、若十五日、宿留之所付忌云々」（承安三年七月一七日条）とある。

（8）ボストン女の健康の本集団著　藤澪子監修河野美代子・萩野美穂校閲『からだ・私たち自身』（松香堂、一九九八年）。

（9）大山喬平「中世の身分制と国家」（『日本中世農村史の研究』岩波書店、一九七八年）。脇田晴子「中世被差別民の成立」（『日本中世被差別民の研究』岩波書店、二〇〇二年）。

（10）『群書類従』第二九輯（群書類従完成会、一九五九年）。

（11）勝浦令子は、現存する日本最古の医学書『医心方』にも引用されている『千金方』巻十「傷寒下」「傷寒雑治第一」に傷寒豌豆瘡の治療に経血やこれを付けた布が用いられていることを指摘し、「月水の呪力への恐れとその力により病が平癒することへの期待が隣り合わせに存在する」と述べている（「七・八世紀将来中国医書の道教系産穢認識とその影響」『史論』、五九、二〇〇六年）。

ニューギニア高地のマエ・エンゲ族では、月経中の女性は「邪眼（evil eyes）を持っている」と男性に言わしめるほど、男性に対し大きな力を持っているという。波平恵美子「月経と豊饒」『ケガレの構造』（青土社、一九八四年）。

（12）岸野久「ヨーロッパ人による最初の日本見聞記　J・アルヴェレス『日本報告』」（『日本歴史』三六五、一九七九年。のち『西欧人の日本発見――ザビエル来日前　日本情報の研究――』吉川弘文館、一九八九年所収）、なお文中〔　〕で記された岸野の補注は省いた。

（13）『宇津保物語』三（日本古典文学大系、岩波書店、一九七一年）。

（14）前掲注8『からだ・私たち自身』。

（15）続群書類従補遺三『お湯殿の上の日記』一（群書類従完成会、一九五七年）。

（16）本論文で引用した『医心方』はすべて国宝半井家本『医心方』五（オリエント出版社、一九九一年）による。また、槇佐知子全訳精解『医心方』（筑摩書房）の該当の巻を参考にした。

（17）『宇津保物語』一（日本古典文学大系、岩波書店、一九七二年）。

（18）金井雄二『周産期超音波のみかた』（MCメディカ出版、二〇〇八年）。

(19) 東京大学史料編纂所編　大日本古記録『小右記』(岩波書店、一九六一年)。
(20) 前掲注12岸野論文。なお、ゲオルク・シュールハンマー著、安田一郎訳『イエズス会宣教師の見た日本の神々』(青土社・二〇〇七年)では「流産」は「出産」と訳されている。本論文では、岸野の訳に従った。
(21) 『土佐日記　蜻蛉日記　紫式部日記　更科日記』(新日本古典文学大系、岩波書店、一九八九年)。
(22) 『続日本の絵巻』一九(中央公論社、一九九二年)。
(23) 西山良平「王朝都市と《女性の穢れ》」(女性史総合研究会編『日本女性生活史　原始古代』東京大学出版会、一九九〇年)。
(24) 黒田日出男「境界の色彩象徴――国郡の境――」(『境界の中世　象徴の中世』東京大学出版社、一九八六年)。
(25) 前掲注3岡田著書。
(26) アンヌ・マリ　ブッシイ「母の力――産屋の民俗と禁忌」(脇田晴子編『母性を問う』上、人文書院、一九八五年)。
(27) 功刀由紀子「性差の生物学的意味をめぐる一試考」(『女性史学』一二、二〇〇〇年)。
(28) 図書寮叢刊『御産部類記』上・下(宮内庁書陵部、一九八一・八七年)。
(29) 『群書類従』第二三輯(続群書類従完成会、一九八〇年)。
(30) 前掲注29『群書類従』。
(31) 恩賜財団母子愛育会編『日本産育習俗資料集成』(第一法規出版株式会社、一九七五年)。
(32) 宮田登「女の色〈白〉」(『ヒメの民俗学』青土社、一九八七年)。
(33) 『日本の絵巻』七(中央公論社、一九九〇年)。
(34) 『続日本の絵巻』一(中央公論社、一九九〇年)。
(35) 『続日本の絵巻』二一(中央公論社、一九九二年)。
(36) 榊原悟「白絵屛風考証」(佐々木剛三先生古稀記念論文集編輯委員会編輯『日本美術襍稿』明徳出版社、一九九八年)。
(37) 榊原悟監修『屛風　日本の美』(日本経済新聞社、二〇〇七年)。

宗教都市におけるケガレの操作と「清浄」概念の共有

濱千代早由美

はじめに――伊勢神宮鳥居前町の形成とケガレ

伊勢（宇治・山田）は、神宮の内宮・外宮の鳥居前に発達した宗教都市であり、近世日本の民衆的巡礼センターであった。神宮の鳥居前町(1)であるということから、ことさらに清浄であることが重要視された。宗教都市が、聖なる中心となるためには、そのための働きかけも重要で、その一つが聖性・清浄性の強調だった。

伊勢における鳥居前町形成史を見てみると、神宮は、室町中期までは「私幣禁断」とされ、支配層の公的参宮がメインであり、伊勢の町は庶民からは遮断されていた。したがって、このころの伊勢という都市の性格は、宗教都市であるというより商業都市であり、参宮活動からの収益のみで町がなりたっていたわけではなかった。

鳥居前町としての性格を具備していくのは、神宮が庶民に開かれるようになる近世以降のことである。鎌倉時代になると公家や武士層にも伊勢信仰が広がり、伊勢の神は、皇祖神から、疫病鎮めなども請け負う現世利益的流行神のような存在に変質することによって、広範な社会層に受容されるようになった。そして、伊勢の町は、宗教都市としての聖なる機能だけでなく、ホストとしてゲストを受け入れる世俗的機能をあわせ持つことも求められるようになった。

しかし、このような参宮の隆盛には危うい面もあった。参詣観光の一般化によって、伊勢にケガレに対して無頓着な外来者が訪れることも増えた。おかげ参りに関する多くの記述[2]からは、参宮人たちの乱痴気騒ぎの様子がうかがえる。古市の遊郭は、江戸幕府非公認ながら、江戸の吉原、京都の島原と並んで三大遊郭、あるいは大阪の新町、長崎の丸山を加えた五大遊郭の一つに数えられた。遊郭七〇軒、遊女一〇〇〇人、浄瑠璃小屋も数軒というにぎやかさで、「伊勢参り大神宮にもちょっと寄り」という川柳があるほどに活気に溢れた一大レジャーランドだったという。

また、江戸時代は、ケガレ観が変化し、希薄化しつつある時代でもあった。宗教都市は、「悪いもの」を祓ってご利益を得ようという人々が集まる場所となるが、ご利益を必要とする人々は、時として、社会の周辺に位置づけられる社会層に属する。その神威が高ければ高いほど、ケガレや悪いものが集まる危険性も高まるというパラドキシカルな場所が、宗教都市である。

伊勢参宮に娯楽的要素や現世利益を求めて集まる人々の出現は、清浄であるべき場所にケガレが持ち込まれる可能性が高まることにつながり、神威が損なわれる危険も出てくる。そのために「参拝心得」等が書かれるようになった。その中には様々なケガレについての記述が見られ、川や海で区切った伊勢の空間が、清浄な空間であるということを盛んに表明しはじめた。川や海は結界とみなされ、そこで禊を行うことや、結界を越えて神域に出入りするということが、重要な意味を持つようになる。特に、宮川を越えるかどうかが重要視され、宮川の内側、すなわち山田と宇治の市中は神都とされ、清浄な範囲が明確化された。厳しい触穢についての禁忌を定め、宮川の内と外を意識的に使い分けることは、伊勢が全国からの参宮人を受け入れる宗教都市として展開していくときに、重要な戦略としても機能した。

では、伊勢においては「清浄」であるために、どのようにケガレが操作され、そのことにはどのような意味があったのだろうか。伊勢は鳥居前町であると同時に生活の舞台でもある。日常生活の中で、清浄さを犯す出来事が生じるのは不可避であった。したがって、近世以降の伊勢におけるケガレは、先述の参宮人に関するケガレ（伊勢を訪れる人のケガレ）と、神都に住む人々の生活の中のケガレが問題となる。本論文で対象とするのは、伊勢参宮の大衆化以降、禁忌習俗として現れる、ケガレの操作方法である。

ケガレは、神道における大きな問題であり、それゆえに神宮にはさまざまな記録が残っている。中世の神宮とケガレについては、『永正記』（神宮の神事に関する制規・服忌令注釈書）、『文保記』（伊勢神宮の服仮令注釈書）などにその記述が見られる(3)。これらは、中世以降も神道の触穢規定の基礎となっている。中世後期に入ると庶民の伊勢参宮も行われるようになり、近世以降は伊勢参宮の大衆化が起こり、庶民の参宮が盛んになると、伊勢の状況も変わってくる。神宮や山田奉行の触穢対策の諸相については、神宮の内宮長官（一禰宜）機構の公務日記である『神宮編年記』（神宮文庫蔵）等を用いた塚本明の一連の研究成果（後述）によって知ることができる。

本論文では、名所図会や神異記のような参宮メディアや、葬儀に関する私的記録等に、庶民による民俗としてのケガレの操作方法を知る手がかりを求めたい。私的記録といっても、旧神宮師職家の記録であり、厳密には庶民の民俗とするには無理がある。また、伊勢で書かれた随筆などは、公的な記録ではない庶民向けのものであっても、神宮に関わる知識人によって書かれたものが多い。しかし、『永正記』や『文保記』の中世的ケガレ観が、どのように拡大・変容していったのかを知るようすがにはなるだろう。

一　鳥居前町の生活の中のケガレと禁忌

（1）何がケガレとされたのか

近世以降の参宮心得や随筆、葬儀記録から、近世以降の鳥居前町において何がケガレとされ、どのような対処が図られたのかについての記述を拾ってみると、近親者の死、産穢、懐妊、男女交会、月水ノ女、肉食、五辛、大酒、忌詞の不使用、夫婦婚合、男色遊戯、病気（赤痢、疫疾、疱瘡、梅毒）、膿汁失血、灸、切人頚穢、失火など多岐にわたる。なかでも、肉食、死穢、月水に関する記述が多い。そして、「神宮に関わっていいかどうか」、つまり、「神宮に出仕してもいいかどうか」「参宮してもいいかどうか」を軸にした触穢記述となるのが特徴といえる。

慶安二年九月の紀州徳川家の参宮に備えるためにまとめられた「伊勢太神宮参宮儀式」[4]には、まず、肉食した者、肉食者と同火で調理したものを食べた者についての禁忌が記される。六畜は、参宮前一〇〇日の禁忌とされるが、牛・馬・犬・羊・豕・鶏の六畜のうち、鶏と卵はこれに含まれない。ただし、参宮の三日前はこれを食べない。猪、鹿、羚、羊肉、熊、猿等は一生涯食べてはならない。狐、狸、兎は参宮三日前までなら可能であるなど、細かく規定されている。そして、肉食をした者は、宮川を越えてはならず、肉食をした人と同じ火で調理した物を食しても触穢二一日で、家具炊器は土中に埋めないといけない。次に、親族の服喪や、月経一〇日、出産一〇〇日（夫は忌みなし）、六色の禁忌[5]、五辛、大酒、忌詞の不使用、夫婦婚合、男色遊戯などが続く。また、爪を切ったり、髪を剃ったりも前日までと定められている。

以上は、神宮に関わる者の禁忌の一例であるが、『宇治山田市史資料』風俗篇 五「触穢 上」[6]の冒頭には、伊勢のローカルな「服仮令」についての記述がある。この史料によると、近親者の死、産穢、懐妊、男女交会、月水ノ女、病気（赤痢、疫疾、痘疹、梅毒、患部から膿が出る灸、膿汁失血など）、切人頚穢、死穢に関わるもの、鹿火、失火、同火でケガレが及んだ場合などがケガレとされているが、これらが日常生活の中でどれほど危険視されたかは不明である。

（2）触穢によって起こった出来事

では、ケガレを無視した場合には、どんな不都合が起こったのだろうか。伊勢参宮やおかげ参りでは、様々な不思議な現象が起こり、おかげ参りの人々の口伝えに語られていった。こうした現象のいくつかは、「神異記」に見ることができる。『神宮参拝記大成』[7]には、神宮祠官によって神宮側の視点に立って書かれたものであるという限界はあるものの、出口延佳「伊勢太神宮神異記」[8]、度会弘乗「伊勢太神宮続神異記」[9]等が収められている。

「伊勢太神宮続神異記」の記述には、参宮によって病気が治癒したり、参宮人が困難な状況から救われたりというご利益の他に、ケガレているにもかかわらず、参宮しようとして病気になるというような、触穢によって起こるさまざまな現象についての記述も含まれる。たとえば、重服の男が水を汲み、月水一〇日目の女が湯を沸かしたら湯が沸かなかったというような、月水と死に関するケガレについての事例が記されている。また、両宮参拝を済ませた女が気を失い、医者や針医をもってしても治らないのは、月水のケガレがあるにもかかわらず参拝したことに対しての神のお咎めと解釈し、神前から遠ざかるがよかろうと、宮川を越えることにしたところ、歩けるようになったという事例もみられる。

「伊勢太神宮神異記　上」には、肉を食べているのに宇治橋を渡ろうとした郡司が、神罰で橋から落ちたという記述がある。また、大名の代参が鹿肉を食べたことを隠して参宮するが、垢離のとき、浴衣に血がついている。別の浴衣に着替えても血がつく。そのまま神宮に参り下向したが、夜中に出火し、一人だけ命を失ったということも起こったようだ。このようなことを避けるために、権禰宜の宿館の板敷下に犬のお産があったときに、内宮の祭りを延引したり（「伊勢諸例」）[10]、参宮中に子を産んだら、参穢の児は不浄であるから舟へ載せぬと船頭が拒むので、衣服に包んで川へ流したり（「御陰参宮文政神異記　上」）[11]と、さまざまな措置がとられた。

このうち、肉食のように、避ける意思があれば、本人の自覚によってケガレを避けられるものもある。しかし、死穢や血穢は、生じることを避けるのが困難である。厳密にこれらに対する禁忌を遵守していては、都市機能が麻痺してしまう。参宮活動の一般化以降、伊勢に期待された都市機能の一つは、神宮参詣者がつつがなく参拝できる「清浄性」の確保である。清浄性が確保されるということは、神宮における祭祀が滞りなく行われることを保証し、清浄な空間でもてなされるということは、参宮人本人もケガレが及ばない者として参拝が可能となることを意味した。このように触穢によって起こった出来事が書かれる意図は、奇瑞によって神宮の神威を知らしめること、参詣人に対してケガレを持ち込ませないようにする啓蒙などにあった。

二　ケガレへの対処

ケガレの発生は、祭祀の斎行に対する脅威であるばかりではなく、参宮人のニーズにこたえること、つまり、つつがない参宮の遂行に加えて、その後の娯楽の提供という伊勢の世俗活動に対しても脅威となった。ケガレへの対処方法としては、ケガレが薄まるのをひたすら待つ方法のほか、火を分けるなどの「隔離」方法や、儀礼を行うことによって思弁的に対処する方法などがとられた。

隔離する方法では、調理の火を分けたり、不浄の者を入れない精進風呂をたいた。比較的最近まで、神宮への参拝前に銭湯を利用する参宮人もいた。伊勢旧市街の銭湯は、大晦日には、神宮への年越し参りの前に銭湯で入浴し、身を清めてから参拝する客で賑わったといい、これを家と違う火で沸かした湯に入るという特別な意義と

図1　『伊勢参宮名所図会』（巻四）小田の橋

みなす人もいた。

また、伊勢においては、女性特有の現象に起因するケガレに対する忌避作法として、女性が月経や出産の時に、カリヤ（サワリヤ、イマヤ）に移るということが行われた。『宇治山田市史』[12]下巻の「婦人の月水も触穢は七日。その後三日潔斎して一一日に至って参宮をゆるすが古例であった。この間は棟を別にせる家に籠居し、本家の火に手を触れるを得ず、出入りも小門よりせしめたものである。それ故に其の居所を別火所・仮屋とも称し、後には月水にかゝるを直ちに他屋《かりや》になりたりとも云つたものである」（「橋村正璟手記」）との記述や、井上頼寿『伊勢信仰と民俗』[13]の「宇治の人が月水で別屋に移るをカリヤと言う」（「宮川夜話草」）との記述などから、それを知ることができる。『宇治山田市史』上巻によれば、館町は特にきびしく、仮屋町という一区を設け、月経中の女性の仮居とした。

『伊勢参宮名所図会』[14]には、「触穢および月水の女の通るもの」（『宇治山田市史』上巻）とされた「仮屋橋」が描かれている（図1）。また、五十鈴川にかかる新橋（宇治橋の下手）は、かりや橋（仮屋橋）とも言い、『宇治山田市史』上巻には、「これは岩井田郷（宇治館町）に居住の女、月水の節、川原へ下り、清火になり候迄はこの橋を往来致し、用事の向きを弁じ候故、かりやばしと言ひならわし候」（「宇治昔話」）という記述がある。

また、『伊勢参宮名所図会』には、外宮から内宮に向かう参道の途中、岡本町と妙見町（現・尾上町）の境にも、「仮屋橋」があったことが記されている。これは「小田橋」といい、その欄干の左外（絵図では手前）に、もう一つの幅の狭い橋が描かれており、「穢人の通う橋なり、勢州の国俗、女人の月経あるを仮屋という、夫より名付けたるなり」とある。このように、「触穢の者」の往来用に架けられた小さい橋もあった。このような事項が、わざわざ名所図会で取り上げられるという点が興味深い。

一方で、思弁的対処方法がとられることもあった。つまり、何らかの方便をもって、ケガレを「なかったこと」にするのである。ある寺が接待していた茶湯を飲めば、月水重服のケガレが清まるとか、ある杉の木に参ればケガレが消えるなどという民俗が生まれた。

特に、死や葬式にともなうケガレへの対処としてハヤガケ（速懸／速掛／早駆／速駆）という方法がとられたのが、当地域では特徴的である。死は避けられないケガレの一つであり、厳しい触穢規定の対象でもある。中世以来、為政者たちの死に際して、朝廷から京都近辺と神宮を含む関係寺院に「天下触穢令」が発令される場合があったが、これとは別に、神宮が独自に、宇治・山田市中に対して発令する「触穢令」があった。この神宮の服忌令によれば、宮地で変死体を発見した場合や、ハヤガケを行わずに死体を一昼夜放置した場合、火災によって焼死者が発生した場合に、市中一帯の触穢となった。この触穢規定を厳密に、かつ機械的に適用すれば、伊勢の都市機能は始終停止してしまう。特に、変死や災害死によって生じる死穢の発生を避けるためには、火災や水害で死者が出ても、それが直接の死因ではないとしたり、届け出方に工夫をこらしたり、死の発生地を縄や溝で囲んで、ケガレの拡散を抑えるなどの忌避方法がとられた[15]。

白然死の場合は、宇治・山田の人々は、中世から近世にかけて、ハヤガケという特有の死への対処技法をうみだし、死のケガレを避けた。ハヤガケは、「死穢を避けるための方便として、清浄を重んじる伊勢祠官の間で行われた特殊な葬法」[16]である。この習俗は、神宮改革のなか、明治五年（一八七二）三月一一日の度会県制度改正時に、触穢服忌等土地限りの慣習を一般の制度とすることに伴い廃止されるが[17]、いくつかの随筆・地誌類に、その記述を見ることができる。その一つである度会清在『杉の落葉』[18]には、「吾カ神境ノ古法ニ、人死スルトキハ、早懸ト称シテ何ノ儀式モナク、親族等其分相応ノ正服シテ、ソノ死人ヲ死シタリトセズ、生前ノ儀式ニテ墓所ニ之ヲ送ル、故ニ墓ニ及ブマデハ火ノ沙汰モナク、忌服ヲ受ル人モ他人モ同火ヲ嫌ハズ、其余触穢ノ沙汰ニモ及ハサルナリ」とある。すなわち、人が亡くなっても、「死去」とは言わず「葬式」は行わない。死者の親族たちは、「病気大切に及ぶ」と唱えながら、死者にまだ息があり、死に瀕して病床にあるように振る舞い、ただちに墓地に運び入れ、そこで初めて死者として葬った。この場合、瀕死の状態の病体であるという建て前のもとに送るので、棺が見えないように、籠に入れて着物を掛けて葬祭場に急ぐ。死をなかったことにして、死を押し隠す演技を行い、清浄であるべき一定のエリアの外に運び出してしまってから、死のケガレが発生するようにして、触穢を避けようとした。

神道的ケガレ観では、ケガレを一時的なもの、身体の表層に関わるものとみる。一〇世紀には、すでに『延喜式』に「ケガレが伝染する」と明記され、伝染したケガレを祓う方法が記載されている。これらは実体論か関係論といえば、関係論でケガレに対処する方法である。そのため、ケガレは伝染し、伝染したケガレを祓うという発想が現れる。ケガレが、絶対的なものではないならば、儀礼や何らかのシステムによって操作が可能となる。ケガレが及んでしまった場合には、ケガレを祓うとともに、ケガレの拡大を避けるための努力が払われ、儀礼などが行われれば、ケガレに対して適切な対処が示されたことが示される。

中世における宗教都市・伊勢を描いた西山克は、『道者と地下人』[19]の中で、ハヤガケという習俗は、一四世紀後半をさほど遡らない時期の伊勢で発生して、そのまま死の習俗として固定したとする。中世と近世の連続性を前提とする西山に対して、塚本明は、近世に入っての伊勢の都市社会の発展は、住民のみならず諸国からの参宮客をも巻き込んだ中世とは比べものにならないものであり、その中にあって、中世に成立した便法がそのまま通用したとは考えられないと疑義を呈している[20]。

触穢思想が蔓延していた中世の京都では、貴族たちは、死が起こってしまってからでは遅いので、瀕死者を死なないうちに他の場所に出してしまい、邸宅や役所・寺院等を死穢から守ったという[21]。このような習慣と伊勢のハヤガケは類似しているように見える。しかし、中世貴族のそれは、死のケガレが生じる前にとる、実務的・官僚的な厳しい措置であった。これに対して、伊勢のハヤガケの場合は、死という現実が起こってしまってから、そのことを皆が知っている状況で、それをなかったことにして振る舞うという演劇的措置である。これが成立するためには、この儀礼を行えば死がなかったことになる、死のケガレが操作できるという共通認識が、伊勢の人々の間で共有されていなければならない。ハヤガケを実施したとしても、死という現象が起こったということは認識されており、ハヤガケの実施によって、死が「なかったこと」であるという認識が演劇的に共有されたにすぎない。

そして、近世の伊勢では、このような「ケガレがない」「清浄である」という認識の共有が対外的にも対内的にも「行わなければならない」ものとなっていた[22]。近世期におけるハヤガケの実態[23]とその変容について明らかにすることは、伊勢の都市形成過程を明らかにする上でも重要な意味を持つ。

三　ケガレ対処の実際――「一﨟得輝神主御逝去ニ付萬控」に見る死穢、月水のケガレ

死のケガレに関する最も新しい資料は、幕末期（安政六年）における伊勢神宮師職の葬儀についての記録（「一﨟得輝神主御逝去ニ付萬控」(24)）である。この記録は、岩井田家一五代目当主、大物忌父《おおものいみのちち》一﨟徳輝神主の葬儀についての私的な記録で、その中にハヤガケ（ここでは「早懸」と表記される）が行われたという記述がある。徳輝神主は、禰宜を経て、天保五年（一八三四）正月、物忌に補され、弘化三年（一八四六）五月五日、一﨟に転じた。資料では、享和三年（一八〇三）一〇月一四日に生まれ、安政六年（一八五九）一〇月九日に亡くなった「ことになって」いる。

岩井田家は、鎌倉時代以降、近世まで内宮大物忌父を家職とした神宮の旧祠官で、御師(25)としての活動も行った家柄である。大物忌父は、神宮祭祀のうち、神饌や玉串の奉典、正殿の鍵の取り扱いなどの重要な役割を担う童女（物忌、子良）の補佐役とされ、神宮内で重要な地位にあった。また、中世頃より、大物忌父は権禰宜を兼務し、長官禰宜の被官として公文などの職にも携わった。明治四年（一八七一）、新政府の宗教政策の一環として、伊勢神宮の制度改革が断行され、旧来の祀職家や御師などは廃絶することとなるが、岩井田家も例外ではなかった。しかし、岩井田家一六代尚行《ひさゆき》は、その後、再度神宮主典に任じられ、遷宮造営などにも関わり、後には権禰宜となっている。

この史料には、神職の死にあたって行われた葬儀の実際が示されるが、幕末期における神官の死の扱いだけでなく、物忌の子良《こら》の処遇、女性に関わるケガレなど、いくつかのケガレの扱いの実際を知ることができる。

（1）神主の死

記述は、安政六年一〇月四日昼飯頃から徳輝神主の体調が崩れるところから始まっている。次第に症状が重くなっていく中で医師が呼ばれ、親類・医師らは介抱を続けるが、養生はかなわず、「八日朝五ツ日御病気差重り候事」つまり、死亡した。四日に不調を訴えてから、あっと言う間の出来事であった。

ここで注目したいのは、徳輝神主の死去にあたって、直接的に死を示す言葉が使われていないということである。実際には八日には亡くなっているのだが、「安政六巳未年一月九日御逝」と記され、八日の段階では直接的に死を示す言葉が使われず、記録上はあくまでも病気が重くなったということのみが記される。しかし、記録の内容は、物忌仲間・親類・大子良の親元等への諸届、ハヤガケの具体的な実施にかかる人（御輿形を作る大工など）を集め、必要な品々（斎服、其外入用の木綿布、苧壱本、斎宮人足に着せる肌着など）の手配など、葬儀を行う上での実務についての記述が続き、徳輝神主の死という事実は関係者の間で受容されていたことがわかる。

記録上では亡くなっていないにもかかわらず、一〇月九日未明には、速やかに岩井寺へ奉下してしまう。その時の行列の様子が記されているが、箱提灯を先頭に、継上下《つぎかみしも》で手提灯を持った侍二名が横に従い、家来四人が「御乗物」に「乗った」神主をかつぎ、さらに、「御介抱人」数名が続いた。これは、いわゆる「葬列」にあたる。この時の記述も、一般的な葬儀での用語は避けられている。送られていく神主は、まず狩衣の装束で送られてから、斎服白狩衣に着替えさせられる。狩衣は浄衣の替りで、指袴は白布にてあつらえたものである。七日（ただし、五日目に仕上げをするので五日目まで斎服を着用）間、斎服、その後は継上下である。岩井寺までの奉下では「病体」で「乗り物」に乗っていると記されているが、岩井寺から「遺体」となり、「乗り物」にかわって「棺」と表記される。つまり、岩井寺までは、医者が介抱すべき患者であったものが、寺を境に亡くなった者として扱われている。(26)

また、亡くなったことを知らせる書簡にも、亡くなったとは書かず、「大病のために」「神送の式をとり行う」としている。このように、幕末期のハヤガケは、死をなかったことにして実施された。実質的には葬送儀礼であっても、「死んでいない」という認識を演劇的に共有する共同体が創出され、「内」と「外」との境界を作りだしているのである。日本の都市は明確な城壁で区切られることはないが、伊勢のような宗教都市では、儀礼を行うことによって、清浄なエリアが作り出されるのである。

しかし、宮川の内のどこもが清浄な空間だったわけではない。実際の参宮街道は、清浄とは言いがたく、外宮と内宮をつなぐ間の山の街道沿いの左右は、一帯の墓地であった。妙見町の東にある坂は、古くは尾部（尾上）坂と呼ばれ、寛文九年（一六六九）までは、道の両側には墓地が続いていたことが、『参宮の今昔』[27]等によって知られる。

また、この坂がある尾上山は隠岡ともいい、倭姫命薨去の地と伝えられる。参宮街道が、このような不浄の地を通過することは神慮に対して恐れありとして、山田奉行が墓地移転し、参宮街道の浄化を図るのは寛文九年（一六六九）のことである[28]。東古市町を挟んだ先の牛谷坂も間《あい》の山と呼ばれ、これらの坂に挟まれるようにして古市の遊郭があった。間の山には、芸人や女乞食らが参宮人に銭を乞い、その様子は、前述の『伊勢参宮名所図会』や曲亭馬琴『羇旅漫録』、十返舎一九『東海道中膝栗毛』等に描かれている（図2）。このころには、多くの参宮人が伊勢を訪れており、間の山の猥雑さを目にしていた。だからこそ、宇治と山田の境界に現れる不浄によって、その対極にある「清浄さ」が強調された。

死穢を避けるシステムがあったとしても、遺体の処理、すなわち、墓穴を掘って埋葬するという過程では、ケガレを避けることができない。元々は死者の近親者がつとめたが、触穢の規定と日常生活の両立が困難になるにつれて、専門集団がになうようになる。この役割は、例外はあるものの、山田の拝田、宇治の牛谷の非人集団が

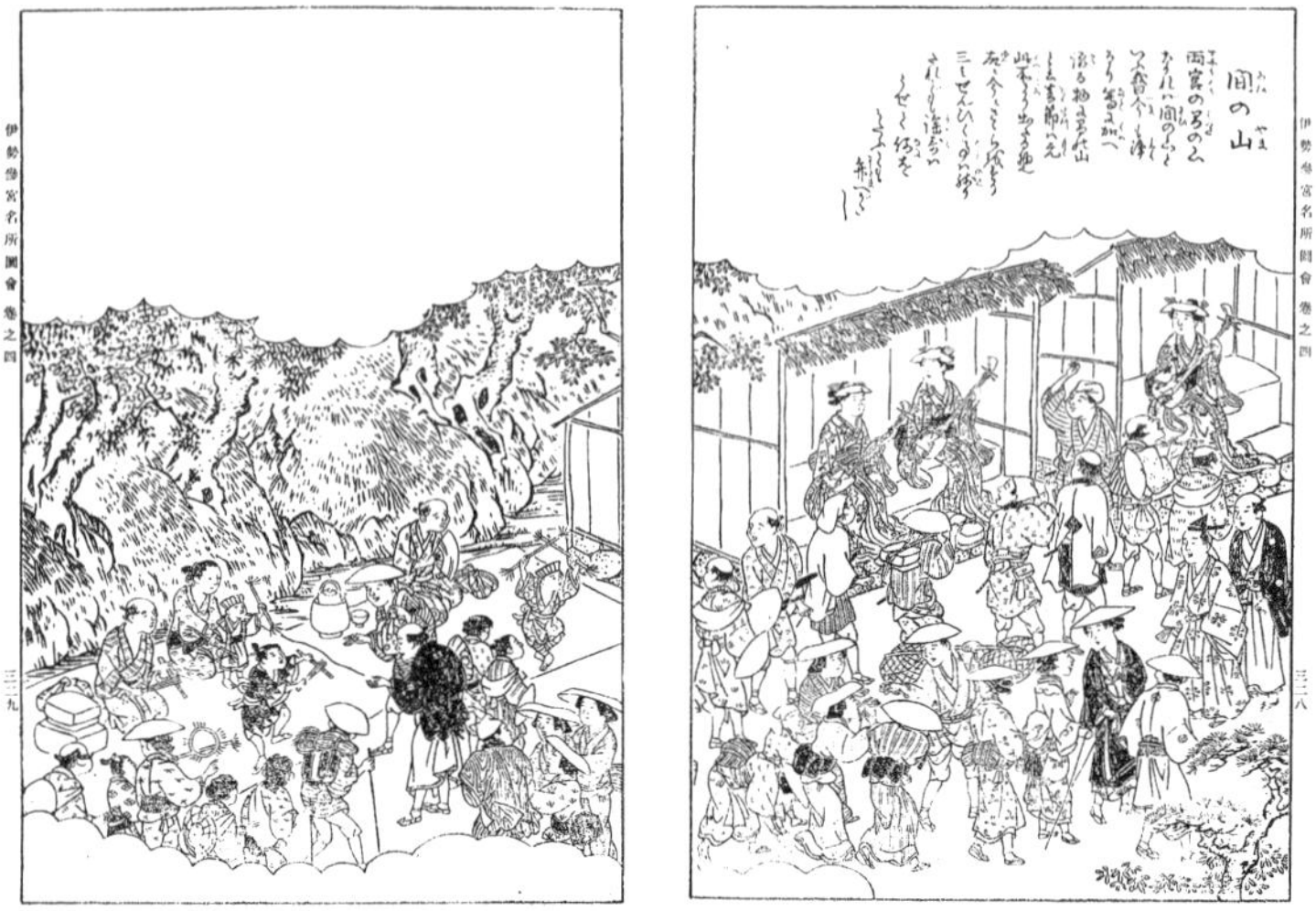

図2　『伊勢参宮名所図会』(巻四)間の山

引き受けるようなシステムが確立していた(29)。「牛谷へ遣ス銭」という記述が見られ、ここでも、例にならって、墓掘りと土掛けを依頼したようである。つまり、宮川の内は清浄であるとされたが、実際には宮川の内にも清浄さの濃淡は存在していた。

(2) 物忌の父の死と物忌

徳輝神主の死は、物忌の子良の運命も左右するものであった。物忌・子良とは、伊勢・賀茂・春日・鹿島・香取などの神社で、神饌を扱う童女(まれには童男)のことを指す。大物忌と大物忌父は神主の姓《かばね》を持ち、他の物忌とは異なる、一種のシャーマン的性格を持つ職掌とされた。

たとえば、遷宮の「皇大神《すめおおかみ》の御形《みかた》を新宮に遷し奉る時の儀式行事」においては、「大物忌先づ参り上り(扉に)手を付け初め、次に禰宜参上りて正殿の戸を開き奉りて」装束を具申する(「皇大神宮儀式帳」)、重要な役割を果たした。重要な神祭りに先立って行う神宮の清掃も役割とされ、心の御柱の下のあたりの掃除は大物忌の分担であり、また神嘗祭の湯貴の大御饌(その年の新穀)は、この心の御柱の下に供されるが、これも大物忌の役目とされた。

この童女の介助者は、大物忌父と呼ばれ、岩井田家は代々、大物忌父、すなわち、「物忌みの子良」の社会的父をつとめる家柄であった。大物忌父と物忌との関係は、古代には実の親子であったが、後世には、大物忌父をつとめる家が固定化し、物忌と擬制的親子関係を結んでつとめるようになった。子良は、宮域内の大物忌斎館に入り、厳重な斎戒の下にあった。子良が初潮を見た場合、ケガレが及んだ場合などには、「子良放之儀」が行なわれた。

さて、徳輝神主が亡くなって、葬儀の準備が始まると、物忌仲間・親類・医者の順に知らされる。この後、さらに、大子良の親元に届けるとあるのが、岩井田家独特であろう。禰宜・人内人・物忌父らはその肉親の喪に際して、四十九日の服が明けると祓い清めて復任した。しかし、「物忌みの子良」は厳重な斎戒[30]の中にあり、子良の社会的父である大物忌父が死ねば、その子すなわち物忌は解任され、子の物忌が死ねばその父もまた解任されて、ともに復任せしめない（「大神宮式」）ともされた。徳輝神主の死去に際しても、「子良放之儀」が行われた。子良放は、大子良に養父の忌服がかかるために行うもので、養父の忌服を済ませた上で、子良の装束を焼き捨て、蔵や納屋の道具も新調された。

（3）血穢

徳輝神主の体調が崩れたころ、岩井田家の女性たちはどうしていたのだろうか。神主の症状がどんどん症状が重くなっていくのにもかかわらず、家の女性たちは、「心配致し居候得共、折悪母は重腹ニて川原別火所ニ逼居、先姉は月水ニて日数別火所ニ居ト而御介抱ニ参り候事も出来不申」とある。この二人の女性は、この記録の記録者である尚行氏の母・信子と、姉・良久子《らくこ》であろう。岩井田郷（宇治館町）に居住の女性は、『伊勢参宮名所図会」に「月水の節、川原へ下り、清火になり候」とあったように、このとき二人の女性は、この禁忌にしたがって、川原の別火所にいたということであろう。

少なくとも、この資料が成立した当時においては、家族の緊急時に駆けつけるのもはばかられる程の強い禁忌であったことは確かだろう。母は「重腹」であったとされる。この重腹を懐妊中だったと解釈するならば、妊娠期間をずっと別火所で過ごすことは現実的ではないことから、すぐに産のケガレが発生する状態、すなわち臨月の状態で、別火所にいたと考えるのが自然である。

これらの記述から、死のケガレについては、ハヤガケによって「なかったことにする」とともに、濃厚な接触機会を持つ子良については、子良放を行ってケガレの感染経路を遮断したこと、女性のケガレについては、隔離するという方法がとられたことがわかる。ただし、この時の記述では、子良の調度類については、新しく任用される子良の調度が整うまでは、前任者のものを使ったようである。子良の役割や、厳重な斎戒、「伊勢太神宮参宮儀式」にあるように、肉食をした人と同じ火で調理した物を食しても触穢二一日、家具炊器は土中に埋めないといけないというような禁忌と比べると、拍子抜けするのも否めない。実際の運用は若干ゆるやかだったのかもしれない。(31)

おわりに――ケガレの操作と「清浄」概念の共有

幕末期の伊勢におけるケガレ対処の一例について紹介したが、死や月水のように極めてプライベートな領域のケガレが、随筆や「神異記」、絵図のような出版メディアに登場するということの意味はどこにあったのだろうか。

宝暦一三年（一七六三）に京都で出版された『伊勢参宮細見大全』は、携帯用と思われるコンパクトな案内書だが、道中の案内に入る前に、ケガレや忌について、かなりの紙面が割かれている。このようにケガレについて紙面が割かれるのも、「伊勢参宮モノ」案内書の特徴であったとすると、これらの習俗が珍しい習俗、あるいは「奇習」として紹介されたのではないことがうかがえる。

「神異記」には、ご利益があったことだけでなく、ケガレ等に関する不手際が参拝者側にあって、神罰のようなものがあたったことなど、神威の発現が表裏のものとして描かれる。神威が偉大なものであればあるほど、その見返りは正負どちらの方向にも大きいものとなる。さまざまな「おかげ」の神意がある一方で、参宮者がケガレを持ち込めば、不浄をはじき返す神威の発揚となる。先の、「神異記」の奇跡の発現が、どのような人に起こったかといえば、子どもや下女・下人・病人など、社会の周辺の、まさにご利益を切実に求める社会層である。このようなご利益を求める人々がケガレを持ち込まないように、参宮心得が啓蒙された。ケガレているか、ケガレていないかはそれに関わる人々の共通理解の範疇であり、「清浄さ」とは観念の中にある。清浄であるということを示すためにケガレを活用するともいえる。これは、「神都」の変質によるところが大きい。つまり、観光活動の隆盛である。伊勢では、「清火屋」という看板を掲げた飲食店があったという。これは、清浄な火を用いているということを示す、キャッチコピーであった。つまり、神宮参拝に対して適切な状況を保証しているということは、参詣者に向けての立派な「売り」になったということである。

塚本明は、ハヤガケのような触穢適用の忌避は、「世間の風聞」を意識して対策がとられ、宇治・山田の地が、神官や住民たちのみで完結する社会ではなかったゆえに、参詣者のために、「清浄」なる空間を守らねばならなかったことを指摘している[32]。ただし、ハヤガケのような対処方法が、中世からの触穢観との連続性を持つかといえば、それは間違いで、ハヤガケの作法自体は、一種の便法であり、神道の中世以来の触穢規定にはむしろ反するものである。清浄さを重んじるということは、ケガレを避ければ良い（便法をとれば良い）ということではなく、触穢発生という事態を重く受け止め、怖れ慎むことが求められた(33)。あくまでも、不特定多数の「世間」と「清浄さ」を共有できれば十分だったのである。

死をなかったことにする儀礼の実施によって、ケガレを避けることが可能になるならば、そもそも生じなかった死のケガレを名所図会に記す必要はない。あえて意味を見出すとすれば、避けられないケガレがあるものの、伊勢ではそれに対する適切な対処がなされているということの保証である。名所図会がガイドブック的な働きをしたことを考えれば、これらの記述は、伊勢が清浄な空間であることを示すタテマエとして機能していたのではないか。清浄さを示すこと、ケガレなど生じていないという芝居をすることは、ケガレへの適切な対処がなされていることを示し、適切な参詣観光、ご利益が得られる参詣観光を保証した。「カリヤ」や「ハヤガケ」の名所図会での紹介は、そこに住まう人の発するケガレが、操作可能な対象となっていることを示すことでもあった。もちろん、描いたのは伊勢の人ではないが、そこに描かれているということは、その前に描かれるに至るまでの働きかけがあったということである。

このように、出版メディアによって、読む人・見る人が納得するコードの共有、つまり、ハヤガケやカリヤが何を意味するのかということについての共通認識の共有が図られた。この認識があるからこそ、ハヤガケの実施やカリヤの使用が清浄性の確保についての「説得の語り」となりうる。ハヤガケに至っては、伊勢で客死した参宮人に対しても行われており(34)、外来の参宮人に対してのハヤガケの実施が、伊勢の清浄性を示す「説得の語り」として機能した面があったことも否めない。そして、ハヤガケという儀礼自体も、伊勢に清浄性を期待するまなざしによって、伊勢の社会規範となっていった。

ケガレは、神との接触が多い神都では大きな問題となる。人間が生活をしていく限り、ケガレが生じることは避けられない。参宮観光の成立以降、「見られる人たち」となった伊勢の人々は、ケガレを避ける儀礼を演じることを通して、ケガレへの適切な対処がなされていると示した。また、ケガレへの対処を事細かにまとめたりすることによって、神に対しての清浄性の保証だけでなく、「清浄な」神都に集まる人々に対する、適切な参詣観光の保証にもつながった。ケガレを避けることは、ケガレの本質的な議論とは別の次元で、聖俗両面において、重要なことであった。

（1）一般的に、有力な寺院・神社の周辺に、参拝客を相手にする商工業者が集まることによって形成された町は門前町と呼ばれるが、神社の場合は、鳥居前町ともいう。本論文では、藤本利治にならい、伊勢神宮内宮前で発達した宇治と、外宮前で発達した山田について、鳥居前町と記す。藤本利治『門前町』（古今書院、一九七〇年）。
（2）本居太平「おかげまうでの日記」、津田宣直「伊勢御蔭参実録鏡」（神宮司庁編『神宮参拝記大成』神宮司庁、一九三七年）等。
（3）『群書類従』二九「雑部」（続群書類従完成会、一九五九年）所収。
（4）與村弘正の編による『神拝式類集』（承応二年）は、前掲注2『神宮参拝記大成』に収められている。與村弘正は、外宮宮掌大内人で豊宮崎文庫の創立に関わった人物である。
（5）疫病等の病人を見舞うこと、狐・狸・兎などの肉食をすること、死刑を執行すること、裁判を行うこと、音楽を奏すること、墳墓に登ったり、堂塔に詣でたり、骸骨を見たりすることを禁じる。
（6）宇治山田市編『宇治山田市史資料』（宇治山田市役所、一九二八年、伊勢市立図書館蔵）。
（7）前掲注2『神宮参拝記大成』。
（8）同右書所収。初出は寛文六年（一六六六）。
（9）同右書所収。初出は宝永三年（一七〇六）。
（10）井上頼寿『伊勢信仰と民俗』（神宮司庁教導部、一九五五年）。
（11）前掲注2『神宮参拝記大成』所収。初出は天保三年（一八三二）。

(12) 宇治山田市編『宇治山田市史』(宇治山田市役所、一九二九年)。
(13) 前掲注10書。
(14) 蔀関月編画、秋里湘月撰『伊勢参宮名所図会』巻四・五(塩屋忠兵衛ほか、一七九七年)。
(15) 塚本明「近世の宇治・山田における死穢の忌避について」(『人文論叢』二一、二〇〇四年)。
(16) 岡田荘司「神道葬祭成立考」(『神道宗教』一二八、一九八六年)。
(17) 前掲注12書。
(18) 藤本利治校注「近世山田町方資料」(原田伴彦等編『日本都市生活史料集成』九 門前町篇、学習研究社、一九七七年。初出は一七三六年)。
(19) 西山克『道者と地下人』(吉川弘文館、一九八二年)。
(20) 塚本明「速懸——近世宇治・山田における葬送儀礼——」(『三重大史学』四、三重大学人文学部考古学・日本史研究室、二〇〇四年)。
(21) 高田陽介は、「実隆公記」文明一七年三月二二日条や、「親長卿記」文明四年七月二九日条、同記文明六年七月三日条、同記長享元年八月九日条、同記長享二年六月二七日条、「実隆公記」永正二年一一月六日条、同記永正六年正月二八日条、「康富記」嘉吉四年正月一一日条などの例をあげ、このような行為が貴族たちの間で常識として実行されていたことを指摘している(高田陽介「境内墓地の経営と触穢思想——中世末期の京都に見る——」日本歴史学会編『日本歴史』四五六、吉川弘文館、一九八六年、五八~五九頁)。
(22) 塚本明は、外宮長官の本葬礼の記録等の分析を通して、速懸が宇治・山田において死の送りとして一般化するのは、一八世紀になってからであり、以後、社会的規範として「行わなければならない」ものに転化し、清浄さを維持する象徴として語られるようにもなるとしている(前掲注20書)。
(23) いわゆる「伊勢」は内宮を中心とする宇治と外宮を中心とする山田から成り、内宮と外宮では、葬送の実施規定が異なる。山田におけるハヤガケの習俗に言及した研究は、西山克・塚本明らによってなされている。宇治については内宮一禰宜をつとめた荒木田経高による「神宮早懸大概」(國學院大學日本文化研究所編『神葬祭資料集成』ぺりかん社、一九九五年)などの式次第書があるが、神宮師職家といった特殊事例の偏りがあることも否めない。

(24) この記録は、神宮の御師・岩井田大夫であると同時に、神宮の祠官をつとめた岩井田家所蔵の資料の一部である。伊勢市史・民俗編の編さん事業（二〇〇一年度～二〇〇八年度）の一環として、調査を行い、濱千代早由美「幕末期における伊勢神宮師職の葬儀『一﨟得輝神主御逝去ニ付萬控』、『徳輝神主列帳』」（『三重県史研究』第二二号、二〇〇七年）として翻刻を行った。

(25) 伊勢では、トーマスクックの登場よりも早く、御師《おんし》たちによる旅行業が発達した。御師は、鎌倉時代に登場し、その活動は室町時代に入って本格化した。伊勢の広報業務、旅行代理店業務を担い、参宮の旅をトータル・コーディネイトした。また、全国の檀家を廻ってお札や伊勢暦などを配って参宮の勧誘をしたり、神宮を訪れる伊勢講の人々の宿泊や案内の世話をした。伊勢の信仰圏の成立・拡大には、庶民との媒介者としての御師が存在した。

(26) 神宮に空間的に最も近い館町では、ハヤガケの準備を自宅では行わず、寺へ送ってそこからハヤガケにするということもあったという（前掲注20書）。

(27) 井上頼寿、神宮司庁教導部、一九五六年。

(28) 大西源一『大神宮史要』（神宮司庁、一九五九年）。

(29) 塚本明「拝田・牛谷の民――近世宇治・山田の非人集団――」（『人文論叢』二二、二〇〇五年）。

(30) 物忌みの子良の厳重な斎戒の例として、宮域内の大物忌斎館に入り「宮の後の川をわたらず、若し誤ちわたる時には更に任用せず、即ち却く」（「皇大神宮儀式帳」）、「常に忌火の物を食いて供奉る」（同上）、「卜ない定めて任ずるの日、後《しりえ》の家の罪事を祓清め、他人の火の物を食わず、宮の大垣の内に忌館を立て造り、後の家に帰らず、宮に侍りて」奉仕を行う（「止由気宮儀式帳」）というものもあった。しかし、中世の参宮が盛んになってくるころには、専従しているどころではなくなってきたので、祓いをすれば職に復帰できるようになってきた。子良館の末期には、子良も、神楽を行ったりして「サービス」にも参加するようになる。

(31) この葬法には、このほかにもジェンダーに関わる問題が含まれている。男女の別によって、葬儀の実施方法や神葬改式に違いがあった。神葬祭化が進む前は、師職家においても、葬儀は仏式で行われ、男女ともに戒名が与えられていた。男性に対して神葬で葬儀を行うようになってからも、女性はしばらくの間は仏葬で葬儀が行われ、戒名も与えられていたようである。このような場合、各家庭の御霊屋には、戒名のついた位牌と神道式の霊璽が収められている。また、

「速懸」の帰路、夫と死別した妻が親元に戻る「妻野分別」もあった（明治四年四月度会県達『宇治山田市史資料』葬送編）。
(32) 前掲注15書。
(33) 前掲注20書。
(34) 岩井田家には、伊勢で客死した東国からの参宮人の処遇についての史料が残っている。このことについては、平成二四年度神道宗教学会学術大会において報告し、稿を改めて論じる予定である。

〈付記〉

現御当主である岩井田尚正氏には、多大なるご理解とご協力を得て、調査を継続させていただいたことに感謝申し上げます。

近世における北野社門前の社会構造——芸能・茶屋興行を中心に

三枝暁子

はじめに

本稿は、近世京都における寺社門前の社会構造を、とくに北野天満宮の芸能・茶屋興行に着目しながら、考察するものである。近世北野社の芸能興行にふれた研究としては、すでに宗政五十緒や守屋毅、山近博義らの研究が存在する。(1)本稿においてはこれらの研究とあわせ、芸能興行を都市の社会構造の問題として位置づけている吉田伸之や神田由築らの研究に学びながら、(2)北野社と芸能集団・茶屋との間に取り結ばれた関係について、検討をすすめていきたいと考える。

近世以前の北野社は、「洛中洛外」から成る京都のうちの、「洛外」に位置し、その京中社領は、「境内」と「西京《にしのきょう》」の二つの空間から構成されていた。(3)そしてその経営基盤は、おおむね①荘園年貢、②境内屋地子・検断得分、③西京神人等、神人(＝商工業者)の納める公事、④散銭(＝参銭・賽銭)、の四つであったと考えられる。しかし荘園制が本格的に解体されていく戦国期以降になると、しだいに④が重視されていき、とくに縁日には多くの散銭収入を獲得するに至っている。(4)そして豊臣秀吉の京都改造後、「洛中」に取り込まれた近世北野社は、散銭収入と、北野の「森」に対する領主支配――すなわち「森」における芸能・茶屋興行による収益――を、重要な経営基盤としていくのである。

「森」をはじめとする北野社境内の支配をめぐっては、豊臣政権期に北野社別当竹内門跡（曼殊院門跡）と社家松梅院との間で対立が生じており、[6] 徳川政権初期には、以下のような主張が松梅院によってなされている。[7]

北野境内惣町屋人足、又ハ一条路ゟ下松原、其外当坊堀向ノ土居・松原何も、か様之義、むかしより松梅院一円ニ存知来候、社頭ノ廻ノ松原・大森・中森、一条路ゟ上ノ松原なとハ竹内門跡とけんたいニ仕候、一条路ゟ下一円ニ。存知候事ハ、内野畑へ付申故、我等《・・》譜代ニ取来候、

すなわち境内の町屋人足役の賦課の権限と、一条通より南の松原、および松梅院周辺の土居・松原の知行は松梅院のものとされる一方、社殿周囲の松原・大森・中森と一条通より北の松原は、松梅院と門跡双方の知行地であるとされている。そしてこれに続く記事から、右の主張が京都所司代板倉勝重より認められていることがわかる。ここで「けんたい（兼帯）」の地とされている境内の「松原」・「森」の知行の実務を担ったのが、門跡に仕え、松梅院の「扶持人」ともなっていた目代であり、具体的には目代は、「松原」や「森」における芸能・茶屋興行の認可を重要な職務としていた。その目代によって記された諸記録が、現在『北野天満宮史料　目代記録』として公刊されている。[8] そこで本稿では、こうした公刊史料をもとに、北野社の門前支配と芸能・茶屋興行の様相について、考察していくことにしたい。

一　芸能興行と目代

（1）芸能興行のはじまりとその様相

はじめに、芸能・茶屋興行を管轄する目代の位置についてごく簡単に説明しておくと、目代は社務・別当竹内

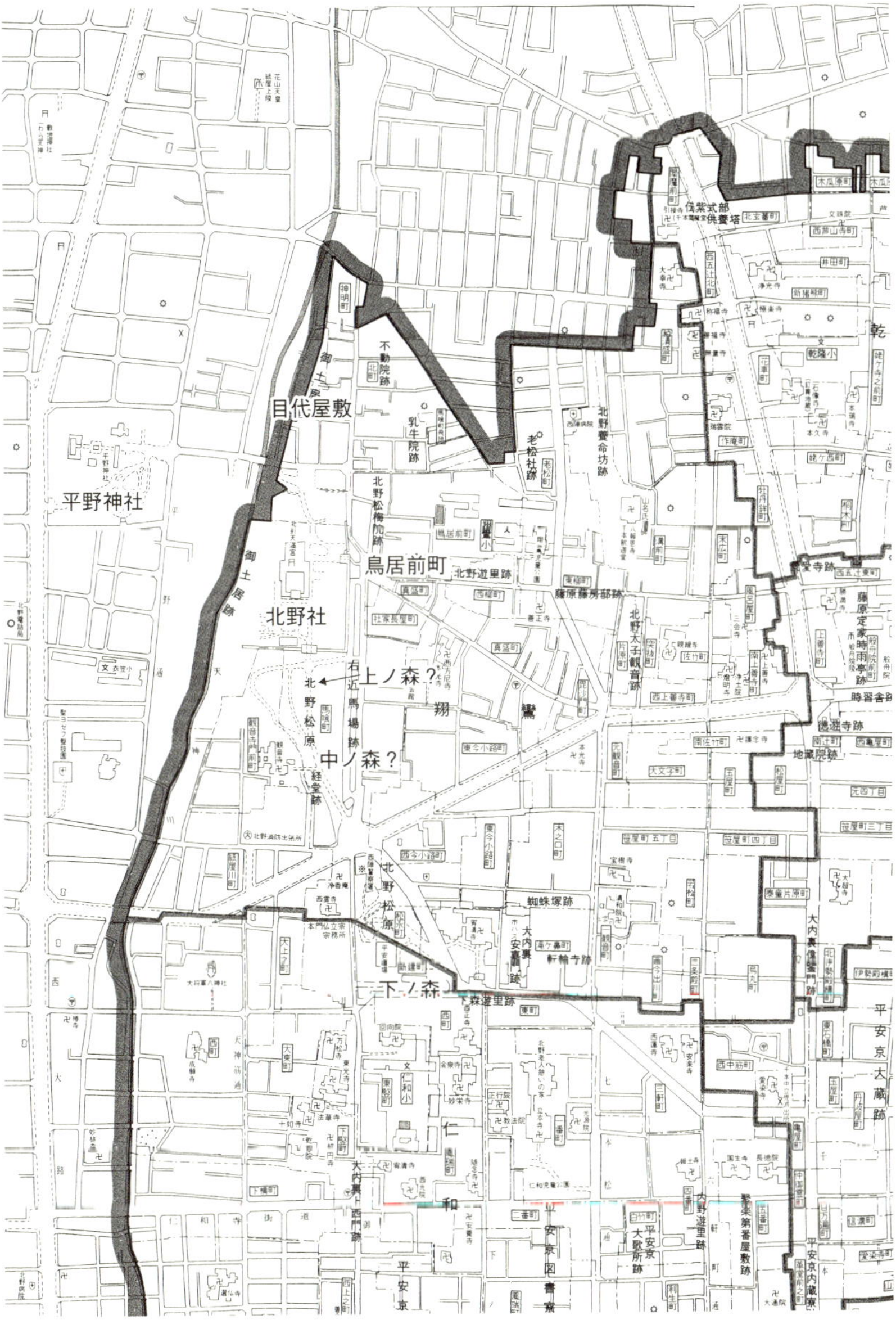

図１　北野社門前図

出典：京都市編『史料　京都の歴史』７・上京区（平凡社、1980年）別添地図「上京の名所と史跡」

注１）　上ノ森の位置は、「北野境内願書等抜書」（『北野天満宮史料　目代記録』512頁）に、「上之森」を「南鳥井東ノ方林之内」と言い換えている点を参考に、比定している。

注２）　中ノ森の位置は、「支配方抜書・乾」享保17年７月29日条（『目代記録』699～700頁）に、「中森水茶屋」を「右近馬場東西水茶屋」と言い換えている点を参考に、比定している。

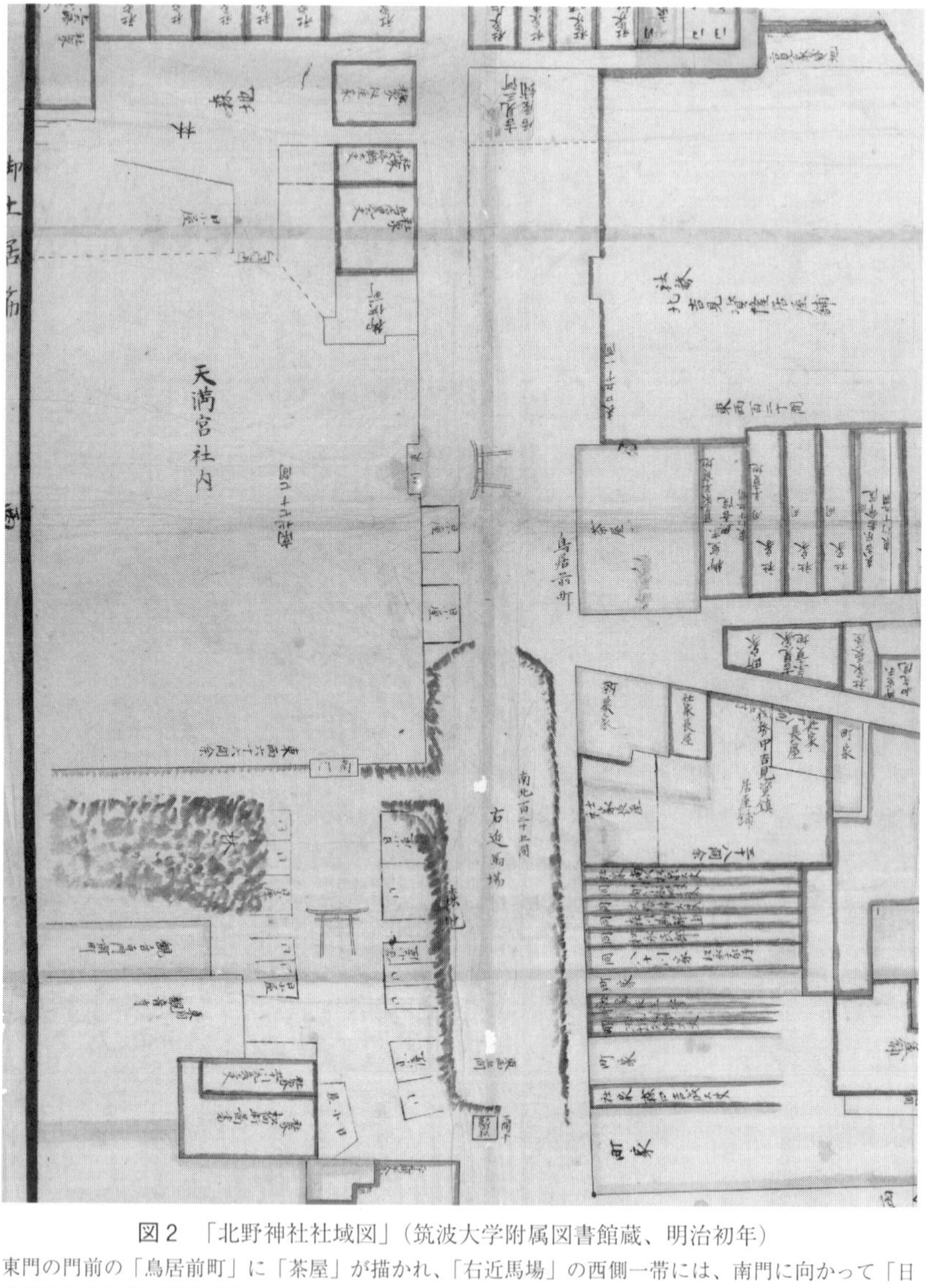

図２　「北野神社社域図」（筑波大学附属図書館蔵、明治初年）
東門の門前の「鳥居前町」に「茶屋」が描かれ、「右近馬場」の西側一帯には、南門に向かって「日小屋」のたち並ぶ様子が描かれている。

門跡（曼殊院門跡）と社家・公文所松梅院の二頭体制ともいいうる室町期の北野社にあって、門跡統轄下の職である「政所承仕」の代官として現れ始め、[9]近世へと存続していく。戦国期に記された『目代日記』および『北野社家日記』により、目代が、①門跡・政所と公文所松梅院の間の取り次ぎ、②門跡分の御供・公事の徴収、③境内・西京の検断、④巷所の地子徴収、⑤枯木伐採時の枝の取得、などを職掌・権利としていたことがわかる。

しかし戦国期以降、社内組織における松梅院の権限集中が進展していくなかで、目代の位置づけも変化していくこととなり、目代は、松梅院の「扶持人」と位置づけられるに至り、[10]門跡のみならず松梅院の使役を受ける存在となっていく。そして門跡・松梅院双方の指示のもとで、「境内」・「北野の森」における芸能興行を統轄するに至るのである。具体的には、門跡と松梅院双方の使者を勤めるとともに、新たに北野社の「森林番」となり、境内に「不浄ノ者」が立ち入らぬよう監督することが近世目代の重要な役割となっていった。[11]すなわち先述した中世目代の五つの職掌のうち、組織と社領の再編によって②～④の多くが失われる一方、境内の「松原」・「森」を支配することが近世目代の新たな職掌となり、芸能興行に関与していくこととなったのである。

北野社目代と芸能興行とのかかわりについては、すでに天正一三年（一五八五）の『目代日記』によって確認することができ、[12]縁日に際し、目代が「飴売」に「札」（鑑札に相当するものか）を渡したり、「六十六部ノ上人」に勧進の許可を与えたりしている。また、これより前の永禄一〇年（一五六七）、北野社の千部経会に出かけた公家の山科言継は、「手くゝつ初而見物之、驚目者也」と日記に記している。[13]したがって、一六世紀半ば以降、北野社門前で本格的に芸能興行が行われるようになり、そこに目代が関与するようになっていったと考えられる。

その後慶長九年（一六〇四）の『北野社家日記』に、「一、今日かふき国礼に来、樽二・鯛二つ・こふ来持来」とあるように、一七世紀になると、北野社門前は、阿国かぶきをはじめとする芸能興行の地として賑わい始め、さらに一八世紀に入って元禄末年以降になると、いっそう多くの興行者を集めるようになっていく[14]。その様相は、目代孝世が元禄一七年〜元文五年（一七〇四〜四〇）までに芸能者から提出された書類を抜粋転写した[15]「北野境内願書等抜書」（以下、「抜書」）によって確認することができる（章末の表参照[16]）。

「抜書」に掲載されている願書の内容をみると、北野社門前における興行場所のほとんどが「北野の森」のなかでも、「下之森」であったこと、興行日の多くが二五日の縁日や「御開帳」の日、あるいは「夕涼み」の時期に相当していることがわかる[17]。下ノ森は、経王堂前から七本松通へと斜めに下る、現在の新建町・西町・東町のあたりに相当する地域である。これらの「町」が、明確に「町」として史料に現れ始めるのが一八世紀後半以降であることなどから[18]、芸能興行が盛んになり始めた当初は、文字通り「森」の様相を呈していたと考えられる。興行の内容については、人形浄瑠璃・歌舞伎芝居をはじめとする芝居、「大亀」・「かいこ糸取」などの見せ物、相撲・子供相撲・「楊弓」などの遊芸、水茶屋・焼豆腐屋などの飲食小屋など、多岐にわたっている。

このうち、芝居興行の状況についてみていくと、もともと近世初頭の京都における歌舞伎興行は、承応元年（一六五二）の若衆歌舞伎の禁止、寛文元年（一六六一）以降の歌舞伎興行の中断、寛文八・九年の「名代」（幕府公認の興行権）再興の申請とその免許等の紆余曲折を経ながら、四条河原を中心に行われていた[19]。こうしたなか、北野社門前における芸能・見世物興行の事例は、翻刻史料に拠る限り、明暦二年（一六五六）四月に「毘沙門町」の「かミや吉兵衛」が「勧進的」の興行を目代に申請している事例や[20]、「末口南ノ方畠」で「北野末口町」の「宗悟」が「常芝居」の興行を申請している事例[21]、さらに翌年三月に七本松で孔雀能が興行されている事例[22]が比較的早い例であると考えられる。そして享保一三年（一七二八）三月、平野社境内で歌舞伎の「常芝居」が始まると、同年一一月には、北野七本松で水木菊之丞の芝居が開かれるに至っている[23]。このとき水木菊之丞が目代に提出した願書の写が、「抜書」に掲載されている。その内容をみると、「下之森」の「北畑」に、桟敷を計四か所構え、四五枚の「通札」を毎日目代とその後見人である鯉川源之丞に渡すことを誓約している。[24]

そもそも、この享保一三年の平野・北野における芝居興行は、正徳四年（一七一四）の小芝居停止の解除を示すものであることが指摘されており、[25]宗政五十緒は、その解除が享保九年（一七二四）にはすでになされていたことを指摘している。[26]また、櫓芝居が四条河原以外の地で行われるのは平野社の芝居とあわせ初めてのことであったが、一一月二五日に始まった芝居は早くも一二月には公儀の命令で停止となったという。[27]

また、水木菊之丞が、先に示した文書のとおり下ノ森における櫓芝居興行を申請したのと同じ一〇月、「三条南七間町」の菱屋三郎兵衛もまた同地での「狂言物まね櫓芝居」を申請している。[28]「北野諸般録」（『目代記録』）には、翌年に菱屋三郎兵衛が哥流佐和右衛門を「座本」とする歌舞伎櫓芝居興行の赦免運動を展開している様子が記録されており、下ノ森が櫓芝居興行の地として様々な芸団や興行主の注目を浴びていた様子がわかる。また三郎兵衛は、歌舞伎櫓芝居の興行とあわせ、「芝居之南北ニ札茶屋幷弁当・灸・豆腐なと仕候茶屋場」の設置も申請している。これに対し、北野社側が「茶屋場ノ義、芝居ニハ必相添物ニ候」との理由で許容していることをみても、[29]櫓芝居の興行が「茶屋場」の興行と密接であったこと、また芝居の興行主がそうした「茶屋場」をも取り仕切る位置にあったことが明らかである。

一方、目代の記した「北野社諸事覚帳」（以下「覚帳」）には、享保三年（一七一八）の閏一〇月二四日から、「七本松北側前ノ相撲場」で、「東寺廻橋ノ修理ノ為」相撲の興行がなされたことがみえている。[30]その「勧進本」は、「畳屋近江屋利兵衛」であったという。残念ながら近江屋利兵衛の住所は不明であるが、ここから北野社境内の「七本松北側」が、社領外にある橋の修理のための勧進の場ともなっていることが読み取れる。このとき一〇日間にわたる興行が予定されていたにもかかわらず、「雨天幷金銀相場ノ大変ニテ不繁昌」により、九日間で終了しており、芸能興行に、天候と「金銀相場」が多大な影響を及ぼしたことが読み取れる。

同様の勧進相撲は、享保一四年（一七二九）にも開催されたことが、「抜書」から明らかである。すなわち七月に、「勧進本」の「松屋町通上長者町下ル丁」の青柳源兵衛と、「頭取」[31]の「下立売通千本西へ入丁」の白玉又兵衛とが、鳴滝福王子村（鳴滝村）の橋の修復のため、下ノ森で相撲興行を行いたいと許可を願い出ている[32]。そして両者は、「桟敷壱軒・床机壱脚・札廿五枚」を用意している。さらに、近江屋久兵衛・福嶋屋七兵衛・三星や八郎兵衛・松川や平兵衛・松屋権兵衛・紅葉屋新六と「惣代」の松坂屋吉兵衛の七名が、「表札売茶屋七軒」の興行をも願い出ており、「札」（入場券）が茶屋で販売されていたことが推察される[33]。

興行終了後、京都西町奉行所に次のような口上書が提出されている[34]。

乍恐口上書

一、御室福王子村橋掛替へ候御赦免之勧進相撲定日十日宛三ケ度御赦免之内、壱ケ度此度北野下之森ニ而蒙御免、当七月十六日ゟ相始メ同廿六日迄ニ日数十日首尾能相勤難有奉存、翌廿七ゟ諸小屋掛ケ茶屋小屋共段々取払、昨日迄ニ不残取片付、地所相戻し仕廻申候ニ付、重而御断奉申上候、以上、

享保十四年酉八月四日

御室福王子村
庄屋宇右衛門
年寄喜右衛門
大将軍村小屋方
丹波や八郎兵衛
鯉川源之丞代
地方嘉兵衛

御奉行様

右の史料から、この勧進相撲の興行主が、北野近隣の福王子村の庄屋・年寄であったこと、また単に相撲を興行するばかりでなく、「諸小屋掛ケ茶屋小屋共」も出店されていたことを確認することができる。そしてその諸々の小屋を取り仕切っていたのが、「大将軍村小屋方」として名を連ねる「丹波や八郎兵衛」であった。すな

わち勧進相撲は、橋の架け替えを希望する村の庄屋・年寄が興行主となり、相撲取を差配する勧進本・頭取と、小屋を取り仕切る小屋方とで成り立っていたのである。

以上のように、享保年間には北野社門前において芝居や勧進相撲をはじめ、様々な芸能興行が催されるとともに、これと連動して茶屋をはじめとする小屋の興行も盛んとなっていた[35]。すなわち一八世紀初頭の京都においては、四条河原の芝居興行が衰微していくのと対照的に、社寺参詣の流行を背景としつつ、「北野」と「下ノ森」が恒常的な芸能興行の場として発展していったのである[36]。

（2）芸能興行を支える人々

前項でみたように、歌舞伎櫓芝居の興行には、一座を束ね「願人」として北野社に許可申請を行う「座本」や、「座本」の依頼を受け茶屋場をも取り仕切る興行主がいた。また相撲の興行には、「勧進本」をはじめ、村の庄屋や年寄、「惣代」・「小屋方」に統率された茶屋や商人が存在するなど様々な人々が関わっていた。そこで次に、北野社門前の芸能興行にかかわる人々の役割や権益について、いま少し詳しくみていくことにしたい。

まず、元禄五年（一六九二）に目代友世によって記された「七本松芝居之事[37]」にみえる勧進能の芝居興行の場合についてみていくと、芝居興行の際には「芝居主」が目代に許可を申請する必要があったことがわかる[38]。そして「芝居主」は代々継承されるものであると同時に、興行場所の「地主」であった。この勧進能の興行にあたり、目代から京都町奉行所に提出した口上書によると[39]、七本松における勧進能は、牧野親成が京都所司代であった時期（承応三年～寛文八年、一六五四～六八）に、「北野末ノ口」の宗悟とその子の昌庵とが所司代の認可を受け始まったものであるという[40]。「七本松芝居之事」によれば、その後昌庵―庄左衛門―九兵衛と「芝居主」が相続されていったというが、「芝居主」となった者は、興行の際に「桟敷札」を門跡・松梅院・日代に渡すきまりであった。

一方「芝居主」=「地主」という関係については、その後変化したもようで、「抜書」にみえる、宝永四年（一七〇七）の「七本松常芝居」の例をみると、(41) 芝居興行の許可を得るため、「芝居主」とともに、「地主」として松梅院の使者と目代が町奉行所に赴いている。「抜書」によれば、「世間芝居ニ地主御呼出候事等御奉行より初ル」とあり、(42) 西町奉行中根摂津守正包の代に至って、「芝居主」と「地主」双方による届出が必要とされたことがわかる。元禄五年（一六九二）の段階では、「芝居主」=「地主」であったものが、宝永四年に別個に存在するに至っているのはなぜなのか、不明というほかないが、ここでは、芝居興行が盛んになるにつれ、領主が「地主」として保有する芝居地そのものの支配権と、興行主（「芝居主」）が芝居を行う芸団や桟敷等の施設に対し行使しうる支配権が分離していった可能性を想定しておきたい。

さて、「地主」の松梅院・目代は、実際に芝居興行に際し「地口銭」や「地子」を取得しており、「抜書」には寛保二年（一七四二）・宝暦五年（一七五五）の「森廻り芝居」興行に際し、松梅院が願人から「間口」の広さに応じて「地口銭」を徴収したことがみえている。(43) また、「覚帳」に収められた享保七年（一七二二）の経王堂地蔵菩薩開帳の記録にも、以下のようにみえる。(44)

一、経王堂内仏地蔵菩薩、享保七壬寅年六月廿三日ゟ八月十二日迄五十日之間、開帳、其後追願ニ而八月廿五日迄ニ成也、依之辻打見セ物寄茶屋等アリ、

一、壱貫文　　　　　　　　　　　　　　宮川筋八丁め
　素浄留り物まね芝居　　　　　　　　　尾張や利兵衛

一、弐貫五百文　　　　　　　　　　　　河原町四条下ル二丁め
　一綱かるわさ　　　　　　　　　　　　万や三郎兵衛

一、からくり人形　　河原町四条下三丁め　堺や五兵衛
　　不繁昌ニ而成就セス、地子なし
一、八百文　　宮川筋六丁め　油や六兵衛
　　女瞽女ニてさいもん、不繁昌ニ而半ニ止ム、
一、二貫百文か　　猪熊通錦上ル丁　兼たや大兵衛
　　曲枕松山権十郎、曲手鞠同蝶之介

（以下略）

右の史料は、目代が、経王堂開帳に際し興行された芝居・見世物等の興行主から徴収した地子額を記録したものであると考えられる。そのことは、「からくり人形」興行の一つ書のみ、額面が記載されておらず、「不繁昌ニ而成就セス、地子なし」と記されていることからうかがえる。さらにこれによって、「不繁昌」であれば目代に「地子」を支払う必要がなかったことも読み取れる。また「からくり人形」に続く「女瞽女」の「さいもん（祭文）」も、「不繁昌」により、開帳期間の途中で興行を停止したことがわかる。したがって、「地子」の内実は、興行収益に対する賦課であったといえる。

一方、章末の表からも明らかなように、享保年間には、下ノ森をはじめとする境内での人形浄瑠璃芝居の興行申請が多く出されている。その「願人」には、「座本」のほか、北野社境内の住人八文字屋加兵衛や「河原町丸太町下ル末広町」の大坂屋吉兵衛など、境内・洛中に住む人々の名が散見される。とりわけ注意されるのが、「丹後屋源右衛門」なる人物がたびたび申請に関与している点である。一例をあげてみよう。

乍恐奉願上口上書

願主　立花出雲

一、境内上之森ニ而当月十二日より来ル七月八日迄、浄るり人形五ツ入、渡世仕度奉願上候、御慈悲之上、右之趣被為　聞召分御赦免被為成下候ハ、難有奉存候、已上、

享保十四年酉六月七日

立花出雲

万や三郎兵衛

口入丹後や源右衛門

孝世様

鯉川源之丞様

享保一四年（一七二九）に、人形浄瑠璃の座本の立花出雲と万屋三郎兵衛が、目代とその後見人の鯉川源之丞に、上ノ森で人形浄瑠璃を興行したい旨願い出ている文書であるが[45]、「口入」人として丹後屋源右衛門の名がみえている。このように「口入」と明記されないまでも、丹後屋源右衛門が名を連ねて浄瑠璃芝居の興行申請を行っている事例は、他にいくつかみられる。この丹後屋源右衛門は、目代の記した「支配方抜書」に、「世話人」・「目代方森廻り支配人」とも称されていることから[46]、目代の配下として、芸能興行申請者と北野社目代とをつなぐ位置にあったものと考えられる。

一方、右の文書に立花出雲とともに名を連ねている「万や三郎兵衛」は、「抜書」に掲載されている様々な芸能興行の申請に際し、自身も「願人」となってたびたび登場している。享保一六年には「見せ物九州八景」の興行を願い出ており[47]、またその翌年には、「玉手箱からくり」や猪・狸の見せ物興行を二か所にわたって願い出ていることも確認することができる[48]。このほか享保七年（一七二二）には、次のような申請を行っている[49]。

一、北野経王堂願成寺内仏地蔵先月廿三日ゟ開帳ニ付、開帳中七本松下之森ニ而万十郎ニ曲筆之見せ物仕度奉願候、小屋懸ケ之儀先達而堺屋五兵衛奉願候人形ニからくりニ而物書せ候小屋仕舞、明き小屋ニ而御座候ニ付、小屋主と相対仕、右之日覆を用ひ仕度候、御赦免被為成被下候ハ、難有可奉存候、已上、

川原町四条下ル二丁目
万屋三郎兵衛

享保七年（寅）七月廿四日

幸世様

ここで万屋三郎兵衛は、経王堂の開帳に際し、下ノ森にて「万十郎」による「曲筆之見せ物」を興行したいと目代に願い出ており、見せ物役者万十郎を取り仕切る位置にあったことがわかる。そしてその興行に際し、からくり人形の興行で用いられた空き小屋を、「小屋主」の了承を得たうえで用いたいと願い出ている。

実際に、三郎兵衛が右の文書を提出する前の七月四日に、堺屋五兵衛が「人形文字書候からくり」に関して子供踊も加えたいと申請をしており[50]、人形からくりの興行がこれ以前に行われていた。「小屋主」が堺屋五兵衛を指すのかどうかは定かではないものの、見せ物役者と、これを取り仕切る仲介人、さらには「小屋主」の存在している点に、芸能の場をめぐる権利と権益が重層的であった様子がみて取れる。

いずれにしても、同時に複数の場について見せ物興行を願い出たり、役者に代わって興行申請を行ったりする三郎兵衛は、「乞胸」[51]や「侠客」[52]に相当する、複数の芸能集団や芸能者を取り仕切る人物であった可能性が高い。「抜書」に現れる「願人」の性格と背後にあるネットワークの存在について、今後いっそう検討していく必要がある[53]。

二　茶屋と遊郭をめぐる支配

(1) 水茶屋の興行

前節でふれたように、歌舞伎芝居や勧進相撲など、芸能興行・見世物興行は、茶屋や「茶屋場」の興行と連動していた。「抜書」においても、水茶屋や焼豆腐・菓子など飲食にかかわる「小屋」の興行申請を多く確認することができる。そしてその興行主は、河原町など京都市中の住人の場合もあれば、北野社門前の住人の場合もあった。そうした「茶屋」・「小屋」興行のなかでも、本節においては、門前の社会構造をみていくうえで特に重要であると考えられる、七軒茶屋と下ノ森の水茶屋興行について、論じていくことにしたい。

北野社門前における水茶屋興行の様相については、「覚帳」により、芸能興行が隆盛する享保年間より前の状況が明らかとなる。すなわち「覚帳」元禄一六年（一七〇三）七月一〇日条には、この日「七間茶ヤ中」が目代のもとへ来て、一五日から始まる夕涼みにおいて、夜に水茶屋を興行したいと申請していることが記されている。(54)「七間茶ヤ」は「七軒茶屋」ともいい、旧稿において指摘したように、(55)豊臣秀吉による京都改造後に現れ始め、一七世紀初頭には独自に「茶屋年寄」をおく「七軒町」を成立させている。

「覚帳」の記事によれば、その後一五日当日に、改めて「七間茶ヤ年寄」の海老屋三郎兵衛が目代のもとへ挨拶に訪れている。右の「七間茶ヤ中」の一人「いつミや半兵衛」は、「鳥井前町」すなわち北野社東鳥居門前にある「鳥居前町」の住人であったといい、(56)「七軒町」と「鳥居前町」とは、同一のものであったと考えられる。この元禄一六年の夜の水茶屋興行の場を、「七間茶ヤ之前鳥居之上下ニ」出店したい旨申請がなされていることからみて、少なくとも七軒茶屋自体は、東鳥居のそばにあり、夜店も東鳥居をはさんで向かい合わせに出店されることが想定されていたと考えられる。また夜店出店に際し、目代は本来「地子」を取得し得たもようで、夕涼み終了後に七軒茶屋中から樽・鱧・蛤の礼物を受け取ったうえで、「地子之事当年斗ニ候ハヽ、了簡ニてゆるし可申候」と記している。(57)

この元禄一六年の夕涼みの折には、七軒茶屋ばかりでなく、「平野道茶ヤ二間」および「下森惣茶ヤ中」もまた夜店の出店を行っていたことが「覚帳」から確認でき、(58)また翌年の宝永元年（一七〇四）の夕涼みの折にも、「七軒茶屋」・「上下ノ森水茶屋」・「平野新道ノ水茶ヤ」が出店申請をしている。(59)したがって、一八世紀初頭には、北野社門前の夕涼みにおいて、水茶屋の夜店営業がなされていたことがわかる。(60)

さて、七軒茶屋が北野社の東鳥居の門前にあって「水茶屋」の夜店興行を行っていたのに対し、北野社南鳥居の門前の「森」を拠点に水茶屋興行を行っていたのが、「下森惣茶ヤ中」・「上下ノ森水茶屋」である。このうち下ノ森の水茶屋の動向については、「抜書」所載の願書から確認することができ、「月行事」・「年行事」・「行事」（「行司」）・「年寄」をもつ組織が形成されていることがわかる。

たとえば享保九年（一七二四）には、次のような願書が目代のもとに提出されている(61)。

乍恐奉願口上書指上候

一、馬喰町丸屋八兵衛殿家ニ借屋仕居申候岡野や半左衛門と申者、下之森内ニ而水茶屋商売仕居申候処、此度喜兵衛と申者ニ水茶屋小屋譲り申度奉願候、被為仰付被下候ハヽ、忝可奉存候、以上、

願主 岡野や ふり

享保九年辰十月十八日　津国や長兵衛

下之森 月行事 惣中(63)

孝世様

この願書は、「下之森惣中」と「月行事」の津国屋長兵衛が、願主とともに、水茶屋の「小屋」の所有者の変更を目代に届け出たものである。ここで、下ノ森にほど近い馬喰町の借家人が、その「水茶屋小屋」の所有者であったことは、「小屋」が居住空間ではなく営業施設であったことを示している(63)。そして「小屋」が商人から商人へと譲られていることは、「小屋」の所有権が商人のもとにあったことを示している。「小屋主」となった商人は、地子を目代に収めるとともに(64)、その所有権の変更を、「月行事」と「惣中」、そして目代をはじめとする領主北野社に届け出る必要があった(65)。

このような下ノ森の水茶屋営業の形態を知るうえで、享保一一年の「平焼商売」をめぐる願書も注目される。「抜書」によれば、この年四月、「行司」津国屋長兵衛と丸屋善兵衛と「下森惣仲間中」が、日代に訴えている

その内容は、「下之森内」で毎日「平焼」の商売を行う者たちが出て、「足付床几多ク敷ならべ、望次第ニ料理ケ間敷義」を行い、「幾年迄も森之内ニ而渡世仕度、私共之商売之さまたけニ罷成ひしと難義至極迷惑仕候」というものであった(66)。ここで津国屋長兵衛らは、「たうふ酒斗ヲ土間ニ莚を敷、ひらやきニ商売仕候様」命じてほしいと要求している（「平焼」とは「平場」・「土間」で煮炊きして飲食物を販売するという、営業の形態を指しているものと考えられる）。すなわち「下森惣仲間中」は、「平焼」の商売人らが下ノ森での営業を常態化させて居付くことを恐れており、「足付床几」ではなく「莚」上での商売を望んでいるのである(67)。

その後同年八月には、次のような願書が目代とその後見人のもとに届いている。

奉願口上書

一、下之森之内へ出水通千本東へ入丁、万屋平兵衛家ニ借屋仕居申候万や久兵衛と申者平焼商売仕度奉願候、

願之通被　仰付被下候ハ、忝可奉存候、以上、

享保十一年午八月十四日　　願主　万屋久兵衛

平焼行司　菱や五兵衛

小家行司　八もんしや加兵衛

渡世（瀬）孝世様

鯉川源之丞様

すなわち「出水通千本東へ入丁」の借家人万屋久兵衛が、「平焼行司」・「小家行司」とともに下ノ森における「平焼商売」を願い出ているのである。

このうち「小家行司」（＝「小屋行事」か）の「八もんしや加兵衛」については、他の「抜書」所載の願書にも登場している。まず享保九年に、下ノ森における人形浄瑠璃の興行の願人として現れており、その際、「廻りニ床几壱脚通ならへ（並）候迄ニ而、一切囲ケ間敷義不仕候」と誓約している(68)。先にみた「平焼商売」の例をもふまえる

と、「床几」の設置は、商人が場を占有していくうえで重要な意味を持ったことがわかる。さらにその翌年には、「下之森惣中」の連署を得て下ノ森における「水茶屋商売」の申請を行っているが[69]、そこには「一、西今小路町鍵屋宗無殿家ニ借屋仕居申候八文字屋加兵衛と申者」とあり、加兵衛が北野社門前「西今小路町」の借家人であったことがわかる。

先に、「馬喰町」の借家人「岡野や半左衛門」が「水茶屋商売」を申請した例を紹介した。また加兵衛が、「小屋行事」としてともに願い出ている「平焼商売」の申請者「万や久兵衛」もまた「出水通千本東へ入丁」の借家人であった。こうした例をふまえると、下之森の「水茶屋商売」・「平焼商売」や芸能興行を支えたもののひとつが、門前町とその近辺の借家人層であったという事実が浮かび上がってくる。

以上により、下ノ森の水茶屋の「小屋」は、基本的に、常設の営業施設ではあるが住居としての性格を持たなかったこと、下之森の「小屋場所」を支配するのは目代――すなわち領主北野社――であったが、「小屋」の所有権は商人のもとにあり、それを保障するのは「茶屋惣中」であったこと、下ノ森の「茶屋」をはじめとする飲食「小屋」商売を担ったのは、北野社門前もしくはその近辺の借家人層であったことを指摘することができる[70]。

（2）茶屋と遊郭

前項では、北野社東鳥居前における七軒茶屋の水茶屋興行と、南鳥居前における下ノ森の水茶屋興行について考察した。最後に、これらの水茶屋興行と遊郭との関係について若干の考察を試みたいと思う。

近世の東鳥居前・南鳥居前の二つの北野社門前に、遊郭のあったことはよく知られているが、その成立経緯については詳らかでない。明治五年（一八七二）、「真盛町」・「社家長屋町」・「鳥居前町」の「年寄」から京都府庁に提出された文書によると[71]、上七軒遊郭は、天正一六年（一五八八）の頃に、水茶屋営業をしていた「七軒茶屋」の「茶立女共」が秀吉によって「御見出し」となり、「遊女芸者」の免許を受けたのを端緒として、成立したという。しかしその折の「古記之類」は、享保一五年（一七三〇）六月の火事によりすべて焼失してしまったとある。秀吉による「遊女芸者」の免許について、同時代史料による裏付けをとることができないため、留保せざるをえないが、「七軒茶屋」が上七軒遊郭の由緒にかかわって登場している点は注意される。

一方、下ノ森遊郭の成立については、享保二年（一七一七）『京都御役所向大概覚書』に、元禄～正徳（一六八八～一七一六）頃「松下三軒町」に六軒の茶屋の存在したことが記されている。[72] また明治五年成立の『京都府下遊郭由緒』は、天明元年（一七八一）に、北野社の祠官家のひとつ徳勝院の長屋住居の茶屋株が分けられ、下ノ森遊郭が成立したとしている。一八世紀に成立したものと考えられるが、その具体的経緯については不明である。

このように、上七軒遊郭・下ノ森遊郭の成立時期とその経緯について、現段階で詳細を明らかにすることはできないが、前項で検討した下ノ森の水茶屋興行とかかわって、次のような願書が「抜書」に収められている点は注目される。[73]

一、私共義年来北野下之森ニ而水茶屋渡世仕候処、暑気之時分昼参詣すくなく、茶見せへ立寄候者曽而無御座難義仕候、毎年七月十五日ゟ地頭松梅院ゟ蒙御赦免候得共、右申上候通ニ御座候故、当七月朔日ゟ八月晦日迄、宵之内行灯をともし茶見せ出し申度今日御願申上候処、御聞届之上、七月朔日ゟ同八月晦日迄願之通御赦免被為　成下難有奉存候、然上ハ右水茶やニ事寄せ遊女宿・博奕諸勝負堅ク仕間敷候、勿論火之用心念を入、諸事相慎ミ喧嘩口論等無之様ニ可仕候、為後日之奉差上一札仍而如件、

享保拾六年

亥六月廿九日

北野下之森
惣茶屋中

年行事吉野屋四郎兵衛

御奉行様

これは、享保一六年（一七三一）六月末に、下ノ森の「惣茶屋中」とその年行事が西町奉行所に提出した願書の写であると考えられる。ここで下ノ森の「惣茶屋中」は、暑さのため昼間の参詣者が少なく、茶店に立ち寄る者もいないので、七月一日から八月末日まで、「宵之内」から水茶屋を営業したいと願い出ている。

ここで注目されるのは、「惣茶屋中」が、水茶屋営業にかこつけて「遊女宿・博奕諸勝負」を行わない、とわざわざ誓約している点である。このような文言を記す背景には、夜の水茶屋営業に際し、実際には「遊女宿・博奕諸勝負」の営業を疑われるような状況があったことを示しているのではないだろうか。前項でみたように、下ノ森の「惣茶屋中」は、すでに元禄一六年（一七〇三）には夕涼みの際の夜の水茶屋営業を行っている。それが享保一六年に至って、「遊女宿・博奕諸勝負」の存在を疑われ、公儀に右のような誓約を行っているのは、二〇年ほどの間に、夜の水茶屋営業が、遊女や博奕打を呼び込む装置となっていったことを示すのではなかろうか[71]。

同様の例として、宝永元年（一七〇四）の平野新道での水茶屋興行も注目される。この年六月、「鳥居前町」の和泉屋半兵衛と、「御室」の三国屋清三郎、「馬喰町」の丹後屋長三郎と吉田屋市右衛門、「経王堂内」の伊勢屋忠兵衛、「平野村」の大坂屋喜兵衛と舛屋喜兵衛の七名が、生活の困窮を理由に、「平野新道紙屋川原」に小屋掛けをして「水茶屋少々之焼たうふ仕、渡世之いとなミニ仕度」目代に願い出た[75]。これを受け、目代は許可を与えるに際し、これら七名から「連判手形」を提出させている。その「手形」の最後は、次のような文言で締めくくられている。

一、小屋掛随分〱軽ク仕、口より奥へ見へ通り候様ニ仕、不作法成義仕間敷候、場所御用之節者何時ニ而茂見せ引可申候、小屋守壱人之外他所之者一夜ニ而もとまらせ申間鋪候、万一不届成義御聞被成候ハヽ、

本人ハ不及申、判形之者共如何様共可被仰付候、為後日連判手形差上ケ申候、仍如件、

すなわち七名は、小屋掛けについて、入口から奥が見通せる単純なつくりとし、犯罪が生じた場合にはすぐに取り払うこと、「小屋守」一人を置くほか、「他所之者」を宿泊させることは一夜たりともしないこと、もし違反したならば七名全員の連帯責任とすることを誓約しているのである。ここでは直接、遊女や博奕打の存在を暗示させる文言はみられないものの、「小屋」のつくりや営業形態が、目代にとって「御用」を招きかねないものであったことを示していよう。

以上、水茶屋・「小屋」の興行と、遊郭の成立との関係を探るべく、いくつかの「小屋」の事例を紹介してきた。ここから直接に遊郭の成立を明らかにすることはできなかったが、水茶屋の小屋掛けと夜の営業が、遊女を呼び込む装置となっていた可能性は指摘することができよう。

そもそも、下ノ森という「森」に水茶屋をはじめとする「小屋」がどのように成立してくるのか、その経緯については、現段階では不明というほかない。しかし床几を置き場の占有を規制事実化させようとする「平焼商売」の例をみれば、「水茶屋」もまた、芸能興行・見世物興行の隆盛にあわせて、場の占有が規制事実となり、「小屋」が常設化し、やがて「町」や遊郭を生み出していった可能性が浮かび上がってくる。そのような仮説をたて、今後も検討をすすめていきたい。

おわりに

本稿では、近世北野社の目代がのこした記録を読み解くことにより、北野社が、門前における芸能・茶屋興行をどのように支配したのか、また興行にどのような人々が関与したのか、考察してきた。以下、明らかとなった点についてまとめ、結びとしたい。

北野社門前における芸能興行は、一六世紀後半～一七世紀において、すでに確認されるが、享保一三年（一七二八）の水木菊之丞一座の芝居興行が象徴するように、一八世に入っていっそう盛んとなっていく。そしてこうした芝居の興行や、相撲・見せ物を含む芸能興行は、「茶屋場」・「茶小屋」の興行とも連動し、門前に様々な芸能者や茶屋営業者、そして参詣者を呼び込む装置となった。

興行を申請する際には、申請者である「願人」・「座本」のほか、「口入」人の関与がみられる。このうち、「願人」については、興行にあたる当人の場合もあれば、様々な芸能者を取り仕切る立場にある者の場合もあり、芸能者集団のネットワークの存在がうかがわれる。また、芸能や茶屋興行の「場」においては、「小屋」が重要な機能を果たしていたが、その支配や所有のありようは必ずしも一様ではなかった。すなわち、勧進相撲の興行にともなう一時的な茶屋の出店の場合には、「小屋方」の差配がみられる一方、下ノ森の水茶屋興行の場合には、個々の商人が「小屋」を所有し、その所有権の認定は「月行事」・「惣中」そして北野社目代が行うこととなっていた。また下ノ森の水茶屋「小屋」を所有し、営業を行う商人の多くが、近隣に住む借家人層であったこと、夜の水茶屋営業がやがて遊郭の成立へとつながっていった可能性のあることは、一八世紀後半以降の当地の展開を考えるうえで重要な点である。

近世北野社門前の社会構造を明らかにする、としながらも、本稿で明らかにし得たことは微々たるものであり、積み残した課題は多い。芸能興行・茶屋興行の隆盛は、一方で北野社門前における捨子の増加や非人小屋建設をもたらしている。[76] こうした問題をも視野に入れながら、「場」の所有の重層性と様々な集団の発生との関連について検討していくことを、今後の課題とし、擱筆することにしたい。

（1）　宗政五十緒「近世後期の北野天満宮境内における芸能とその興行」（『仏教文化研究所紀要』第一四集、一九七五年）、同「江戸時代中期の北野天満宮目代日記に見えたる芸能興行史料」(『芸能史研究』五八号、一九七七年)、同「享保十四年の北野天満宮境内における芸能興行」(『龍谷大学論集』第四一五号、一九七九年)、守屋毅『近世芸能興行史の研究』(弘文堂、一九八五年)、山近博義「近世後期の京都における寺社境内の興行地化」(『人文地理』第四三巻第五号、一九九一年)。

(2) 吉田伸之『身分的周縁と社会＝文化構造』(部落問題研究所、二〇〇三年)、神田由築『近世の芸能興行と地域社会』(東京大学出版会、一九九九年)。

(3) 三枝暁子「戦国期北野社の闕所」(同『比叡山と室町幕府』東京大学出版会、二〇一一年、初出は二〇〇四年)。近世の『京都御役所向大概覚書』によれば、北野社「境内」とは、七本松通を東の境に、土居堀を西の境に、大将軍村際を南の境に、神明町を北の境とする範囲であったという。また「西京」は、七本松通を東の境とし、「妙心寺海道御土居」を西の境とし、下立売より一町下を南の境とし、仁和寺通を北の境としたという。

(4) 三枝暁子「中世寺社の公人について」(前掲注3書)参照。

(5) 三枝暁子「秀吉の京都改造と北野社」(『立命館文学』六〇五号、二〇〇八年)。

(6) 史料纂集『北野社家日記』(以下、『社家日記』)第四巻、三一一～三一二頁、天正一九年九月一九日条等。

(7) 『社家日記』第六巻、一八三～一八四頁、慶長一二年七月一九日条。

(8) 北野天満宮史料刊行会編、北野天満宮発行、一九八四年。

(9) 『北野天満宮史料　目代日記』(以下『目代日記』)、二六九頁、弘治四年条冒頭に、「目代慶世、政所承仕もか、へ候也」との記述がみられる。なお目代が北野社関係史料にみえ始める早い例は、「三年一請会記録」嘉吉三年九月一一日条の、「一、此折紙小預方へ渡レ之、目代自二宝蔵一取出渡事也」という記事である(『北野天満宮史料　古記録』二一八頁)。

(10) 『社家日記』第五巻、五九頁、慶長三年一一月二九日条、同一二五頁、慶長四年四月六日条。

(11) 『社家日記』第五巻、一八四頁、慶長四年一二月一一日条、同六巻、二七三頁、元和四年一二月三日条。

(12) 『目代日記』、四一三～四一四頁、天正一三年六月二四～二六日条。

(13) 『新訂増補　言継卿記』第四、一三八頁、永禄一〇年三月二九日条。なお、徳田和夫「北野社頭の芸能――中世後

期・近世初期」（『芸能文化史』第四号、一九八一年）によると、「手くゝつ」とは、「デク（人形）を廻す躰のもの、手さきの芸能で、後の人形浄瑠璃に近いものである」という。また、すでに天文一四年（一五四五）の北野万部経会において「種々勧進難尽筆舌」（『言継卿記』一〇月八日条）という状況がみられたことも指摘している。

(14)『社家日記』第六巻、一五四頁、慶長九年二月二七日条。なお、一五世紀から一七世紀にかけ、北野社が芸能興行地となっていった過程については、徳田前注論文に詳しい。また、特に阿国かぶきの興行と北野社との関係について検討したものに、小笠原恭子「出雲の阿国と北野天満宮」（『武蔵大学人文学会雑誌』第三七巻第二号、二〇〇五年）がある。

(15) 宗政五十緒「近世後期の北野天満宮境内における芸能とその興行」（前掲注1）。

(16)『北野天満宮史料　目代記録』に所収。この「抜書」を分析した宗政五十緒によると、北野社境内の興行赦免手続は、①町奉行所への願い出・認可、②目代への願い出・認可、③目代への興行に関する届書・断書の提出、という手順を要し、興行終了後、その旨を目代・町奉行所双方に届け出るきまりであったといい、宝暦五年（一七五五）には、②・③を怠る者や目代への終了報告を怠る者が多かったという（前掲宗政注1論文）。

(17) 宗政五十緒は、「近世後期の北野天満宮境内における芸能とその興行」（前掲注1）において、「七月十五日より八月十五日までというのは北野では夕涼みの宵見世を出すことを赦免されている期間中であり、暑気をしのいで諸人が北野の森に集うことの多かった時期である」と指摘している。

(18)「東町」・「西町」の両「町」の存在は、宝暦一二年（一七六二）刊の「京町鑑」によって確認され、また「松永町」・「新建町」については、明治維新期の上地を受け、付された名であるという（『日本歴史地名体系　27　京都市の地名』平凡社、二〇〇一年）。

(19)『京都の歴史5　近世の展開』（学藝書林、一九七〇年）。

(20)「目代諸事留書」（『目代記録』一六六頁）。

(21)「目代諸事留書」（『目代記録』一六八頁）。

(22)「目代諸事留書」（『目代記録』一七五頁）。

(23) 前掲注19書参照。

(24)「北野境内願書等抜書」(以下、「抜書」)(『目代記録』五四二〜五四三頁)。鯉川源之丞の名は、「抜書」所載史料に「竹内御門主内目代孝世後見」等として散見されるが(たとえば享保一〇年六月一六日付「口上之覚」等)、「後見」が具体的にどのような立場を示すものであるかについては、今後の検討課題としたい。

(25)前掲注19書参照。

(26)宗政五十緒「近世後期の北野天満宮境内における芸能とその興行」(前掲注1)。

(27)前注に同じ。

(28)「抜書」(『目代記録』五四三頁)。

(29)「北野諸般録」享保一四年正月一五日条(『目代記録』五九五〜五九六頁)。

(30)「賞書」(『目代記録』四八五頁)。

(31)「頭取」の詳細については不明であるが、吉田伸之によって紹介されている、江戸の浅草寺領に住む香具師によって書かれた安永七年(一七七八)の願書に、「盛り場や境内にはあちこちに頭取というものがいて、境内で商売をおこなう香具師の商人や見世物を世話し、そして営業・興行のために地面の貸借を取り次ぐ世話をしている」(前掲吉田氏注2書、四七頁)とあるのが参考となろう。

(32)『目代記録』五四六頁。

(33)吉田伸之によれば、江戸狂言座の芝居興行に際しては、芝居付茶屋が部分的に狂言座の芝居小屋の客席を所有して桟敷席の販売を行っていたという(前掲吉田注2書、第一一章「芝居地」)。

(34)『目代記録』五四八頁。

(35)すでに吉田伸之は、江戸の芝居地の社会構造について分析するなかで、芝居地における芸能興行が、「多元的」であり、狂言座の経営に依存しつつ、茶屋・商人・芝居懸りの者など、狂言座の「周辺的存在」によって支えられていたことを指摘している(前掲吉田注2書、第三章「『江戸』の普及」)。本節で扱った櫓芝居の際の茶屋場の興行や、勧進相撲における「小屋」興行の場合も、様々な「周辺的存在」によって櫓芝居や勧進相撲が成り立っていたことを示していよう。

(36)前掲注19書参照。

(37)『日代記録』三五二～三五六頁。
(38)「七本松」とは、「抜書」に収められた願書に「七本松下之森」という表記がみられること、また宝永三年（一七〇六）成立の『京城勝覧』の「北野」の項にも、「又下よりゆくには、千本通りを上り、七本松下の森に出、影向の松右近の馬場の西の通り正面なり」とみえることから、七本松通と「森」の交差する、「下ノ森」に重なる空間を指しているものと考えられる。
(39)『日代記録』三五四～三五五頁
(40)先に明暦二年（一六五六）、「北野末口町」の「宗悟」が「常芝居」の興行を申請している事例のあることを紹介したが、同一人物であると考えられる。
(41)『日代記録』五一一～五一二頁。
(42)『日代記録』五一二頁。
(43)『日代記録』五一三頁。
(44)『日代記録』五〇〇～五〇二頁。
(45)「抜書」（『日代記録』）五四四～五四五頁。
(46)「支配方抜書・乾」享保一六年一一月廿六日条・享保一七年七月五日条（『日代記録』六八三・六九七頁）。
(47)『日代記録』五五六～五五七頁。
(48)『日代記録』五六二～五六三頁。
(49)『日代記録』五二六頁。
(50)『日代記録』五二五頁。
(51)前掲吉田注2書参照。
(52)前掲神田注2書参照。
(53)宗政五十緒は、万屋三郎兵衛について、『歌舞伎事始』巻一にみえる京都の「からくり物真似名代」岡本三郎兵衛のことではないかとしている（前掲宗政注1論文）。あわせて引用史料において、これ以前に「小屋」を用いていた堺屋五兵衛もまた「川原町四条下ル二丁目」すなわち三郎兵衛と同じ地域を住所としている点（注49史料参照）は注意される。このほか、享保四年の浄瑠璃歌舞伎の興行の「願主」松屋源兵衛の住所もまた「川原町四条下ル二丁め」であった（「北野社諸事覚帳」および「抜書」『目代日記』四八七～四八八・五二〇～五二一頁）。「川原町四条下ル二丁目」をはじめ、表に示した申請者の住所が持つ意味について、今後検討していく必要を感じている。

(54)『目代記録』四二二頁。

(55) 三枝注5論文。

(56)『目代記録』四三二～四三三頁。

(57)『目代記録』四二五頁。なお、宝永元年（一七〇四）の「覚帳」にも、夕涼みの夜店出店の礼のため目代のもとへ訪れた「七軒茶屋之者とも」が、「町内之用事」によって礼が遅れたことを詫びていることがみえている。

(58)『目代記録』四二四～四二五頁。

(59)「覚帳」（『目代記録』四三七頁）。

(60) この点に関連して、「覚帳」所載の「享保四年己亥七月ニ七軒茶屋水茶屋中盆ゟ夜見せ之事幷おとり之事」に、夕涼みの夜店出店を願書によって申請するようになったのが、まさに元禄一六年からであったことが記されている（『目代記録』四九〇頁）。

(61)『目代記録』五二八頁。

(62)「月行事」の文字は「下之森惣中」の「下之森」の文字と並べて翻刻されているが、右隣の「津国や長兵衛」に付されたものとして解釈した。

(63)「支配方抜書・乾」に収める享保一七年六月二六日付「覚」（『目代記録』六九五頁）から、「日小屋」の構造が、「葭簀囲」に「葺屋根」というものであった様子がうかがえる。

(64)「支配方抜書・乾」享保一六年一二月二六日条（『目代記録』六八三～六八四頁）、「支配方抜書・坤」元文二年二月五日条（『目代記録』七五三頁）等。

(65)「抜書」に収める「御断書」から、「小屋」の所有権および場所の移動は、公儀にも届け出る必要があったことがわかる（『目代記録』五六一～五六二頁）。

(66)『目代記録』五三三頁。

(67)『目代記録』五三五～五三六頁。

(68)『目代記録』五二七頁。

(69)『目代記録』五三〇頁。

(70)「小屋」を取り仕切る位置にあった、「行事」や「下之森惣中」は、史料をみる限り、「町」のような家屋所有に基づく地縁組織というよりはむしろ、職縁により結ばれた仲間組織であるように見受けられる。しかし、彼らの生活拠点（住所）が、下ノ森から離れた地であることは想定しがたく、小屋の常設店舗化→住居兼店舗化→「町」化という流れや、茶屋を上位におく「小屋」所有の身分的重層性をも視野に入れ、今後検討していく必要を感じている。また、「下之森惣中」を、職縁組織としてみる場合にも、商人仲間において、「行事」が「平焼行事」・「小屋行事」など、営業形態ごとの統率者であったとも考えられるなかで、それが「月行事」・「年行事」・「年寄」とどのように関係するのか、検討する必要がある。

(71)「北野新地文書」（『史料京都の歴史　上京区』四五一～四五二頁）。

(72)『平凡社歴史地名大系　27　京都市の地名』の「下ノ森遊郭」の項によると、遊郭の所在地は、現在の松永町・新建町・西町・東町・三軒町に相当するといい、「松下三軒町」とは三軒町を指すとみられる。

(73)『目代記録』五五八～五五九頁。

(74)加藤政洋『京の花街ものがたり』（角川学芸出版、二〇〇九年）によると、一七世紀半ば以降、北野の地を含む京都の茶屋街において、「遊女」を抱え置く、もしくは隠し置くことを禁じる町触が、たびたび出されているという。

(75)『目代記録』四三三～四三四頁。なお、「平野新道」が元禄年間には「茶屋」・「遊女」の存在する地となっていたことが、加藤氏前注書において指摘されている。こうした点とあわせ、和泉屋半兵衛が、前節でふれたように「七間茶ヤ中」の一人であり、他のメンバーも北野社門前およびその周辺の住人である点、および新たな場での水茶屋出店を申請しているこれら七名の集団が、どのような性格の集団であるのかという点について、今後検討していく必要を感じている。

(76)「北野社諸事覚帳」元禄一七年　月六日・一三日条（『目代記録』四二六～四二七頁）、同享保四年四月一八日条（『目代記録』四八七～四八八頁）等。

申請者住所	申請者	口入人
馬喰町	淀屋半兵衛	上ノ水茶屋年寄吉田屋市右衛門
鳥井前町・御室・馬喰町・経王堂内・平野村	和泉や半兵衛・三国や清三郎・丹後や長三郎・吉田屋市右衛門・いせや忠兵衛・大坂屋喜兵衛・升屋喜兵衛	
川原町四条下ル二丁目	まつや源兵衛	
	年寄鯉屋又兵衛・行事立花や太兵衛	
猪熊通六角下ル町	新庄や理兵衛	
下森	水茶屋津国や長兵衛・岡野や半兵衛・扇屋五郎兵衛・松本や伝左衛門・翁や庄兵衛・百足や善兵衛	
宮川筋八丁目	尾張や利兵衛	
川原町四条下ル二丁目	堺屋五兵衛	
七軒茶や	七軒茶や中太兵衛・組嘉兵衛・年寄佐兵衛	
川原町四条下ル二丁目	万屋三郎兵衛	
大宮通松原下ル丁	山田や宇兵衛	
境内西今小路町	八文字や加兵衛	たんこや源右衛門
柳町	木屋長右衛門	丹後屋源右衛門
西今小路	八文字屋加兵衛	亀屋行事平兵衛・下之森惣中
		目代後見・松梅院役人

表　興行申請一覧（「北野境内願書等抜書」より）

年代	興行日（申請日）	行事	興行場所	興行物
元禄17(1704)	（2月4日）		東向観音前石灯籠	水茶屋
宝永元(1704)	（6月11日）		平野新道紙屋川原	水茶屋・焼とうふ
享保4(1719)	7月7日～30日	夕涼み	七本松下之森	浄瑠璃役者・物まね・辻放下
	7月15日～8月16日	夕涼み	右近馬場東西	茶見世
	7月25日		下之森	大亀、かいこ糸取
	（7月25日）		下森	夜見せ
	11月25日		七本松森之内	孔雀鳥一羽見せ物
7(1722)	7月4日	経王堂地蔵開帳	下之森	人形文字書候からくり・子ども踊り
	7月12日～8月15日	夕涼み		茶みせ
	6月23日	経工堂地蔵開帳	七本松下之森	曲筆之見せ物
8(1723)	7月24･25日		七本松下之森	辻打子供踊・相撲
9(1724)	7月7日～30日	夕涼み	下之森	辻打浄るり物まね仕形狂言
10(1725)	3月1日～晦日		下之森	辻打浄るり仕形物まね
	（5月20日）		下之森	水茶屋小屋場所
	（6月16日）	晴天廿日切之芝居	七本松森之内南側	茶小屋5軒・小間物菓子等商売の小屋10軒

河原町丸太町下ル末広町	大坂屋吉兵衛	証人丹後屋源右衛門
御前通下立売下ル町	鳥や清助	
出水通千本東へ入町	万屋久兵衛	平焼行司菱や五兵衛・小家行司八もんしや加兵衛
	紅葉や新六・柳や七兵衛・木や長兵衛・下森惣仲間中	
白川村	嘉右衛門・地主近江屋利兵衛	
大坂長町六丁め	小林源右衛門	
内野六番町	丸や利兵衛(堺屋平兵衛借屋人)	下森月行事津国や長兵衛・突出シ行事丹波屋五右衛門
	浄るり操り名代相模	丹後屋源右衛門
	行司扇屋喜左衛門・行司八もんしや加兵衛・行司ゑひや与三右衛門	
今出川真盛町	万屋五郎兵衛(松尾与左衛門借屋)	
	水木菊之丞・水木辰之介	
三条南七間町	菱や三郎兵衛	
千本五辻上ル町	鱗□や伊兵衛	丹後や源右衛門
	立花出雲・万や三郎兵衛	丹後や源右衛門
	哥流沢右衛門	
松屋町通上長者町下ル町・下立売通千本西へ入町	青柳源兵衛(勧進本)・白玉又兵衛(頭取)	

享保11(1726)	4月11日～5月6日		下之森	辻打浄るり仕形物まね
	7月15日～8月16日	夕涼み	金山天王寺紅梅殿	夜ミせ
	(8月14日)		下之森之内	平焼商売
	7月15日～8月15日	夕涼み	下之森之内	水茶や夜ミせ
12(1727)	(2月5日)	東寺四つ塚橋修理勧進	下之森北畑	勧進相撲
	3月4日～13日		上之森	辻打能
	(3月5日)		下之森	突出シ茶見せ
	7月7日～	専福寺地蔵菩薩開帳	専福寺ぬけ道行当り森之北ノ場所	人形浄るり
	7月15日～8月15日	夕涼み	下之森内	水茶屋・つき出し茶屋の夜ミせ
13(1728)	(3月11日)		東御門之外馬場通	水茶屋の小屋掛け
	(10月)		下之森北畑	歌舞伎芝居
	(10月27日)		下之森	狂言物まね櫓芝居
14(1729)	4月13日～5月6日		下之森	力持馬(見せ物)
	6月12日～7月8日		上之森	浄るり人形
	6月		下之森北畑	歌舞伎芝居
	7月	鳴滝村橋修復之相撲興行	下之森	相撲

	近江屋久兵衛・福嶋屋七兵衛・三星や八郎兵衛・松川や平兵衛・松屋権兵衛・紅葉屋新六・惣代松坂屋吉兵衛	
	行事茶碗屋吉兵衛・行事墨屋半七	
	行司坂本や六兵衛・行司紅葉や新六・行司岡野や喜兵衛・惣仲間中	
	升や喜兵衛・木や源七・笹や権六・和泉や久兵衛・市野や宗助・三国や平右衛門	
	七軒茶屋中・年寄権右衛門	
	日野や半兵衛	
	七軒茶屋中・年寄和泉屋半兵衛	
	いつミや久兵衛	
中之森	中之森行事三扇や四郎兵衛	
下之森	下之森年寄八もんしや加兵衛	
神泉苑町姉小路下ル町	日野や半兵衛	八文字や加兵衛
河原町四条下ルニ丁目	万や三郎兵衛	
	糸や左兵衛・津国や伊兵衛ほか11人・年行司吉野や四郎兵衛	
	惣茶屋中・年行事吉野屋四郎兵衛	
二条川東新車屋町	冨田屋太兵衛	

享保14(1729)	7月	鳴滝福王子村相撲興行	下之森	表札売茶屋
	7月15日～8月15日	夕涼み	右近馬場東西	茶見世(夜)
	7月15日～8月15日	夕涼み	下之森	小屋茶や・突出し茶や・平焼の夜ミせ
	7月15日～8月15日	夕涼み	上之森御社頭之裏	夜ミせ
	7月15日～8月15日	夕涼み		茶ミせ
15(1730)	2月8日～3月9日		下之森	辻打能(小林勘介)
	7月15日～8月15日	夕涼み		茶見せ
	7月15日～8月15日	夕涼み	上之森	茶ミせ
	7月15日～8月15日	夕涼み	右近馬場東西	茶見せ(夜)
	7月15日～8月15日	夕涼み	下之森	茶見世(夜)
16(1731)	正月15日～2月15日		下之森	辻打能
	3月1日～4日		下之森	見勢物(からくり)
	6月24日～		下之森	水茶屋(夜)
	7月1日～8月晦日	夕涼み	下之森	水茶屋(夜)
17(1732)	2月24日～3月5日	本光院殿地蔵菩薩開帳	下之森	てふ・陰徳鳥細工からくり

川原町四条下ル二丁目	万や三郎兵衛	
室町今出川上ル町	こん屋源兵衛	
祇園町	讃岐屋平□	
	座本歌流沢之助・後見日野や久兵衛	
	木屋甚兵衛・大和屋藤七・亀屋平兵衛・百足屋善六	
	上森年行事木屋源七・下森年行事岡野や喜兵衛	
	行事茶碗屋吉兵衛・墨屋半七	
七軒茶屋	七軒茶屋年寄四郎三郎	
上森	上森水茶屋行事木屋源七	
七軒茶屋	七軒茶屋中・年寄四郎三郎	
	行事茶碗屋吉兵衛・墨屋半七	
上之森	上之森小屋茶屋年行事舛屋喜兵衛	
下之森	下ノ森年寄喜兵衛	
	行事茶碗や吉兵衛・墨屋半七	
	辰巳万吉	丹波屋又兵衛

享保17(1732)	10月25日	·	下之森北場所	見せ物(からくり・軽業・猪・狸)
	10月24・25日		下之森北場所	みせ物(いろは文字からくり・薩摩こうもり)
18(1733)	2月24日～3月26日		下之森	見せ物(からくり・人形の軽業・鸚鵡・薩摩こうもり)
	5月26日～		七本松	歌舞伎芝居
19(1734)	(6月)			楊弓(夜)
	(6月28日)		下之森	本弓小屋・楊弓小屋場所替
	7月1日～8月晦日	夕涼み	上之森・下之森	宵見世
	7月15日～8月15日	夕涼み	右近馬場東西	茶見世(夜)
	7月15日～8月15日	夕涼み		茶見世
20(1735)	7月1日～8月15日	夕涼み	上之森	茶屋夜ミせ
	7月15日～8月15日	夕涼み		茶見せ
	7月15日～8月15日	夕涼み	右近馬場東西	茶見世(夜)
元文元(1736)	7月1日～8月15日	夕涼み	上之森	小屋茶屋夜見せ
	7月15日～8月15日	夕涼み	下之森	水茶屋・本弓・楊弓(夜)
	7月15日～8月15日	夕涼み	右近馬場東西	茶見せ(夜)
	7月15日～8月15日	夕涼み	森之内	芝居

葭屋町下長者町上ル町	菱屋清兵衛（津川大吉名代）	
	名代喜世竹大和	
	宮古路豊後	
	名代はっとりや与助	
	頭取松風七左衛門・頭取小鷹七右衛門	
姉小路大宮西へ入町	日野や半兵衛	

元文２(1737)	正月６日〜		下之森	浄瑠璃操り芝居
	８月25日〜 ９月15日		下之森	浄瑠璃語
３(1738)	８月24日〜 ９月25日		下之森北場所	浄るり
	９月24日〜 10月25日		下之森	辻能(辻打能か)
４(1739)	(７月16日)	七野社(北野社？)修復	下之森	勧進相撲
５(1740)	９月１日〜 10月１日		下之森	辻打能(小林庄九郎・同勘助)

Ⅱ　医学／衛生

中国医学における感染症認識

白杉悦雄

はじめに

感染症にたいする認識は、一八八〇年代に、「感染症が病原性微生物によって起きる」という考え方が確立され、二〇世紀前半に抗生物質が発見されたことによって劇的に変化した。

日本においては、明治三〇年（一八九七）に「伝染病予防法」が制定されて、対策に取り組んだ結果、この一〇〇年間で、伝染病の代表的なものとされてきたコレラ、赤痢、腸チフスなどの国内発生は激減した。そこで平成一一年（一九九九）四月に、新しく感染症対策のために「感染症の予防及び感染症の患者にたいする医療にかんする法律」が施行されることになり、用語としては、「伝染病」に代わって「感染症」が用いられるようになった(1)。

本論文は、病原性微生物や抗生物質が発見される以前の、過去二千年余におよぶ中国伝統医学の感染症認識を扱うものである。

山本太郎によれば、文明は感染症の「ゆりかご」である。また、キリスト紀元の始まる頃、世界には、少なくとも四つの文明化した疾病常在地――中国、インド、西アジア、地中海世界――が存在し、それぞれの文明は、風土や歴史に応じた固有の疾病を有していた(2)。

この記述と符合するように、中国では後漢（二五～二二〇）に入ると、感染症や流行病に言及する文献が増えてくる。後漢の許慎が著した文字書『説文解字』（一〇〇年序）には、「疫、民皆疾むなり(3)」と、流行病を意味する文字が記載される。

後漢の王充（二七～一〇〇頃）は『論衡』命義篇で、「飢饉の歳には、餓えた人が道に満ち、温気疫癘の年には、千戸が滅んだ(4)」と記す。「温気疫癘」は、千の家族共同体を滅ぼし尽くす悪性の流行病である。

三国時代、魏の曹植（一九二～二三二）が「疫気」について述べた文には、「建安二二年（二一七）、厲気が流行し、どの家にも倒れた遺体を痛むものあり、どの部屋にも号泣して哀しむものあり、あるいは門を閉ざして倒れ、あるいは一族あげて喪う(5)」と、疫病の惨状が記されている。

一　漢唐医書にみえる感染症認識

漢から唐までの字書や古典をみると、前掲した『説文解字』の「疫、民皆疾むなり」「癘、悪疾なり」の他に、南朝宋（四二〇～四七九）の呂忱『字林』の「疫、病流行するなり(6)」、唐の貞観（六二七～六四九）末年頃の玄応『一切経音義』の「人病みて相注するを疫癘と曰う(7)」など、中国古代における感染症は、「疫」「癘」や「疫癘」と称され、流行病と捉えられていた。また、「疫」「癘」は、「鬼神の為すところ(8)」とされ、多くは鬼神の祟りに原因すると考えられていた。

「疫」や「癘」の語は、その後も使われていくが、感染症をめぐる医学的言説のなかでは別の語が使用される。中国医学では、代表的な感染症や流行病を「傷寒」や「温疫」と言い表していた。

古代において「傷寒」や「温疫」は、恐ろしい疾病であった。後漢末の張仲景によって著されたとされる『傷寒雑病論』の自序に、「自分の一族はもともとは多数で、二〇〇人余りもいたが、建安元年（一九六）以来、一〇年足らずのうちに、その三分の二が死亡し、その七割が傷寒によるものであった(9)」とある。「傷寒」は、人を殺す悪性の疾病を表す言葉として使われている。

「傷寒」は、中国医学の古典の筆頭に位置する『黄帝内経』にもみえる病気である。『黄帝内経素問』熱論篇に「熱病は、皆傷寒の類なり(10)」とあり、「傷寒」は古くから外因性熱病の総称と認識されていた。

後漢の『難経』五八難は、「傷寒に五有り、中風有り、傷寒有り、湿温有り、熱病有り、温病有り(11)」として、これを風・寒・暑・湿などの外因によって生ずる広義の「傷寒」と、寒を病因とする狭義の「傷寒」に分けて、後者を前者に含ませた。

後漢の張仲景『傷寒論』が引用する「陰陽大論(12)」では、その季節にふさわしい気を原因とする「傷寒」「温病」「暑病」と、その季節にふさわしくない気を原因とする「時行」が区別されるようになる。

厳寒の気に中ってすぐに発病するものを傷寒という。すぐに発病せずに、寒毒が体表に潜伏して春に発病する者を温病といい、夏に発病するものを暑病という。いずれも冬に寒邪に感受したことが原因である。これにたいして、時行の気による病がある。時行の気とは、その季節にふさわしくない気のことをいう。一年中発病の可能性があり、長幼を問わず、症状が相似している病は、時行の気が原因である。

「時行」も外因性であり、「相似たる者多し」と、その感染性が認識されていた。

隋の巣元方『諸病源候論』（六一〇年(13)）や唐の王燾『外台秘要方』（七五一年）など隋唐医家の説くところは、おおよそ『素問』熱論篇、張仲景『傷寒論』『金匱要略』および晋の王叔和『脈経』（二八〇年頃）などにもとづくもので、「傷寒」を外因による病の総称とし、熱病の総称としている。

唐の孫思邈『千金方』（六五〇～六五八年頃）もまた、劉宋（四二〇～四七九）の陳延之『小品方』（四五四～四七三年間）(14)を引いて、「傷寒」と「時行温疫」の別を主張する。

傷寒は難治の病であり、時行温疫は毒病の気であると昔から伝えられている。しかるに、治を論ずる者は、傷寒と時行温疫が異なる気によるものであることを区別しない。そればかりか、傷寒は雅士の辞であり、天行温疫は世俗の呼び方だといって、病の異同をいわない。諸々の経典に鑑みれば、実体は異なるものである。

以上要するに、傷寒を外因性熱病の総称とする一方で、時行・時行温疫・天行温疫と称する別の伝染性の強い感染症の存在も認識されていた。ちなみに、『小品方』の成書地は江南であり、中国南方固有の医療経験が反映されている。

二　気象理論と中国医学

中国医学で、感染症や流行病を、傷「寒」や「温」疫、「時行」（その季節にふさわしくない気を原因とする病）と表現するのは、中国医学の枠組みが、気象理論と密接に結合しているからである。

古くは、『春秋左伝』昭公元年（前五四一年）の伝に、病気の原因として「六気」をあげる説がみえる。晋侯の病は、秦の医和によって、女色に惑って意志を喪失したために発病したと説明されている。後世でいえば房事過多であり、内因に分類されるものであるが、ここでは房事過多も天の六気の淫（過度）によって説明される。「六気」とは「陰・陽・風・雨・晦・明」である。六気の過剰が六種の病気を引き起こすとされ、なかでも「風」は、中国の病理学において後世まで、最も重要な外因にかぞえられた。

『黄帝内経霊枢』九宮八風篇は、風雨の占いである太一九宮占が、虚実の概念を介して医学の風の病因論へと改編されたものである。九宮八風篇の後半では、八節ごとに吹く風と病との関係が述べられる。風は、実風と虚風の二つに分けられる。実風は、太一がその季節にいるべき宮の方角から吹いてくる風であり、万物を生み育てる、その季節にふさわしい風である。虚風は、その季節に太一がいる宮と反対の方角から吹いてくる風であり、人の健康を損ない、万物を殺害する風である。九宮八風篇の前半で述べられた風雨占いとしての太一九宮占は、風の虚実を区別する実風と虚風の概念によって、医学と結びつく(15)。

こうした思考の前提には、中国古代の「気」の思想と宇宙構造論が存在する。「気」が言葉として文献に現れてくるのは、紀元前四、五世紀頃からで、戦国時代中葉になると、一般的概念として広く行き渡るようになる。『荘子』『孟子』『管子』といった諸子百家の書物には、気概念を用いた表現が多数みられるようになる。

宇宙の生成や構造も、気の思想によって語られる。混沌未分の気のうちの清陽なるものが上昇して天となり、重濁なるものが下に凝って地となる。天地の気は混じり合って陰陽の二気となり、二気は偏ることによって四季を現出する。

この宇宙生成論は、「蓋天説」や「渾天説」という宇宙構造論によって支えられていた。蓋天説は、天の形を蓋（車に立てる傘の意味）と想定し、その下方に方形の大地を想定する。一方、渾天説は、天の形を、下半分を水が満たす球のような渾天として捉え、水面に方形の大地が浮かぶ構造を構想する。

やがてこの説は、宣夜説という、無限に広がる気の宇宙空間を考える説の影響によって変化し、回転する気の空間の中に浮かぶ方形の大地、という宇宙構造論を生む。この回転宇宙にめぐる気の定常的性質と、不規則的変化とを計測し、予測しようという学問が運気論である。

張仲景の傷寒分析体系は、蓋天説か原初的な渾天説を前提とするものである。この宇宙構造論のもとで、「時行」は虚風がもたらす重病として「傷寒」から区別されていた。しかし、当時、それを治療する独自の体系はまだ確立されておらず、「時行」は依然として「疫癘」であった[16]。

一一世紀中頃、北宋政府の校正医書局が古医籍の校正・出版を行い、それらの医書は医学生の必須教本となる。ついで、一一世紀末に、運気論がにわかに脚光をあび、たちまち中国医学の基礎理論としての権威を獲得し、その後、長く医学を支配するにいたる。

運気論は、『素問』運気諸篇の説、それにたいする唐の王冰の注、王冰の作とされる『玄珠密語』の説、北宋政府の校正医書局による『新校正』の説、劉温舒の『素問入式運気論奥』（一〇九九年）の説などによって展開される。つまり、北宋政府の校正医書局による新校正本『素問』によって運気論はひろく知られるようになったのである。

三　運気論

運気論とは、五運六気の説のことであり、五運とは、時間とともに変化していく気の五つの相としての五行（木・火・土・金・水）であり、六気とは、気の六つの性質ないし作用としての寒・暑・燥・湿・風・火（『左伝』とは違う）をいう。運気論は、要するに気象理論であり、適用される対象は、気候・気象の変化とそれにともなう自然現象と、人の病気である[17]。

運気論の登場によって、中国医学は再び気象理論と密接に結合する。運気論登場の背景には、新しいタイプの渾天説の出現がある。この宇宙構造論の変化は、気象医学的思考のうちに劇的な変動をもたらした。運気のめぐりには、主と客の二種がある。主運・主気は毎年毎季、変わることのないめぐりであり、正風（実風）に相当する。客運・客気は毎年毎季、変化するめぐりであり、虚風に相当する。

従前の気象医学との差異は、この客運・客気の価値づけにある。正風（実風）にたいする虚風は、「時ならず」吹いて生あるものを病ませる邪風にすぎないのに、客運・客気は毎年毎季、変わりながらも「つねに」めぐっている邪運・邪気だからである。気のめぐりを精密に分析する運気論の体系は、「虚風」概念を客運・客気のかたちに普遍化することによって成立したとみることができる。運気論が、その季節にそぐわぬ虚風を客運・客気のかたちで理論化し、疫癘を予防し治療する新しい理論的枠組みを提供したのである(18)。

運気論にかんする著作のなかで、前掲した北宋の劉温舒『素問入式運気論奥』は、中国および日本に大きな影響を与えた書である。影響の大きさは、明の熊宗立が纂集した『素問運気図括定局立成』（一四七四年）以降、運気を論じた専著が清末までに三〇書を超えることにもうかがわれる。また、『素問入式運気論奥』が室町末から江戸初にかけての日本に与えた影響は、本国のそれをはるかにうわまわる。しかし、中国においても日本においても、これを強く排撃する論者は少なくなかった(19)。

四　都市と感染症

宋元時代は、それまでの中国史にはみられなかった都市の繁栄をもたらし、知識人は都市の自由な消費生活を満喫し、数多くの文化財産をのこした。しかし、一方で、宋元時代は、疫病がいちじるしく流行した時代でもある。

宮下三郎によれば、その理由は、唐末五代にはじまった社会構造の変化、とくに重要なのが人口動態にみられる変化である。

漢以後、中国の人口は南下する傾向をもち、元代に極限に達した。魏・呉・蜀の三国時代（二二〇～二六五）の後、いったんは中国を統一した晋（二六五～三一六）が、永嘉の乱によって滅びる。この戦乱は、史上はじめて中国が異民族に支配されるという事態をもたらした。中国文化発祥の地である黄河流域一帯が異民族によって占領されたのである。その後漢民族は、長江下流域、さきの呉の領土を継承した東晋（三一七〜四二〇）を建てる。それにともない、北から南へ、後に「永嘉の南渡」と呼ばれる民族の大移動がはじまる。南の湿潤な地に移住した人びとは、慣れない気候風土に苦しめられ、それまで経験したことのない病に遭遇する。

歴代の戸口統計により、四川・雲貴両省を別として、秦嶺・淮水の線にそって南北にわかち、その比率をしめせば、紀元二年には北五対南一の比であったものが、唐代に逆転し、一〇八〇年に四対六、元代には一対九という数字をしめす。

この人口移動は、宋元時代の商業の発達、富の都市集中とあいまって、とくに南の都市人口の増加膨張をもたらした。都市の繁栄は、病原菌にとっても、繁殖のための絶好の機会である。頻繁な往来は、病原菌を遠くからはこびいれ、はこびだし、密集した人口は、感染の危険をより多くもたらした。

新しい疫病の流行と、長江流域の悪性な風土病は、重要な医療上の問題であったが、旧来の伝統的な医療は、これにたいして無力にひとしかった[20]。

五　温病論

「温病」あるいは「熱病」という名称の明確な記載は、『素問』熱論篇にさかのぼる。劉宋の陳延之『小品方』などのように、「傷寒」を雅士の辞、「天行温疫」を田舎の俗称とする説を批判するものもあったが、唐代以前の中国医学の歴史においては、急性感染症の多くは、傷寒病の一種として扱われるのが常であった。治療原則と用薬傾向においても、晋唐間の『肘後方』『小品方』『深師方』『千金方』などの医書では、「温病」は依然として「傷寒」に付属するものであり、診断治療理論上でおおきな展開はなかった。

やがて、歴代の医家のたゆまぬ努力を経て、「傷寒」から「温病」がしだいに分離され、それぞれ独立した、そしてまた相互に関係する二つの疾病分類を形成するにいたる。

宋金元時代は、医聖としての張仲景の名がしだいに高くなり、『傷寒論』の研究者もしだいに増えてきた。その一方で、多くの疫病が流行し、疫病と傷寒について注意がはらわれるようになった。その結果、多くの温病研究と傷寒研究が結びつくことになり、温病が傷寒の束縛から抜け出すことを加速させた。

宋の医家、龐安時（一〇四三～一一〇〇）の『傷寒総病論』は、『傷寒論』研究の早期のものであるが、その巻五は温病を論ずるものである。書中で彼は、傷寒と温病は分治すべきであることを明確に述べ、温病は「異気」に感じて変成したものである、とする。書中の「異気」「乖気」「疫気」の意味は同じで、いずれも急性伝染性熱病を引き起こす病原を指している[21]。

元末明初の王履（一三三二～?）は、『医経遡洄集』で、傷寒と温病とは異なる病であると、明確に指摘する。温病は、「天地の悪毒異気」に感じて生ずるものであり、傷寒とは別のものであるという[22]。

明代末年、温熱病が大流行する。多くの医者は傷寒の治法を用いたが効果なく、医学の最前線の問題が医師たちの温病にたいする研究を促進した。この時期に、医師たちは、温病が発病に占める割合が絶対的に多数であり、真正の傷寒が非常に少ないことを発見した。

明末清初は、『傷寒論』研究にかんする論争が盛んになった時期である。それをうけた清代医学史上で最も突出した成果が温病学の発展である。「温病」は、「傷寒」にたいするもうひとつの外感急性熱病の大分類となり、その発病メカニズムと治療方法などは、傷寒と截然と区別されるようになる。

明末の呉有性の温病学説にたいする貢献を契機に、温病学説が進展する。さらに、清代中期の疫病流行と、葉天士（一六六七～一七四〇）、薛雪（一六八一～一七七〇）、呉瑭（一七五八頃～一八三六）らの医家の疫病にたいする実践と研究により、系統的な温病学説の体系が樹立されるにいたる[23]。

清代にも、多くの伝染病が相次いで中国を襲った。当時の江南地方は、水路網が縦横にめぐり、人口密度も高く、感染症の伝播も迅速であった。「清代三百年の医家の聡明才智は、ほとんどこの問題に傾注された[24]」といわれるほどである。

温病学説の最も重要な書、明末の呉有性『温疫論』（一六四二年）は、傷寒とは異なる流行性疾患「温疫」の概念を前面に掲げる。呉有性は、「病疫之由」にかんする『傷寒論』以来の見解に異議を唱え、「疫は、天地の厲気（雑気の一種）に感染したものであり」、「邪気は口鼻から入る」と考えた[25]。

呉有性はまた、『温疫論』中の「雑気論[26]」で、種々の異気があり、それぞれが諸種の伝染病の病因であるという。

天地の雑気は、種々のものがあり一つではない。また、雑気の毒も優劣がある。しかし、気は形がなく音もなく臭いもないので、人が気を見たり聞いたりして知ることはできない。この気の来襲に季節はなく、地域の別もない。ただこの気に感染した者は、その気の種類によって種々の病を発するのである。おおよそを云えば、ある地域において、近隣がみな同じ症状を呈するのは、みな時行の気、つまり雑気を原因とする病に罹ったのである。

中国伝統医学が、「感染症が病原性微生物によって起きる」という考え方に、限りなく接近した瞬間であった。『温疫論』が与えた波紋は同時代の書に比類がなく、以後いわゆる温病派が形成され、温病学説は、その後の中国および日本の医学界に大きな影響を及ぼした[27]。

清の戴天章は、呉有性が説いた「雑気論」とその著書『温疫論』を高く評価し、『広瘟疫論』（一六七五年）を著して、温病学理論を傷寒学説から独立させて一派を確立した。以後、傷寒と温疫を区別して二病とする温病派と、温疫も傷寒の一種であり、「傷寒・時疫（温疫）は、一病にして二名なり[28]」とする傷寒派との論争が、中国のみならず日本でも行われるにいたった。

六　日本における感染症認識

『大宝律令』（七〇一年）から『医心方』（九八四年奏進）にいたるまでの日本医学は、基本的には漢から隋唐までの医学を踏襲している。

運気論についても、北宋の劉温舒『素問入式運気論奥』が、室町末から江戸初にかけての日本に与えた影響は、本国のそれをはるかにうわまわる。『素問入式運気論奥』がはじめて和刻されたのは、慶長一六年（一六一一）で、江戸期に入ってからは、三番目の和刻医書であり、正徳五年（一七一五）までに一四回にわたって重刊された。また、本書そのものにたいする注釈も刊行され[29]、運気論を研究し消化しようとする努力は、一七世紀を通じてつづけられていた[30]。

しかし、日本における運気論研究が向かった方向は医学ではなかった。たとえば、松下見林『運気論奥疏鈔』（一六六五年）、同『論奥弁証』（同年）をみると、全体として一種の自然学概論の観を呈している。天文学や自然学への運気論理解の傾斜は、日本では運気論が実際の診療にほとんど用いられなかったことに深くかかわる。そして、一八世紀の一〇年代に入ったころには、日本の医学はすでに運気論に背を向けていた。貝原益軒の『養生訓』（一七一三年）巻下は、医学生の必読書をあげているが、『素問入式運気論奥』の名はそこにはない[31]。

温病論についていえば、明末の呉有性『温疫論』が日本に渡来した初記録は、一七三七年にみえる。一七七〇年にはその和刻本が出て、以後幕末までに著された注釈や研究書は四〇種ほど知られている[32]。これほどの『温疫論』研究の蓄積が、日本の医学界にどの程度の足跡を残したのかといえば、幕末明治の著書をみるかぎりでは、運気論研究と同じような受容パターンを描いたものとおもわれる。つまり、研究はされたが、実際の診療には用いられなかった。

以下、富士川游『日本疾病史』（一九六九年）の「疫病」から要約して引用するが、この文には、運気論への言及はみえない。また、温病（温疫）論も通り一遍の扱いですまされている。日本における感染症認識のおおよそをしめすものといえよう。

傷寒の症については、後漢の張仲景が『傷寒論』を著して以来、中国および日本の諸家が立てた論説は、紛然として、ほとんど依拠すべきものがない。しかし、隋唐医家の所説は、傷寒を外感の総称とし、熱病の総称としているようである。『諸病源候論』や『外台秘要方』の説を吟味すれば、「寒は殺厲の気なり。これに触冒せられるものはみなよく病をなす。そのこれに中りてすぐに病むものを傷寒となす。ただちに病まず、その寒毒が肌骨のなかに蔵して春にいたりて発するものを温病とし、夏にいたりて顕われるものを暑病となす。これを総じていえば、人がもし寒に傷ぶられるときは、伝えて熱病となる。ゆえに熱病はみな傷寒の類である」と論じている。

宋の時代にいたると、疾病の原因を説いて、内因と外因と不内外因とを別ち、寒暑湿飲食老倦を五邪となし、この五邪の中るところは同じではないが、その病症は同類であるとして、傷寒、傷風、傷暑をあげる。また、時疫の毒は、つねの傷寒と同じではないとし、別に傷寒時気、傷寒疫癘などの病証を説く。

明の戴原礼『証治要訣』、呉有性『温疫論』にいたりて、傷寒と瘟疫（温疫）とは、天地の隔たりありとされた。傷寒は天地の常気に感じて起こるものであり、人には伝染せず、瘟疫（温疫）は天地の厲気に感じて生ずるものであり、伝染するから、同じものではないとした。これは傷寒と瘟疫（温疫）とを区別して二病とする説であり、虞摶『医学正伝』にも、張仲景がいうところの傷寒と疫病には差異があることを論じている。

以上、要するに、往古の傷寒は熱病を総称するものであり、その病症は種々である。そのなかには、四時不正の気に感じて起こり、老少となくおおむね相似た病証を呈し、互いに伝染するものと認められる症のあることは疑いない。(33)

おわりに

『黄帝内経』『難経』『傷寒雑病論』は、中国医学の三大古典と称され、この三つの古典によって、後漢末には、中国医学体系の範型ができあがった。感染症をめぐる医学的認識もまた、三大古典によって方向づけられたといってよい。

感染症や流行病は、気象理論と結びついて、一貫して「傷寒」や「温疫（温病）」と表現されて展開してきたが、その前提には、気の思想とそれにもとづく宇宙構造論が存在した。張仲景の傷寒分析体系は、蓋天説か原初的な渾天説を前提とするものであり、一一世紀末から脚光をあびた運気論は、回転する気の空間の中に浮かぶ方形の大地、という新しい宇宙構造論にもとづくものであった。運気論は、やがて気象医学として、大気の変動と人びとの病気との関係を予測したり、感染症を予防したりするのに用いられた。

また、一一世紀以降に顕著になる長江流域の開発と人口増加によって、多くの新病が流行し、傷寒から温病がしだいに分離されて独立した疾病分類を形成するにいたる。

温病研究は、宋代から徐々に進行し、明末にいたって大いに進展し、運気論とともに、中国および日本の医学界に大きな影響を及ぼした。

中国においては、急性で熱性の感染症を「傷寒」と総称していたが、宋代以降、徐々に傷寒から「温病」を分離独立させていき、感染症の原因究明と治療に努めていったと要約できる。一方、日本においては、運気論研究も温病論研究も盛んに行われたが、結局は実際の診療に用いられることは、まれであったといえよう。幕末から明治にいたる日本の医家にとっては、温病も傷寒の一種として扱うべきものであった。

（1）『医学大辞典』「伝染病」（医学書院、二〇〇三年）。

（2）山本太郎『感染症と文明』（岩波書店、二〇一一年）。

（3）許慎『説文解字』七下、「疫、民皆疾也」「癘、悪疾也」。

（4）王充『論衡』命義篇、「飢饉之歳、餓者満道。温気疫癘、千戸滅門」。

（5）『太平御覧』巻七四二疾病部五、疫癘、曹植説疫気、「曹植説疫気曰、建安二十二年、厲気流行、家家有僵尸之痛、室室有号泣之哀、或闔門而殪、或覆族而喪、或以為疫者鬼神所作。夫罹此者、悉被褐茹藿之子、荊室蓬戸之人耳。若夫殿処鼎食之家、重貂累蓐之門、若是者鮮焉。此乃陰陽失位、寒暑錯時、是故生疫、而愚民懸符厭之、亦可笑」。

（6）呂忱『字林』、「疫、病流行也」。

（7）玄応『一切経音義』一一、「人病相注曰疫癘」。

（8）劉熙『釈名』釈天、「疫、役也。言有鬼行役也」。

『礼記』月令・季春之月、「行夏令、則民多疾疫、時雨不降、山林不収」。鄭玄注「六月宿直鬼、鬼為天尸」。

『周礼』夏官、方相氏、「掌蒙熊皮、黄金四目、玄衣朱裳、執戈揚盾、帥百隷而時難、以索室殴疫」。鄭玄注「蒙、冒也。冒熊皮者、以驚殴疫癘之鬼」。

（9）張仲景『傷寒卒病論集』序、「余宗族素多、向余二百。建安紀年以来、猶未十稔、其死亡者、三分有二、傷寒十居其七」。

（10）『黄帝内経素問』熱論篇、「黄帝問曰、今夫熱病者、皆傷寒之類也」。王冰注「寒者、冬気也。冬時厳寒、万類深蔵、君子固密、不傷於寒。触冒之者、乃名傷寒。其傷於四時之気、皆能為病。以傷寒為毒者、最乗殺厲之気、中而即病、名曰傷寒。不即病者、寒毒蔵於肌膚、至夏至前、変為温病。夏至後変為熱病。然其発起皆為傷寒致之。故曰熱病者、皆傷寒之類也」。

(11)『難経』五十八難、「五十八難曰、傷寒有幾、其脉有変不。然。傷寒有五、有中風、有傷寒、有湿温、有熱病、有温病。其所苦各不同」。

(12) 張仲景著、晋・王叔和撰次、宋・成無己註『註解傷寒論』巻二、傷寒例第三、「陰陽大論云、春気温和、夏気暑熱、秋気清涼、冬気冷冽、此則四時正気之序也。冬時厳寒、万類深蔵、君子固密、則不傷於寒。触冒之者、乃名傷寒耳。其傷於四時之気、皆能為病。以傷寒為毒者、以其最成殺厲之気也。中而即病者、名曰傷寒。不即病者、寒毒蔵於肌膚、至春変為温病。至夏変為暑病。暑病者、熱極重於温也。是以辛苦之人、春夏多温熱病、皆由冬時触寒所致、非時行之気也。凡時行者、春時応暖而復大寒、夏時応大熱而反大涼、秋時応涼而反大熱、冬時応寒而反大温、此非其時而有其気。是以一歳之中、長幼之病、多相似者、此則時行之気也」。

(13) 巣元方『諸病源候論』巻七傷寒病諸候上、「経（傷寒論）言、春気温和、夏気暑熱、秋気清涼、冬気冰寒、此則四時正気之序也。冬時厳寒、万類深蔵、君子固密、則不傷於寒。夫触冒之者、乃為傷寒耳。其傷於四時之気、皆能為病。而以傷寒為毒者、以其最為殺厲之気也。即病者、為傷寒。不即病者、其寒毒蔵於肌骨中。、至春変為温病。夏変為暑病。暑病者、熱重於温也。是以辛苦之人、春夏必有温病者、皆由其冬時触冒之所致、非時行之気也。其時行者、是春時応暖而反寒、夏時応熱而反冷、秋時応涼而反熱、冬時応寒而反温、此非其時而有其気。是以一歳之中、病無少長、多相似者、此則時行之気也」。

(14) 孫思邈『千金方』巻九傷寒例第一、「論曰、……是故天無一歳不寒暑、人無一日不憂喜。故有大行温疫、病者即天地変化之一気也。斯蓋造化必然之理、不得無之。故聖人雖有補天立極之徳、而不能廃之。雖不能廃之、而能以道御之。其次有賢人善於摂生、能知撙節、与時推移、亦得保全。天地有斯瘴癘、還以天地所生之物、以防備之。命曰知方、則病無所侵矣」。

また、「小品曰、古今相伝、称傷寒為難治之疾。時行温疫是毒病之気。而論治者、不判傷寒与時行温疫為異気耳。云傷寒是雅士之辞、天行温疫是田舎間号耳。不説病之異同也。考之衆経、其実殊矣。所宜不同、方説宜弁。是以略述其要」。

(15) 白杉悦雄「九宮八風図の成立と河図・洛書伝承」（『日本中国学会報』第四六集、一九九四年）。

(16) 石田秀実『中国医学思想史』（東京大学出版、一九九二年）。

(17) 山田慶兒『気の自然像』（岩波書店、二〇〇二年）。

(18) 前掲注16石田書。

(19) 真柳誠「『素問入式運気論奥』解題」（『和刻漢籍医書集成』第一輯、エンタプライズ、一九八八年）。

(20) 宮下三郎「宋元の医療」（藪内清編『宋元時代の科学技術史』朋友書店、一九九七年再刊）。

(21) 龐安時『傷寒総病論』巻五「天行温病論」、「有冬時傷非節之暖、名曰冬温之毒。与傷寒大異、即時発病。温者乃天行之病耳。其冬月温暖之時、人感乖候之気、未即発病、至春、或被積寒所折、毒気不得泄、至天気喧熱、温毒乃発、則肌肉斑爛也。又四時自受乖気而成腑臓陰陽温毒者……」。

(22) 王履『医経遡洄集』四「張仲景傷寒立法考」、「仲景所謂陰毒者、非陰寒之病、乃是感天地悪毒異気、入於陰経、故曰陰毒耳。後之論者、遂以為陰寒極甚之証、称為陰毒。……後人所叙陰毒亦只是内傷冷物、或不正暴寒所中、或過服寒薬所変、或内外倶傷於寒、而成耳。非天地悪毒異気所中者也」。

(23) 廖育群・傅芳・鄭金生『中国科学技術史・医学巻』（北京、科学出版社、一九九八年）。

(24) 範行準『中国医学史略』（北京、中医古籍出版社、一九八六年）。

(25) 呉有性『温疫論』巻上、原病、「病疫之由、昔以為、非其時有其気、春応温而反大寒、夏応熱而反大涼、秋応涼而反大熱、冬応寒而反大温、得非時之気、長幼之病相似、以為疫。余論則不然。夫寒熱温涼、乃四時之常、因風雨陰晴、稍為損益、仮令秋熱必多晴、春寒因多雨、較之亦天地之常事、未必多疫也。傷寒与中暑、感天地之常気。疫者感天地之厲気。在歳運有多寡、在方隅有厚薄、在四時有盛衰。此気之来、無論老少強弱、触之者即病」。『邪自口鼻而入、則其所客、内不在蔵府、外不在経絡、舎於伏脊之内、去表不遠、附近於胃、乃表裏之分界、是為半表半裏、即鍼経所謂横連膜原、是也」。

(26) 同『温疫論』巻下、雑気論、「……而惟天地之雑気、種種不一、亦猶天之有日月星辰、地之有水火土石、気交之中、有昆虫草木之不一也。……万物各有善悪不等、是知雑気之毒亦有優劣也。然気無所可求、無象可見、況無声復無臭、何能得睹得聞。人悪得而知気、又悪得而知其気之不一也。是気也、其来無時、其着無方、衆人有触之者、各随其気、而為諸病焉。其為病也、或時衆人発頤、……為病種種、難以枚挙、大約病偏於一方、延門合戸、衆人相同者、皆時行之気、即雑気為病也。為病種種、是知気之不一也。蓋当其時、適有其気、専入某臓腑某経絡、専発某病、故衆人之病相同、是知気之不一、非関臓腑経絡、或為之証也。夫病不可以年歳四時為拘。蓋非五運六気所即定者、是知気之所至無時也。惑発于城市、或発于村落、他処安然無有、是知気之所着無方也。疫気者、亦雑気中之一、但有甚于他気、故為病頗重、因名之厲気。雖有多寡不同、然無歳不有」。

(27) 真柳誠「『温疫論』解題」（『和刻漢籍医書集成』第一五輯、エンタプライズ、一九九一年）。

(28) 秋吉質『温疫論私評』（一八四九年刊）、「質按、傷寒時疫、一病而二名也。医家名之傷寒、世俗呼之時疫、其実一已。其為病、感天地之厲気、沿門闔境相同。而流行伝染者、固無論也」。また、「由是観之、曰傷寒、曰時疫、一病而二名者、可得而知也。『素問』熱論曰、今夫熱病者、皆傷寒之類也。可知指疫曰傷寒」。山田業広「『温疫論』総論」（『温知医談』第八号、一八七九年。前掲注27「『温疫論』解題」より引用）、「温疫は一種別の異気で傷寒とはまったく異なるというが、温疫も傷寒の一種である。『難経』五十八難に「傷寒有幾」と問い、「傷寒有五」と答えている。その五とは中風・傷寒・湿温・熱病・温病であり、この五つを傷寒と総称するのである。……つまるところ、『傷寒論』を本尊に後世の書を扶翼とするのが医家の肝要かと思う」。

(29) 回生庵玄璞『運気得助図』（一六二八年）、同『運気論口義』（一六三五年）、回生庵可政『素問入式運気論奥口義』（一六四四年）、松下見林『運気論奥疏鈔』（一六六五年）、同『論奥弁証』（同年）、三屋元仲『運気纂要図説』（一六八六年序）、岡本一抱『素問入式運気論奥諺解』（一七〇四年）。

(30) 前掲注19真柳書。

(31) 前掲注17山田書。

(32) 前掲注27真柳書。

(33) 富士川游『日本疾病史』（東洋文庫、平凡社、一九六九年）。

江戸時代の結核――「恋の病」考

鈴木則子

恋といふ怪物に出あふては、思ひきられぬわくの糸、みだれ心のむすぼふれは、慕恋男《ほれた》にとかさねば、労咳といふ病に成、終《つい》に命とらる、なり
『新色三ツ巴』[1] 宝永三年（一七〇六）刊

はじめに――〈結核のロマン化〉をめぐって

江戸時代、結核は「恋の病」であったという。

江戸文化・風俗史の研究家である三田村鳶魚（一八七〇～一九五二）は、「西鶴の当世顔」および「恋の病」[2]のなかで、江戸時代初期までは文芸史料にあまり登場しなかった結核が、元禄期に成立した浮世草子に頻出するようになったこと、浮世草子の中で結核は遊郭と結びつけられて、死病でありながら同時に「恋の病」というイメージがもたれていたことを指摘する。そしてその背景には元禄期における結核の流行、特に遊里を中心とする流行があったのではないかと推測している。

また近年では福田眞人が著書『結核という文化』[3]で、川柳などの史料から江戸時代の「一般庶民はわけのわか

らない憔悴や痩せ衰えて死ぬことにぼんやりとした不安と、一種独特のイメージを持つことしかなかった。それは、いわば金持ちの令嬢（長振袖を着た深窓の令嬢）と四書五経の勉学に励む秀才の病であるという、肯定的な見方だった」と述べている。

明治以降の日本で同時代の西洋同様に、結核が美女や才能豊かな青年が夭折する病であるという、ある種ロマンティックなイメージがもたれていたことはよく知られているが[4]、この〝結核のロマン化〟と呼ばれる現象は、すでに江戸時代に出現していたというのである。

結核とは近代以降の呼称で、江戸時代は「労症」「労瘵」「労咳」「気のかた」「ぶらぶら病」などと呼ばれて、都会においては梅毒と並んで猛威を振るっていた。種々の呼称があること自体、この病が当時の人々にとって身近なものであったことを示している。

氏家幹人は著書『江戸の病』[5]の中で、江戸在住の幕府御家人日記『官符御沙汰略記』約三〇年分（延享二～安永二年＝一七五四～七三）に登場する病死者の記録の分析に基づいて、「当時の江戸で男女の別なく若者の最大の敵は「労症」、肺結核だったようだ」と結論づける。

江戸時代にこうした病の深刻さと乖離する結核イメージが形成された背景を、既述のように三田村は文芸史料を用いて論じているのだが、これを医学史料から検討してみようというのが私のこの小論のテーマである。なぜならば、三田村が分析した浮世草子の時代は、同時に医学的知が庶民にまで普及した時代とも重なるからである[6]。人びとの病気観について考えるにあたっては、医学的言説の影響の検討を避けて通れない、江戸時代とはすでにそのような時代であった。

前近代の結核医学に関する先行研究には、結核の専門医である岡西順二郎による論文「結核の歴史」「江戸時代の結核」[7]がある。岡西は、中国・日本・欧米の結核治療の諸相を古代から近代に至るまで、医学書から丹念に紹介している。だが、基本的には近代医学の立場から過去の医療の有効性を検討するもので、日本近世医学を中国医学の亜流と評価し、日本近世医学の結核観の特性を考察するには至らない。

たしかに日本近世医学の土台となった中国医学は膨大な学問的蓄積を有し、結核に関しても、ありとあらゆる知見を提示している。日本近世医学書に載っていて、中国医学書にない医説はないといってよい。しかしながら、そもそも前近代の医学書は中国でも日本でも、基本的に先行医書を踏襲しながら書かれ、先行医書の記述の解釈や取捨選択のバリエーションの中で、さまざまな学説が発展してきた。したがって問題にすべきは、日本近世医学が中国医学の結核観を受容するにあたって、どのような取捨選択をし、また何を特に強調しているかであろう。私はこの選択と強調のあり方の中に、日本近世社会の結核に対するまなざしの特性が反映されていると考える。

本論文は右のような視点から医学史料を分析していく。それによって、江戸時代の結核が悲惨な病状にもかかわらず「恋の病」としてロマン化されていくにあたっては、医学的言説があずかっていたことを明らかにするとともに、感染症という誰もがかかりうる病気に対するまなざしに、医学の中に潜むジェンダーが色濃く反映されているありさまを描き出したいと思う。

一　曲直瀬道三の時代――一六世紀後半

まず最初に、一六世紀後半に活躍した「日本医学中興の祖」と言われる初代曲直瀬道三（一五〇七～九四）の代表的な著作『啓迪集』(8)（元亀二＝一五七一年成立）を通じて、近世初期日本医学が中国医書から選択した結核観を検討する。

初代道三は中国の明・清医学を導入することを通じて、日本近世医学の基礎を形成したと評価される。彼は京都にあって朝廷や時代の権力者である足利義輝、織田信長、豊臣秀吉、徳川家康らに重んじられるとともに、多くの弟子を育成した。

『啓迪集』は道三自身のオリジナルの著作ではなく、彼がさまざまな中国医書のなかから適切と判断した文章を、出典を明記して抜粋し構成した医書である。結核について論じた「労瘵門」の引用書は『医方選要』（明、周文采）、『丹渓心法』（元、朱丹渓）、『医学正伝』（明、虞天民）、『医林集要』（明、王璽）、『本草衍義』（宋、寇宗奭）など、いずれも江戸時代を通じてよく読まれることになる医学書だ。

『啓迪集』が紹介する医説を大まかに整理すると、以下のようである。なお、【　】内に引用医書を示した。

（1）「気虚」の病

「労瘵」の発病には自発、すなわち自分自身の体の中で病気が生ずる場合と、外からの「伝染」との二通りがあり、自発も「伝染」も、さらにそれぞれ二つのパターンがある。

まず、自発の場合、壮年男性と未婚の男女とで病因が分けられる。壮年の男性は「気血」が充足して「精液」が満ちている。だが「性命」を保養することを心がけず、「酒色」をむさぼり続けると、「真元」（元気）を消耗して「精液」が損なわれる。すると「腎」が衰え「精」が乾き、寝汗や食欲不振・気力喪失などのさまざまな症状が出る。重症なら半年、軽くても一年で亡くなる不治の病である。【丹渓心法】

未婚の男女の場合は、色々と思い悩んで「思慮過多」となり、その結果、顔色が悪くなったり、月経が停止したりといった「労瘵」の前駆症状が出る。やがて食欲不振や咳などの症状も出てくる。これも難治だが、心の持ちようを変えて服薬すれば、九死に一生を得ることも可能とされる。いずれの場合も、「気虚」すなわち気が虚した（不足した）状態がきわまった病であると認識された。【本草衍義】

「伝染」もまた、「気虚」の状態のときに起こる。「労瘵」の中でも「劇労」、つまり重症の「労瘵」は不治であるだけでなく「伝染」する。したがって「気虚」・空腹の時は、「労瘵」の人の葬式や見舞いに行ってはいけない。「労瘵」は衣服・器物を通じても、その人の虚に乗じ「伝染」する。【医林集要】

特に、看病にあたったり親しく接した人や血縁者は、「悪気」を受けて「伝染」する。これを「伝屍」や「喪屍」という。早めに受診すればよいものを、ひどくやせ細り、「真気」がすでに消失してしまっている状態になってから初めて医者を呼んでも、もう手遅れである。一人発病したために、不注意によって多くの人に「伝染」し、ついに一族が絶える（「滅族滅門」）ことすらある。「労瘵」は病毒が積もると「虫」を生じて「臓腑の精花」を食べるので、早めの治療が肝心となる。「伝染」は悪気だけでなく、この虫によっても起こる。【医学正伝】

悪気にせよ虫にせよ、「労瘵」は「伝染」しやすい病と認識された。

（2）道徳的戒め

「労瘵」の基本的原因を虚に求めれば、おのずからその予防法は虚をもたらすような不摂生な生活を断ち切ることに尽きる。心を静かに保ち、飲食を適切にし、風寒暑湿を避け、「行立座臥」を常に行うことを勧める。だが現実には「今世嗜欲に節なく、起居に時あらざれば、七情六欲之火時に中に動き、飲食労倦之過屢《しばしば》体を傷《やぶ》る」、すなわち「今世」（引用書『医学正伝』は一五一五年成立）は無節操で生活は不規則、喜怒哀楽の感情と欲望を慎まず、過度の飲食や疲労によって体を傷つけるという生活態度が健康をむしばんでいる。【医学正伝】

これは一六世紀初め、中国明末の士大夫階級の享楽的生活態度が反映された記述であろう。(9)

（3）四花患門の灸と天霊蓋

治療は虚を補うことと虫を体外へ出すことをめざして行われる。特に「労瘵」治療で特徴的なのは、虫を出すための大量の灸治療と天霊蓋（人間の頭蓋骨の上部）を含んだ薬である。

灸は四花と呼ばれる四か所の灸穴に各百壮、患門の二穴に各百五十壮、膏肓二穴に各二百壮、三里二穴に各三十壮の灸を据えるとある。大量の灸は「労瘵」の難病としてのイメージを増幅させるに十分だろう。灸を施すと虫を吐瀉するので、伝染を避けたければこの虫を火で焼いて河に捨てるよう記す。【医林集要】

江戸時代の日本では一般の人々ですら、「労咳」と言えばすぐに四花患門の灸を連想するほどこの灸法は知られていた。「崔氏四花穴法」とも呼ばれ、もともとは七世紀半ば、崔知悌（唐代）が著した『骨蒸病灸方』に載る灸法で、以後中国医書では「労瘵」の治療法として高く評価されてきた。

天霊蓋も中国医書の「労瘵」治療には頻出する薬で、日本でも江戸時代を通じ「労瘵」の虫を殺す妙薬として、一般の人にも知られた。このおどろおどろしい薬もまた「労瘵」の難病イメージを強調しただろう。【医学正伝】

さて、右に確認してきた『啓迪集』の記述から浮かび上がる「労瘵」の病人イメージは、怠惰で享楽的な生活態度や早期治療を怠る自己管理能力の低さである。そして、こういった自律心の低さが、個人の災厄にとどまらず、一族に伝染して「滅族滅門」という「家」を崩壊させる禍を招くと批判されている。

二　古活字版・和刻本の医書——一七世紀前半～一八世紀前半

道三の時代は、いまだ中国医書は舶来のきわめて希少な書物であった。が、慶長期以降、一七世紀前半は古活字版、さらには和刻本という形で、日本国内でも出版されるようになっていく。一七世紀半ば以降は、日本の医師の手でこれら中国医書に注釈を付した諺解本も、さまざま登場する。中国医書の普及する条件が整ったのである。ここでは『啓迪集』が書かれて以後、すなわち一六世紀末以降に中国で著され、一七世紀に日本国内で出版された中国医書をとりあげて、曲直瀬道三以後の日本の医者が中国医学から学んだ結核観をみていく。

道三の医学は養嗣子である曲直瀬玄朔（一五四九～一六三一）に継承され、玄朔の門下からは江戸時代初期の医学を牽引する医家が数多く輩出した。一七世紀は、後に後世派と呼ばれるこれら曲直瀬道三の学統に連なる人々によって中国医学が咀嚼され、広げられていく時代であった。後世派の医学は、基本的には『啓迪集』に引用された中国医書の結核観の枠組みの中にあるが、さらにいくつかの注目すべき特徴を指摘できる。

（1）若者の病

李梴《りてん》の『医学入門』(10)（一五七五年刊、古活字版あり）は後世派の古林見宜（一五七九～一六五七）が普及にあたり、同じく後世派の岡本一抱（生年未詳～一七一六）の諺解本『医学入門諺解』（宝永六＝一七〇九年刊）も刊行され、広く読まれた。

その「労瘵」の項には、「労瘵」は多くは一五、六才あるいは二〇歳前後の「血気未だ定まら」ない年頃に、「酒色」におぼれて「精液」を損なうことにより発病すると説明される。道三の『啓迪集』にもあったように、従来は酒色におぼれて腎が虚して「労瘵」となるのは、血気が充満した壮年男性であって、一五、六才の結婚前の若者は、思慮過多によって「心」を傷《やぶ》り「労瘵」になるとされてきた。酒色を原因とする「労瘵」が若齢化しているが、これは現在の結核が青少年に多くみられることと臨床的に一致する。

また、「伝屍の説、必ずしも深く泥まず」「歴く労瘵を観れば、皆酒色・財気が心血を損傷するに因り」と、伝染よりも不摂生な生活による自発に主たる病因を求めている。

そして病人が自分の生活態度のせいで病気になったことを自覚せず、「往々咎を前人の積悪に帰す。甚だしきときは則ち疑いは房屋・器皿・墳墓に及び」と、先祖のせいにしたり、部屋や日用品を介して、また墓に行って伝染したのだと考えることを批判する。この批判は、当時中国では一般の人びとの間でも「労瘵」が血縁者間感染しやすいと認識されていたことを示唆する。

(2) 女性の性欲

龔《きょう》廷賢著『万病回春』[11]（一五八七年自序、一五八八年刊）は、明代の医書の中で最も日本医学に影響が大きかった書と評価される[12]。日本では慶長一八年より前に古活字版が出たことが確認されているとともに、和刻本も慶長前期頃から出ている。

同書は「虚労」の項で結核について論じている。医学書によって結核は「労瘵」「虚損」「虚労」といった様々な呼称で登場するが、それは医学的にはこの病が重症化につれて、労傷（軽症）→虚損（治療可）→虚労（難治）→労瘵（難治）→労極（不治）と呼称が変化するからである[13]。呼称の違いは単に症状の重さや多様性だけでなく、この病が現代の結核以外にも様々な類似した病気も含み込んで、結核シンドロームとでもいうべき様相を呈していたことを示唆する。このことが、江戸時代に結核とみなされた人びとの数をいっそう増加させることにもなったろう。

『万病回春』は、女性の「虚労」については男性と別に、後半にある「婦人科」の中で改めて項目を立てて説明する。男性と女性とで「虚労」の主原因が異なることを、書物の構成の上でも明確に示しているのである[14]。

まず男性については、「虚怯の症は、皆元気不足に因る」「労症は、元これ虚損の極み」とされ、気が極度に虚の状態になっているのが「労症」であった。「警世二絶」と銘打った治病心得を掲げ、『医学入門』同様に「酒色財気」を遠ざけよと警告する。男性の虚の原因は、主として酒色と贅沢な生活にあるとみなされたのである。

対して「婦人科」の「虚労」の項はどうか。「虚労は多くは気結ぼれ、憂思・恐驚或いは情欲心を動かし、或いは経水調わざるに因って諸病を変生す」と、精神的な不安定さや性的欲望によって心を動かすことや、生理不順が女性の「虚労」の原因とされた。女性の性的欲求不満があげられていることに注目したい。

『万病回春』には岡本一抱が書いた諺解本『万病回春病因指南』(15)（元禄八＝一六九五年刊）があり、一抱の京都での臨床経験をもとにした解説が付される。一抱はその「虚労」の項で、患者は男性よりも女性、しかも未婚女性が多いと述べる。

ある人からの問い、という形で「今の虚労を病者《やむ》を見るに、多は未嫁の女なり。不審《いふかし》。彼夫あるの婦人は、嬬欲多して奪精することあるを以、実《まこと》に陰虚虚労の病あるべし。如何ぞ官女・室女の類、交会の道を絶《たつ》者に於て、陰虚・虚労を患ることや」、つまり既婚女性のほうが房労による「陰虚」に陥りそうなのに、なぜ奥女中や未婚の娘という房事に無縁の女性患者が多いのか、という疑問をなげかけられる。これに対して一抱は、年かさで未婚の場合、「陰気」が内に充ちてくるのに排泄されないため「虚損」となることや、加えて「色欲の鬱火、心に生」ずることなどをあげている。女性であっても体が性的に成熟しているのに性行為がないのは、身体的にも精神的にも病的状態になると考えられた。

同じ龔廷賢が『万病回春』の約三〇年後に著した『寿世保元』(16)（一六一五年序刊、和刻一六四五年のみ）も「婦人科」の「虚労」の項で、「先賢有云、婦人の性は悍（荒々しい）、必ず淫火多くして、且少しく意の如からざる処あらば、心中燥急」と、昔の賢人の言葉として、女性は生まれつき性格が荒々しくて淫欲が強く、思い通りにならないといらいらすると説明する。女性が精神的な理由から「虚労」になるのは、生まれつきの性差に基づくと考えられたのである。

女性の性的欲求不満については、その後の中国医書も強調するところである。『張氏医通』(17)（張璐、一六九五年刊、一七〇二年渡来）の「虚損　伝屍」の項に、「嫠《り》婦師尼、欲する所を未だ遂げず、陰陽離絶し、鬱火亢極し、不得発泄することを得ず、而して失合証を成す者は、これを房労に較ぶれば更に甚だし」とある。寡婦や尼僧は欲望を遂げることができないので「虚損」となりやすく、「房労」によるよりも重症となった。

しかも、「室女時を過ぎて嫁かず、男子時を過ぎて娶らず及び少寡の者は、皆此証を犯す」、「肢体日に削《おとろ》え、而して面色愈《いよいよ》鮮沢を加ふ、軽き者は嫁娶の後漸《ようや》く愈ゆ」とあって、男女とも適齢期になっても結婚しなかったり、若くして寡婦・寡夫となるといずれも「虚損」となるが、軽症ならば結婚後に治るという。ついには治療のための結婚が勧められるに至ったのである。

（3）「労倦」を顧みない男たち

これに対して男性の場合は、勉学に励みすぎで「労」になることもあると考えられた。『寿世保元』は、「士子」（読書して科挙の準備をしている人）は、読書や作文に辛苦して心労により「労」となるという。自制することなく勉強に熱中すると病気になることを知り、予防しなければいけないと忠告している。勉学が「労瘵」の原因としてあげられるのは、ひとつには中国の科挙をめぐる熾烈な競争が影響していよう。

この考え方はその後も継承され、たとえば李中梓『医宗必読』(18)（一六三七年著、和刻本　六八七年）は「虚労」の項で、一二例の医案を載せるが、うち六例が若者、そのうちの一人は読書に熱中する少年である。「小児天根（生まれつきの性格）久しく書癖（読書を好む癖）に耽り、昕夕《きんせき》（朝夕）神を窮めて自ら節せず」、すなわち学問好きな少年が根を詰めることにより発症している。勤勉な青少年という病人像である。

『景岳全書』(19)（張介賓、一五六三〜一六四〇）は男性の「虚損」をひきおこす原因として、過剰な努力やストレス、放蕩による「労」を強調するとともに、患者の階級性も指摘する。「労」は労働者階級にはみられず、「安閑柔脆之輩」（軟弱な有閑階級）の病であるというのである。労働者は日々労働しても、たとえば名誉心などのために限度なく働いたりしないので、「労」に至らない。対して「安閑柔脆之輩」は「労倦」をかえりみず、「名利」のためにさまざまに努力したり、色欲や遊蕩に限度がなかったり、病気で庸医にかかってかえって体調を悪化させたり、また若者は勉強や武術に励みすぎたり、といったように、自分の体力や能力の限界を自覚せずに行動して病気になる。

やがてこうした「労」は、次節でみるように元禄期の日本では、気が虚すること（「気虚」）よりも気の滞り（「気鬱」）によるとみなされることとなる。

三　一七世紀後半からの日本医書

一七世紀後半頃からは中国医書やその諺解本だけでなく、日本人医師が書いたオリジナルの医学書刊行が相次ぐ。それは日本医学が、中国医学を選択的に受容しつつ、日本の結核のあり方を反映させた日本的結核医学を展開させる段階へ移行したことをも意味した。

（1）病因としての「気鬱」

岡本一抱と同時期に活躍した後世派の大家である香月牛山（一六五六～一七四〇）は、「虚労」の原因として「気鬱」と血縁者間を主とする「伝染」を指摘する。

『牛山活套』[20]（元禄一二＝一六九九年自序）は巻之上「虚労」において、「初は多は気鬱より発する者多し。或は仕官勤労の人、初は主君に得られて後寵衰たる者、又は室女嬛寡《かんか》思想かなわず、或いは婦人の男に得られず、又は舅姑に得られざる類の者、必気鬱して骨蒸・労咳となる（傍点筆者、以後同様）」と、武士が主君との人間関係に悩んだり、未婚女性や寡婦が性的欲求不満におちいったり、既婚女性が夫や舅・姑に愛されないなどの理由でストレスから「気鬱」となり、「骨蒸・労咳」を発病することを説く。ここで注目すべきは、中国医学書がストレス→「気虚」→結核という流れを説くのに対し、牛山はストレス→「気鬱」→結核という流れを考えている点である。

また、ストレスに起因する疾患への注目は同書に「諸気」という項目を立てることにつながり、「諸気の病」「気脳の病」という精神性疾患を取り上げている。病因は「男子・婦人共に諸気不和、憂愁・思慮・忿怒に因て神を傷り、抑鬱の気留滞して不散」とあって、ストレスによる気の滞りが精神性疾患を招く。ことに「婦人・室女・寡尼の類は七情の気鬱し易し」と、既婚女性・未婚女性・寡婦や尼僧は「七情」すなわち怒・喜・思・憂・恐・悲・驚の感情が鬱しやすい。男性よりも女性のほうが「気鬱」になりやすいという認識は、先にみた岡本一抱の考えと共通する。

さらに「婦人部」の「虚労」の項でも、「室女・寡婦、欲鬱・気鬱して虚労の症に似て紛たる類多し」と、特に未婚女性と寡婦は肉体的・精神的欲求不満によって、「虚労の症」に間違えられがちな病状に陥りやすいと述べる。

そもそも牛山は、「虚労」に限らず女性の病の多くは「気鬱」を主たる原因とすると考えた。同書巻之下「婦人部」の冒頭には、「室女は其病多くは気鬱より発すれば、鬱を開き気を順《めぐら》すべし」、「寡婦は其病、欲鬱して気順せざるより発するなり」と説明する。

治療法は、中国医書が「気虚」に注目することにより、患者に禁欲的生活を求めるのに対し、牛山は「気鬱」を主たる病因と考えたために、「鬱を開き気を順す」こととなる。これは後には、結核にかかると遊郭や歌舞音曲・野遊びなどを〝気晴らし〟として勧める日本医学の特性に結びつく。

たとえば中神琴渓（一七四四～一八三三）著『生生堂医譚』[21]（寛政八＝一七九六年刊）は、「労瘵」は基本的に不治であると断った上で、ある名僧が「労瘵」にかかった弟子を治療のために遊郭に通わせたところ治癒し、病の再発を避けるために破門したという話を載せる。そして「労瘵」患者は「大抵性質篤行小心」、すなわちまじめな小心者が多いので、この方法をまだ自分の患者に試せずにいるが、医者は心得ておくべき治療法だと記す。また橘南谿（一七〇三～一八〇五）講義『雑病記聞』[22]（文化二＝一八〇五年刊）「労咳」は、女性も性行為によって「津液もれて神伸ひ、心悦ふときは（中略）鬱を開く」という。だが女性の場合は行状に関わるので慎まざるを得ないと述べる。他に「心を楽ましめ伸るやうに」四国巡礼、温泉場（入浴は不可）、貸座敷での出養生、音曲などを勧める。

（2）「労鬱の家」

「伝染」説については牛山の『国字医叢』[23]（元文二＝一七三七年刊）にも、中国医書と同様の血縁者間感染を主とする説明がみられる。本書の「病伝染アルノ説」によると、「伝尸病」は「血脈の人に伝注」し、そばの人にも「伝染」する。

ただし、虫ではなく「気」による「伝染」と認識している。「労咳」「蒸熱」などの「熱勢あつて臭気あるの病」は、病人の「病臭」の「気」が「他人の鼻に入り、其気に触冒せられて伝染す」とある。そして「労咳」「蒸熱」は「其兄弟族類は元来其血脈を受得ことなれは、同気相求て他人よりも速かに伝注し、其血脈を断て後、傍の人に伝染し、門を滅するに至る」と、血縁者は同じ「気」を持っているので相互に病気がうつりやすいと説明する。

前掲岡本一抱の『万病回春病因指南』も、「婦人科」の「虚労」の項で「女子の労症、多は寡尼室女の類・労鬱の家に患《うれふ》」と述べ、「労鬱の家」という言葉で遺伝性もしくは家族内感染を指摘する。特定の病を特定の家に結びつける、病の家筋差別につながる考え方で、元禄期から顕著になる病因論である[24]。

（3）留滞と順気

中国医学理論を重んずる学統・後世派に対して、一七世紀半ば頃から、医学理論よりも臨床を重視する古方派と呼ばれる医学の流れが台頭してくる。

この古方派の大家、香川修庵（一六八三〜一七五五）の著書『一本堂行余医言』[25]巻之七「労瘵」によれば、彼は「労瘵名家」と呼ばれて評判をとり、多くの患者を診た。

修庵の師であり、古方派医学を確立した後藤艮山（一六五九〜一七三三）は、「一気留滞論」を唱えたことで知られる。「一気」とは体内の元気のことだが、あらゆる病気はこの元気が風寒・飲食や七情などを原因として留滞することにより生ずると考えた。したがって治療は「順気」（気をめぐらすこと）を目的として灸、熊胆・蕃椒の服用、湯治が勧められた。弟子である修庵もまた「労瘵」の病因を気の留滞とみなし、治療には順気を目的とする灸を中心に用いた。

「労瘵は灸にあらざれば治することあたわず。衆人よくこれを知る」と修庵も述べるように、「労瘵」治療といえば、先にも触れた四花患門の灸が素人の間でも知られていた。「世間は吾門を以て此の証の専門名家となし、診を請う者絶えず。其の専ら灸治を用いるを以てなり」とある。

ただし、四花の灸はおこなわない。四花の灸は四花四か所の灸穴に大量の灸を七日間にわたって据える。通常灸穴は施術者が指先で触って確認するが、四花の灸穴は「縄度法」といって紐を使って身体を計測して決めるので、本来の灸穴とずれてしまい、灸穴ではない部分に無駄に灸を据えることになる。しかも「日倍法」、すなわち一か所に据える灸の数を日々倍々に増やしていく方法をとり、初日は一か所に七壮で四か所計二八壮だが、最終日の七日目には四穴合計一七九二壮を据えることになり、常人にはとても耐えられるものではないという。

これに対して修庵が採用した灸法は、一か所に一度に据える量は四花灸法に比べて少なかったが、通常の灸穴に数十日にわたって据えることによって、累計では四花灸法よりもさらに大量の灸を据えた（「多炷《しゅ》長灼千万荘に至る」）。

修庵も「労瘵」の病因として精神的ストレスをあげる。「労瘵」という名称について「労は疲也。専ら心労・房労に因る」と説明する。そして「労瘵」になりやすい人として「身を以て財に殉ずる小人、心を生理（生計）に過して用い、或いは色を以て天となす少年、情を冶容《やよう》に深溺して、気乏《つか》れて精耗《ついえ》る」をあげる。つまり、殖財に身を入れあげて汲々とする人物や色道にふけって精を使い果たす若者である。こうして心労・房労を重ねた状態で外から「微風寒」に侵され発病するとみている。

また、これ以外にもストレスを原因とする「労瘵」として、「帷幄《いあく》（大将の陣営）に近き」「思慮が過ぎ」という場合もあげ、武士で主君の近くに使える者や、思い悩むタイプの人間も「労瘵」にかかりやすいと考えていた。

突然発病するのは房事過度を原因とするか、優秀な若者である。後者は「十五、六歳から二二、三に及び生長発秀の時、少しの屈撓《くつとう》抑鬱にて不遂・不暢することあらば、則ち必ずこれを醸成する。故に近時この証を患う者多くは是敏捷怜悧の人にて、温重簡黙の徒は反って鮮し」とある。近年の傾向として「労瘵」にかかるのは、才能の発揮が妨げられストレスを感ずる有能な青年であって、ぼんやりしたおとなしい者には少ないという。

治療は早期に灸をすれば十のうち二三は治るが、「真の労脈」は不治なので、決して治療を引き受けてはいけない、と注意を促す。見分け方は脈を診て「数《さく》」であったら不治である。古人が「労」を治したという例があるが、それらの多くは「真の労脈」ではないとみている。「真の労脈」という概念の登場は、当時医者の「労瘵」と診断した症状が、ストレスによる軽い「気虚」「気鬱」の状態から、現在の結核に至るまで、相当幅広かったことを示唆する。

さて、右のように一七世紀後半の医学は後世派・古方派を問わず、「労瘵」の原因としてストレスに注目した。

医学書の中で「気鬱」に陥るのは、思春期の若い男女や禁欲生活を送る寡婦だけではなく、商人も武士も主婦も、みなそれぞれが職場や家庭で仕事や人間関係をめぐるストレスを抱え込んで鬱々としていた。一七世紀後半の医学は、ストレスとそれによって引き起こされる「気鬱」の病を大きな臨床課題としたのである。(26)

（4）ストレス社会に生きる

一七世紀後半は、実際に人びとにとってストレスの多い時代であったようだ。塚本明はこの時期、京都の町で自殺者が多発していることを指摘する。(27)一七世紀後半の京都の町奉行所が把握した自殺者は年平均で約五五件で、当時の人口比から考えると現代日本の自殺率にほぼ等しい数値に達するという。

自殺理由は「身代不如意」、すなわち経済的行き詰まりによるものが最も多く、次いで人間関係によるものである。塚本は、自殺に至らないまでも、さまざまなストレスを抱えて病む人々がその背後に大勢いたことを想定する。そして貝原益軒（一六三〇～一七一四）の『養生訓』（正徳三＝一七一三年著）とは、当時の都市生活が消費への欲望と人間関係の多様化によって「気の病み」が充満していることを前提とした養生論であったと述べる。

また栗山茂久は、益軒が言う「気の病み」とは気が減ることだけでなく、気の滞りも含む概念であったことを指摘する。(28)「十七世紀の後半から十八世紀にかけて、病を滞りと結びつける発想は日本で広く浸透し、一般の常識として定着していった」という。益軒の養生思想が、「元気をへらす」こと（虚）と「元気を滞らす」ことの二つを不養生として、強く同等に警戒したことは、中国医学の「伝統的養生観からすればかなり特異なもの」であった。中国では気の鬱滞はたしかに警戒すべきことではあるが、養生の最大問題は虚であって、鬱滞は虚の二次的結果に過ぎなかったからだ。一七世紀後半の日本医学は多彩な中国医学の結核観の中から、日本におけるストレス社会の展開を背景に「気鬱」、つまり気の滞りという病因をことさらに強調していったのである。

四　文芸史料の中の結核

次に文芸史料の中の結核記事をとりあげて、これまでみてきた医学書の結核観が一般の人びとに対しどのような形で受容されていったのか確認する。文芸史料はもちろん創作であるが、人びとの結核に対して抱いていた〝イメージ〟を考察するには有効な史料群である。

（1）「心をいたましむる病」

随筆『慶長見聞録』(29)（三浦浄心、一五六五～一六四四）は、一七世紀前半の結核について記した数少ない文芸史料である。本書の「当世らうさい（労瘵）はやる事」に、「見しは今、らうさいはやり、皆人煩へり」とある。医者たちはこの「時花病《はやりやまい》」を治して手柄にしようとするが、誰も治せない。

浄心は、一人の医者ではない老人による話として、「らうさい」は「心よりをこる病也。然間、此病を心気と名付たり。心をいたましむる病也」と記す。老人はさらに、「今は末世混乱の時節なれば、智恵はすくなく却て愚痴にして、我より上を見てはうらやみ、心にかなわざる事をのみなげき、聞事に迷ひ、心散乱して気の煩ひなせり」と、人々が「心をいたましむる病」「気の煩ひ」におちいる理由を説明する。治療は「医術・医方を尽すといふ共、此病くすりにては治しがたし。たゞおのれが心を転しかえべき也」と、医薬では治すことができず、本人の気持ちの持ちようを変えるしかない、と語った。

「らうさい」が巷で流行しているという認識は、第二節第二項で述べたような、様々なレベルと症状の病を結核と結びつける、結核シンドロームの影響をうかがわせる。

そして、浄心がこんな話をわざわざ収録したのは、この老人の説明に得心したからである。浄心は出家隠居の身ではあったが出自は後北条氏譜代家臣で、後北条氏滅亡後に江戸で商人となった。本書が成立した慶長末年頃は大坂夏の陣を控えた、いまだ「末世混乱の時節」である。戦功によって立身出世を遂げる者もいる一方で、浄心のように失意のうちに浪人した者や恩賞に恵まれない者も多くいた。巷には「かぶき者」と呼ばれる暴力行為を繰り返す若者集団が徘徊し、辻斬りや放火の絶えない殺伐とした情勢にあって、幕府の激しい弾圧が繰り返されていた(30)。老人や浄心の言葉は、絶望感の横溢するこの時代をいかに生きるかという問題を語ってもいるのである。

(2) 浮世草子の描く性

それに対して政治が安定して高度経済成長期に入った元禄期以降、一七世紀後半に登場する浮世草子は遊里を舞台とする好色物を主とすることから、結核を恋煩いや房事過多という性的なトピックと結びつけて面白可笑しく取り上げた。本論文の冒頭で触れたように、三田村鳶魚は仮名草子にはほとんど登場しない結核が浮世草子にはよく出てくることをもって、元禄期に結核が流行したと推測するが、結核という病にまつわる医学的言説が、浮世草子の好色というテーマにふさわしいものだったという側面もあったろう。

冒頭に掲げた『新色三ツ巴』は箱入り娘の話。

「恋といふ怪物に出あふては、思ひきられぬわくの糸、みだれ心のむすぼふれは、慕恋《ほれた》男にとかさねば、労咳といふ病に成、終に命とらるゝなり」とは、遂げられない恋慕の情が募ると心が結ぼれる、すなわち気が滞って「労咳」に進むというのである。彼女が死の間際に乳母に告白したのには、「此本《ほん》ぷくの薬には、気のくすりやの恨之助様といふ御かたの手にかゝり、療治してもらふたら、早速快気するなれど」とのこと。恋の病は恋しい男でなければ治せない。

この作品の中で「労咳」は、「気鬱のやまひ」とも表現される。死後幽霊となった娘は「流石女のはかなさは、色にも出さで心で思ひくらし、口に出しても得いわずして、気鬱のやまひをうけ、身を退《まかり》しはたれゆへぞ、そもじ様が命とり」と男の前でかきくどく。

『世間娘気質』[31]（江島其磧、享保二＝一七一七年自序）もまた、箱入り娘は「気鬱」から「労咳」に至ると警告する。二の巻の冒頭では、『徒然草』にある因幡国の入道の娘が栗ばかり食べて穀物を食べないため、父入道が嫁に出さなかったという話を引き、「惣じて婦人には気鬱よりして医書にもなひさまぐ〵の異病を煩ひ、医者に枕をわらす事なり」「たとひ火をくはふとま丶、婚礼して、男をもたせて見たきものなり」とある。女性は「気鬱」によって様々な病気になるという考え方は、先にみた『万病回春』の「婦人科」の記載に通じる。性的欲求不満が原因だから、栗しか食べない娘も結婚させてみれば治ったのではないか、というのだ。男性ならここで遊郭通いという方法もあるが、女性の場合は結婚となる。

さらに、堅物の父親が美しい娘を持つと大事にしすぎて「労咳病《や》み」にしてしまうとも述べる。娘に外出を禁じ、縫い物や摘み綿のような女性の手業をさせる以外は、流行の浮世草子はもちろんのこと『伊勢物語』すらも浮気心を植え付けると読ませない。そうやって「陽気の盛んの娘に当世の日の目さへおがませずして、つゐ労咳病み」にするのである。気の利いた婦人科医が「異様なる煩ひも、男もたせば大かたはなをる物」というのはもっともだという。

同様の話は四の巻にもみられる。箱入り娘が恋人と密会を重ねた末に妊娠する。娘のつわりを気鬱の病と勘違いした母親は、「懐子《ふところご》のかふした煩ひは皆鬱症にて、後は労咳にもなるもの。随分心で養性し、はやく息災になるやうにしてたもれ」と、懐子、すなわち箱入り娘の性的欲求不満を解消させて、「鬱症」が「労咳」に進む前に娘の病気を治そうと、勝手に他の男との縁談をまとめてしまう。

いっぽう男性の気鬱は生真面目さが原因であり、気晴らしのために遊郭に通って治す。『一休咄』[32]（著者未詳、蓮耳軒序、龍耳軒跋、貞享五＝一六八八年刊）巻之一は、二〇歳の真面目な青年の「労瘵」の話である。病因は「心肺の間に鬱気といふもの、有ゆへ也」、したがって治療は「気血をめぐらし労瘵をほろぼすべし」ということとなる。まじめさ故に気が鬱滞して「労瘵」となり、「やうぜう（養生）」のために遊里に通った結果、青年は全快する。

「労咳」を遊郭で治すという発想は、『好色敗毒散』[33]（夜食時分、元禄一六＝一七〇三年刊）にもみられる。大坂の裕福な商人の一人息子が、吝嗇な父親に常々細かいことを口うるさく注意されて「か丶る事のみ段々胸につまりて労咳の芽《きざし》」があらわれる。そこで医者同道で「養生のために」遊郭通いをすると「気もはれて食す丶み、ほどなく快気」となる。

『風流曲三味線』[34]（江島其磧、宝永三＝一七〇六年刊）第二は、九〇歳近い老人と一四歳の少女の恋物語である。これまで金銀が惜しくて女房さえ持たなかった金持ちの老人が、ふとしたきっかけから少女に恋狂いし、周囲が一緒にさせてやろうと言っても、とにかく心中したいと言って聞かない。家族は「若い時から渡世の事に気を尽して、今心虚してあのごとくなられしものならん」と、商売に気を使い尽くして「虚」になったのだろうと大坂中の名医に診せるが治らない。人づてに、「か様の異病をなおす藪医あり」と聞きつけ、徳庵を呼ぶ。

徳庵は得意のでまかせで「此病気は中々常体の了見にては治しがたし。是は此比のはやり煩にて、心中伝尸病といへり」と診断した。今心中が世間ではやっているのも、「伝尸虫」の類が人に移って人を滅ぼすのだろう（「今諸方にけしからず心中のはやるも、伝尸虫の類成物、ひたと移り渡りて、かく人のほろぶと思へば」）、だから心中者の死体を掘り返して、頭蓋骨を黒焼きにして飲ませよう、と考える。

早速老人に飲ませてみると心中熱がおさまった。そこでこの薬を「淳気《じゅんき》霊天蓋」と名付けたところ、若者の親達や浮気な遊女を抱えた遊女屋の亭主から、「かねての養生に用ひて置たし」と、心中の予防薬としてひっぱりだことなり、今は大もうけして「心中医者」と大坂じゅうの評判である。

「伝尸（屍）病」は『啓迪集』にあったように結核の別名であるし、「伝尸虫」は伝尸病の虫である。また「霊天蓋」はやはり『啓迪集』の「労瘵」薬に含まれる「天霊蓋」と同じ、「淳気」は気の留滞を改善する「順気」を意味しよう。

こうしてみていくと浮世草子の結核の描き方はいかにも戯画的で荒唐無稽な印象を与える。病因としての房事過多、その反対の性的欲求不満やきまじめな性格、治療法としての房事・天霊蓋。しかし、いずれも本論文で確認した中国および日本の医学書にみられる内容と一致する。結核に関する医学的言説をモチーフとする浮世草子が商業出版として成立するには、そういった知識を共有する読者の広がりを前提とする。そして、浮世草子という流行風俗を反映する小説の中に、新たにしかも頻繁にこのモチーフが採用され始めたのは、様々な心身の不調を結核と結びつけて考えることが、当時の新しい風潮であったことを示唆する。

（3）女訓書の言説

この時期、結核を「気鬱」の問題と関連づけた一般向けの書物は浮世草子だけではなかった。女訓書である『女重宝記』(35)（苗村丈伯《なむらじょうはく》、元禄五＝一六九二年刊）もまた同様である。

一の巻には、女子は男子より「気鬱」「労咳」になりやすいと説かれる。女子は親の寵愛が深いためにわがままに育ち、花嫁修業で「気鬱」となり、また婚姻後も舅姑・夫に気遣って、ついに一六、七歳で「労咳」になるというのである。治療法として「我と心をとりなをし、養生して、はやく医者をたのみて、盗汗《ねあせ》出ぬ間に、四花患門といふ穴に灸をし給ふべし」と、心の持ちようを変えることや、早めの四花患門の灸を勧める。

また三の巻の「懐妊の事并に養生の次第」には、「男は十六七才にてめとり、女は十三四にても嫁するならひとなり、上々方ほどはやく婚姻を取りおこなふ事になりぬ。これみな親の心に、わが子の不義の出来ん事を思ひ、気鬱、労咳の症を煩はん事を恐れて婚姻をいそぐなり」とあって、上層民ほど「気鬱」や「労咳」を恐れて息子・娘の結婚を急ぐという。一の巻の記載では女子の「労咳」はわがままと婚姻後の家族関係に起因していたが、ここでは男女ともに性的欲望が遂げられないことが、「気鬱」やそれがこうじた「労咳」に結びつくと考えられている。

著者稲村丈伯は元医師であったから、彼の「労咳」認識が医学書と一致するのは不思議ではない。ここでは女訓書という女子教育の書の中で、女性に「気鬱」「労咳」に関する知識の普及がはかられていること、そして医学的な知がより普及していたことが想定される上層民の間で、「気鬱」「労咳」予防のために早めに結婚する風潮があったという点を確認しておく。

（4）エリートのナルシシズム

いっぽう男性の気虚は、時にエリートの証でもあった。新井白石（一六五七～一七二五）の『折たく柴の記』[36]（享保元＝一七一六年頃成立か）には、正徳二年（一七一二）に白石が病気になって江戸城へ出仕できなかった時の記事がある。将軍徳川家宣は心配して家臣を白石のもとに遣わし、白石を診ている医師の話を聞いてこさせた。

医師の見立ては「思の脾を傷りて元気もまたすでに衰へたり。四花に灸する事、万壮に余りぬれど、なをいまだそのしるしあらず」とのことだった。つまり国政にあずかる重責故に白石は「元気」（精気）が衰えた気虚の状態にある。そこで四花の灸を施すこと一万壮にも及んだが、まだ効果がみられないというのである。これに対して家宣は、憂国の士である白石が世を憂えて気を消耗し病気になるのはわかるが、短期に灸を一万壮も据えるというのはいくら何でも信じがたい、と述べた（「(白石の) その世を憂ふる心、実に深し。これによりて病を致せる事はありなむ。其気のごときは我国にみちあまりて、四海の外をおほへり。汝の申すごとくならむものの、わずかの程に一万壮の灸治かなふべしや」）。白石は家宣の言葉を人づてに聞き、「此御ことばこそ忘れがたく、かたじけなき御事也」と感激している。

白石がこの記事をわざわざ『折たく柴の記』に記したことに、国政を預かるエリートの悩み多き生活に対する一種のナルシシズムを読み取ることも可能である。彼の意識は第二節第三項で確認した中国医学書に登場する、「虚労」を秀才や勤勉家と結びつける言説と重なる。

おわりに

これまでみてきたように中国医学でも日本近世医学においても結核の病因は基本的に同じで、近世初期に曲直瀬道三が導入した中国医書の範疇を大きく出るものではない。すなわち肉体的・精神的疲労によって引き起こされ、重症化すると「労瘵」へ進み、虫や悪気によって伝染することもある病気である。ただし、結核を気虚の病とみなした中国医学に対して、元禄期以降の日本近世医学は気の滞りに注目した。そして、ストレス社会の展開と医学的知の普及の中で、ごく軽い気鬱状態から重篤な「労瘵」「労極」に至るまでの結核シンドロームの世界にからめとられたのは、中国のように有閑階級だけではなく、国政に携わるエリートはもちろん、庶民家庭の主婦も含めた広範な人々であった。

結核はまた、性と深く関わる病でもあった。その原因に男性の場合は房事過多、そして男女ともに性的欲求不満が強調された。特に、女性の性欲の強さと精神的未熟さをことさらに強調する点では、中国医書も日本医書も同じであった。女性に対するこのような偏見は、〝医学的根拠〟があるとみなされたが故に強固なものとして社会の中に深く広く定着することとなり、元禄期以降も一貫して継承される。

江戸後期の医師平野重誠（一七九〇～一八六七）が書いた家庭医学書『病家須知』(37)（天保三＝一八三二年刊）は、女性の「宿痾《じびやう》」の「起原《おこり》」を「性質従順《うまれつきにうわ》ならずして猜疑《うたがひ》ふかく、人を怨《うらみ》、世を尤《かこち》、心情《こころざま》の偏辟《ひがみ》たるより発《おこる》ものおほし」「婦人は十が八、九は褊心《こゝろせまく》愚痴なるものにて、とかく挂念《ものおもひ》間断《たゆるひま》なく、悒悶《きをふさぎ》て病となること多ければなり」と記している。女性は生まれつきの心の狭量さが気鬱を招き、そこからあらゆる病が生ずるというのである。それは男性が過剰な努力や優秀さによって病むことと、好対照をなしている。

このようにみてくると、元禄期の浮世草子における「恋の病」というロマンチックなモチーフ、すなわち恋人への思いを募らせて「労咳」となる若い娘の姿は、精神的に未熟でかつ性欲を抑えられないものとして女性を捉えるジェンダー観を前提として成立したものであったといえよう。

（1）著者未詳『新色三ツ巴』（『江戸時代文芸資料』第二、国書刊行会、一九一六年）。

（2）三田村鳶魚「西鶴の当世顔」「恋の病」（『三田村鳶魚全集』第一二巻、中央公論社、一九七六年）。

（3）福田眞人『結核という文化』（中公新書、中央公論新社、二〇〇一年）。

（4）近代日本の結核は、イメージの上ではロマン化されていたが、現実には一九五〇年代まで日本の死亡原因第一位を占めており、第二次世界大戦後までは治療法がなく、また劣悪な環境で集団生活をする貧しく若い工場労働者のような人びとを特に襲う、貧困と深く関わった病であった。近代日本の結核については福田眞人『結核の文化史』（名古屋大学出版会、一九九五年）、同前掲注3『結核という文化』、青木純一『結核の社会史――国民病対策の組織化と結核患者の実像を追って――』（御茶の水書房、二〇〇四年）を参照。

（5）氏家幹人『江戸の病』（講談社、二〇〇九年）。

（6）横田冬彦「近世村落社会における〈知〉の問題」（『ヒストリア』第一五九号、一九九八年）。

(7)「結核の歴史(一)〜(七七)」(『日本臨床結核』一五−一〜一八−一二、一九五六〜五九年、『日本胸部臨床』一九−一〜二一−五、一九六〇〜六二年)、「江戸時代の結核(一)〜(三)」(『日本胸部臨床』三一−八〜一〇、一九七二年)。なお古代・中世の結核医療については新村拓『日本医療社会史の研究』(法政大学出版局、一九八五年)が紹介している。

(8)『啓迪集』(『近世漢方医学書集成』二、名著出版、一九七九年)。

(9)『啓迪集』は「今世」とするが、『医学正伝』には「今也《や》」とある。なお、明代には、近頃の人は姿も病気も虚であるという認識も広がっていた。『補注明医雑書』(王綸撰『明医雑書』、自序一五〇二年)に、薛己が注を施して一五五一年に刊行したもの)のなかで薛己は「労瘵」の項に、「上古の人は形・病ともに実」であったが、「今の患者は多くは形・病ともに虚に属する」と書いている。

(10)『医学入門』(『和刻漢籍医書集成』第九輯、エンタプライズ株式会社、一九九〇年)。

(11)『万病回春』(『和刻漢籍医書集成』第一一輯、一九九一年)。

(12)小曽戸洋「『万病回春』解題」(前掲注11『和刻漢籍医書集成』第一一輯)。

(13)岡本一抱『万病回春病因指南』元禄八年(一六九五)刊、京都大学富士川文庫蔵。

(14)ちなみに後年の『医門法律』(喩《ゆ》昌、一六五八年自序、和刻本一六六五年)は「虚労論」において、「伝屍労」は男子は房事過多などによってまず腎を損傷し、腎→心→肺→肝→脾の順で侵され、女子は心労などにより心を損傷し、心→肺→肝→脾→腎の順で侵されていくと述べる。つまり、男女で同じ病気の原因が異なっていて、病理もまた異なると説明しているのである。

(15)前掲注13。

(16)『寿世保元』(『和刻漢籍医書集成』第一二輯、一九九一年)。

(17)『張氏医通』(中国医学名著叢書、台湾・自由出版社、一九七四年)。

(18)『医宗必読』(『和刻漢籍医書集成』第一四輯、一九九一年)。

(19)『景岳全書』(台湾・台湾国風出版社、一九八〇年)。

(20)『牛山活套』(『近世漢方医学書集成』六一、一九八一年)。

(21)『生生堂医譚』(『近世漢方医学書集成』一七、一九七九年)。

(22)『雑病記聞』杏雨書屋蔵。
(23)『国字医叢』杏雨書屋蔵。
(24)江戸時代の「癩」の家筋観については、鈴木則子「近世の「癩」病観とその形成過程」（財団法人日弁連法務研究財団内ハンセン病問題に関する検証会議編『ハンセン病問題に関する検証会議　最終報告書』第二第1、二〇〇五年）を参照のこと。
(25)『一本堂行余医言』（『近世漢方医学書集成』六六、一九八二年）。
(26)香川修庵は『一本堂行余医言』に「不食証」と名付けた摂食障害について記す。患者の多くは女性で、米飯を拒して何か一種類の食物を偏食したり、まったく食べなかったりするが、数日から数か月、数年に至っても痩せることはないという。服薬や食事を強制すると悪化するので、本人の意志を尊重して治療を無理強いせず、自然経過に任せれば治る。この病気は古今の医書にも明確な記述はないが自身はすでに三〇人余を診た、という修庵の言葉から、彼が「不食証」を当時の〝現代病〟と認識していたことがうかがえる。これもまた、新たなストレス性疾患とみなしてよかろう。
(27)塚本明「倹約と養生」（横山俊夫編『貝原益軒』平凡社、一九九五年）。
(28)栗山茂久「肩こり考」（山田慶兒・栗山茂久編『歴史の中の病と医学』思文閣出版、一九九七年）。
(29)『慶長見聞録』（『江戸叢書』巻の弐、江戸叢書刊行会、一九一六年）。
(30)北島正元『近世史の群像』（吉川弘文館、一九七七年）。
(31)『世間娘気質』（『新日本古典文学大系』第七八巻、岩波書店、一九八九年）。
(32)『二休咄』（『西村本小説全集』下巻、勉誠社、一九八五年）。
(33)『好色敗毒散』（『新編日本古典文学全集』第六五巻、小学館、二〇〇〇年）。
(34)『風流曲三味線』（『叢書江戸文庫八　八文字屋集』国書刊行会、一九八八年）。
(35)『女重宝記』（現代教養文庫、社会思想社、一九九三年）。
(36)『折たく柴の記』（『日本古典文学大系』第九五巻、岩波書店、一九六四年）。
(37)『病家須知』（農村漁村文化協会、二〇〇六年）。

衛生思想の中の女性――その周縁性と共生性

瀧澤利行

はじめに

一九八〇年代後半の国際的な公衆衛生の動向において注目された事実の一つとして、女子の識字率の高い地域は低い地域よりも乳児死亡率が低いことが指摘された。これは、公衆衛生・健康教育の担い手としての女性・母親への期待が高いことを意味している。女子の保健知識の向上が、国際的保健戦略としての有効性とその背景にあるイデオロギー（女性性に由来するケアの心性）に立脚していることは容易に理解される。このことは、衛生に関する思想史的研究が「女性」という視点に立って行われるべきことを示唆している。

前近代の衛生に関する思想として、「養生」がある。養生とは、端的に言えば健康を中核とする「生の方略」に他ならず、その時代のある社会階層における文化と人間形成に規定された生の様式と技法である。養生の思想的起源は、東洋においては老荘思想・道家思想、道教文化などに由来する。日本の養生論は中国養生論の基本的思想を継受しつつも、近世以降、経験論的解釈を加え、独自の発展を遂げる。元禄・正徳期には貝原益軒『養生訓』をはじめ多くの養生論が著され、文化・文政・天保期には「化政期養生論群」ともいうべき多くの養生論が現れる。そしてこの近世期の養生論における女性の認識は、ほぼ「産む性」としての母性を前提として語られる。そしてこの傾向は基本的には明治にも続く。

他方で、女性史あるいはジェンダーの社会史の領域における研究蓄積においては、日本における女性の身体は、月経を招来するその生理機能を所以として「ケガレ」の対象としてとらえられてきたとする。さらに、近代以降の衛生思想は、近世期までの女性身体に対する「ケガレ」観を基本的に温存したままで、明治期衛生論における女性認識として、「母子衛生思想」とともに、「家庭衛生」の概念のもとで、一家の健康管理の要としての女性の役割を強調するようになる。そこで展開される言説の体系は、近世期的な女性身体への特殊な視点とともに、新たな機能として国民の健康維持とその繁栄をもたらす健全な生殖機能への期待が付加された。

そこでは、ほぼ一貫して身体や健康観において伝統的なジェンダー規範に依拠する階層性を前提としつつ、「産む性」としての「母性」の重視と、そのもとでの母性（女性ではなく）の健全性を指向する思想性が継承されている。

ところで、先にも触れたように、一九八〇年代後半の国際的な公衆衛生戦略の動向において注目された事実として、世界保健機関などの調査によって「女子の識字率の高い地域はそうでない地域よりも相対的に乳児死亡率が低い」ことが指摘されるようになり、発展途上国を中心に、公衆衛生戦略の重要な視点として女性への衛生思想の普及とその観点からのリプロダクティブ・ヘルス、リプロダクティブ・ライツの概念が強調されるようになった。そこでは、先進国はもとより、とりわけ開発途上国における公衆衛生・健康教育の担い手としての女性・母親への期待が含意されている。すなわち、国際的保健戦略としてのプライマリヘルスケアの基盤を形成する家庭保健上の人的資源としての女性の有益性と、その背景にあるイデオロギー（産む・育てる・ケアする・看取る性としての女性）、それはいわゆる「ケアの倫理」（C・ギリガン以降の「ケアの倫理」のフェミニズム的論争の中で議論された女性性に由来するケアの心性）へと連結していく一連の思想的シナリオを構成することになる。

もし、以上のような理論的構成が成り立つとすれば、端的な疑問として衛生や公衆衛生における「女性」に対する認識はどのように形成されたのかが想起されうる。このことは、衛生や公衆衛生の思想史における「女性」の視点の明晰化の課題とともに、近年関心が高まっているケアの倫理に関する議論や健康に関わる生政治（bio-politics）に関する思想についての分析視角の豊富化につながるものである。すでに出産や育児の思想史が先駆的にこの問題を数多く取り上げているが、国際的な視野での保健戦略のもとで「女性」の戦略化が図られている現在、「女性という視点から衛生を対象化する」ことと「衛生という視点から女性を対象化すること」の双方のアプローチが必要なのではあるまいか。

その試行として、本論文では「衛生思想」の中の女性の意味づけを、主に史料の対象を近世後期から近代初頭にかけての日本に限定して検討してみたい。

一　衛生思想の思想的位相

（1）日本における養生論の展開とその内容

①養生論の展開

養生に関する一定の体系的な言説を「養生論」とよぶならば、それは洋の東西を問わず、広く長く人間の生活とともにあったと考えられる。漢字文化圏の中心であった中国においては、古代から清朝にいたるまで夥しい数の養生論が著された。魏・晋代においては「竹林の七賢」としてその名を知られる嵆康が『養生論』を著し、後にその養生観に関して向秀との間で「養生」論争を展開した。これは古代中国における代表的な思想論争の一つとしてしばしば取り上げられる。また、東晋代においては道教の仙術書としても知られる葛洪『抱朴子』や後に多くの養生論に引用される張湛『養生要集』が著された。梁代には陶弘景『養性延命録』、唐代には孫思邈『備急千金要方』といった日本でもよく知られる養生論が著されている。さらに、宋代には蒲處貫『保生要録』、周守中『養生月覧』『養生類纂』、鄧景岫編『四時摂生論』、金代には丘處機『摂生消息論』、元代には李鵬飛『三元延壽参賛書』、羅天益編『衛生寶鑑』、王珪『泰定養生主論』、そして明代には冷謙『修齢要旨』、陳継儒『養生膚語』、高濂『遵生八箋』、袁了凡『摂生三要』、龔廷賢『済生全書』、洪九有撰『摂生総要』などが多種多様な著作が刊行された。これらの養生論のうち少なからぬものが『道藏』に所収されている(1)。このことからも、中国養生論は基本的には道教教典としての性格を有していた。

一方、西洋における養生論の展開を瞥見すると、ヒポクラテスの『養生法 *Diaeta*』、ガレノスの『養生法 *De Sanitate Tuenda*（健康を維持することについて）』などの著述にもみられるように、古代ギリシャ・ローマの頃からすでに養生法について関心が払われていたことがわかる。また、中世イタリアではサレルノ医学校編『サレルノ養生訓 *Regimen Sanitatis Salernitanum*』といわれる不定型詩による医学と健康の規範集が著され、中世ヨーロッパにおける医学知識のコンサイスな集成として長く伝えられた。

日本における養生論の変遷をみると、その著述は九世紀に始まる。物部廣泉『摂養要訣』（八二七年）、深根輔仁『養生鈔』（八七七年）はともに逸失しているが、本邦最初期の養生論である。以後、平安期から鎌倉期にかけて丹波康頼撰『医心方』「養生」「延年方」（九八四年）、釋蓮基『長生療養方』（一一八四年）、栄西『喫茶養生記』（一二一五年）、丹波嗣長『遐年要鈔』（一二六〇年）、丹波行長『衛生秘要鈔』（一二八八年）、竹田昭慶『延壽類要』（一四六五年）など、主として中国養生論の撰述による著述がなされるようになる。

さらに、近世期以降は養生論の盛行が明確となり、曲直瀬玄朔『延壽撮要』（一五九九年）、名古屋玄医『養生主論』（一六八三年）、竹中通菴『古今養性録』（一六九二年）、貝原益軒『養生訓』（一七一三年）、小川顕道『養生嚢』（一七七三年）、三浦梅園『養生訓』（一七七六年）、本井子承『長命衛生論』（一八一二年）、中神琴渓『生生堂養生論』（一八一七年）、平野重誠『病家須知』（一八三二年）、同『養生訣』（一八三五年）、水野澤斎『養生辨』（一八四二～五一年）など、近世期を通じて多くの養生論が著される。[2]

②日本における養生論の内容と「女」「性」観念

日本における養生論の内容は、その基本を中国養生論の内容体系に影響を得ている。すなわち、「養形」（身体の養生）と「養神」（精神の養生）の二義のもとで、「金丹」「内丹」「辟穀・服餌」「服気・調息」「導引」「房中」「護身」といった道教的養生法を基礎としながら、次第にそれらを取捨し、また日本の歴史的、地理的環境に応じた内容を派生させて多様に構成されるにいたる。近世後期の時点におけるその内容的展開を俯瞰すると、それらは①総論・原則、②飲食、③性欲・房中、④導引・運動、⑤排泄、⑥衣服、⑦視聴覚、⑧沐浴、⑨養神、⑩起居動静、⑪呼吸、⑫選医用薬、⑬療養、⑭養老育幼、⑮諸芸、⑯道徳、⑰文化・教養、⑱利財、⑲家庭生活、⑳自然や人体の構造や機能といった項目に大別できる。これらは、時代によっても、また著者の属する学的系統によってもその範囲や深浅は異なるが、自己の心身を調整することによって自己の内的気を養う（養気）ことを目的とする主体的心身技法（気功医学でいう「内気功」的技法）と、外界から養生にとって有効な気を導入したり邪気を排出したりする「外気功」的技法、さらには社会関係や自己の教養形成を行うことによって自己と社会との関係を調整する社会調整的技法に大別できる。

このような養生の技法の中で、女性はどのような位置づけをなされていたのか。端的にいえば、古代から近代にいたるまで、そしてそれは和漢を問わず、記述の視点は常に男性からの視点であった。その中心は房中術の存在にある。房中術とは古代中国から続く養生法に含まれる技法の一つであり、中国の宇宙観を表す陰陽説に起源する技法体系である。陰陽説の原典ともいえる『易経』の「易序」には「所以易有太極、是生両儀。太極者、道也。両儀者、陰陽也。陰陽、一道也」（易に太極有り、是れ両儀を生ずる所以なり。太極なる者は、道なり。両儀なる者は、陰陽なり。陰陽は、一道なり）とあるように、宇宙の根源とされる「太極」から「両儀」（陰陽）が生じたとしている。ここでの陰陽は陰あっての陽、陽あっての陰、一対であり両儀不離の関係としてとらえられている。ところが「繋辞」上伝には「天尊地卑。乾坤定矣。卑高以陳。貴賤位矣」（天は尊く地は卑くして、乾坤定まる。卑い高いをもってつらねて、貴賤の位がある）とあり、「繋辞」下伝には、「天地絪縕、万物化醇。男女構精。万物化生」（天地絪縕して、万物化醇し、男女精を構せて、万物化生す）と記されており、陰陽の合一こそが万物生成の起源となるという生成論を説きつつも、そこでは陽に対応する天が高位で尊く、陰に対応する地が低位で卑しく、これが男女に対応することが仄めかされている。

中国の自然哲学である陰陽思想と五行思想が一休化した陰陽五行思想は、宇宙の森羅万象のあらゆる現象は陰と陽の結びつきによって成り立つとする説明体系を基本とする。すなわち、陰陽が平衡を欠けば事物は衰滅の道に至り、調和すれば秩序が保たれる。天地万物に属する人間もまた同じ陰陽の原理にしたがい、陰陽の気の調和があれば秩序ある生活ができ、平衡を欠けば病となる。そして重要なことは、男女においては男を陽とし女を陰とする点にある。天地万物の陰陽が調和して万物が生成されるのと同様に、男女の交接もまた陰陽の理にしたがうべきであるとされた。

養生の技法にとしての房中術は、この陰陽の気を巡らせることによって、男女の和合を図るとともに、心身の精気を保持して長生を得ることを目指している。房中術の基本は、性の快楽において節度を保つことにあり、性欲が恣となりその節度を顧みなくなれば病が生じ、性命が損なわれるとする点にある。房中術には種々の性行為に関する技法が含まれているが、女性が十分に興奮した状態で交わること、男性は快楽に身を任せず精（精液のことではなく気の一種）を漏らさないように交わることが随所で説かれる。これは、性交して精を漏らさないことにより、内に留まった精気は脳に還流して心気を養うと考えられたことによる（「還精補脳説」）。後年、しばしば卑俗な性交の秘技と混同される房中術は、本来的には人間の本源的な行為としての性行為を、一方ではそれに快楽をもとめつつ、他方ではその行為それ自体を通して、心身の精気を養い、性命を保養し、合わせて男女両性の身心の和合を目的とした技法体系であった。後漢末の頃から、房中術は次第に道教における方術とみなされるようになったが、それでもその目的は精を愛しみ、気を錬ることによって延年益寿・不老不死を期すことにあった。

道教の教派分化により、五斗米道が普及すると、五斗米道では房中術を「黄赤之道」として、入信儀礼であると同時に男女陰陽の気の交流と天地の気を交わらせることを目的とするようになっていった。また、東晋代の葛洪『抱朴子』には房中術に治病長生の効果を認め、人は陰陽（男女）の交接を絶ってはならず、陰陽が交わらなくなると気が鬱滞して、疾病を生じやすく、長生はおぼつかなくなると説いている。

古代中国の房中術に関する書籍（房中専書）は、早い段階で散逸したが、梁代の陶弘景『養性延命録』などに数書が引用され、唐代の孫思邈『備急千金要方』でも房中術の益を説いている。貝原益軒『養生訓』においても「孫真人が千金方に、房中補益説あり。年四十に至らば、房中の術を行ふべし。その説頗詳なり。その大意は、四十以降、血気やうやく衰ふる故、精気をもらさずして、只しばしば交接すべし、如此すれば、元気へらず、血気めぐりて、補益となる、といへる意なり」と引照され、特に四〇歳以上の人には欠かせないものだとしている。なお、日本で編纂された平安時代の医書『医心方』「房内篇」には『素女経』『洞玄子』『玉房秘訣』などの中国の房中専書がしばしば引用されている。

ところが、後に道教諸教派間では、新天師道を創始した北魏の寇謙之などは房中術に対して否定的な見解を明らかにしている。さらには肉欲を不浄なものとして忌避した仏教や儒教の影響によって、房中術は道教内においても正統的な養生法としての意義が損なわれ、性交に関する秘儀としての性格が強調され、伝承されるようになっていく。この過程で、本来は陰陽対等な関係において身体的な和合を図ろうとした房中の思想は、快楽重視の男性優位の性技への転換を覆すことが難しくなったと考えられる。

唐代以降、行気や存思などの道教の養生技法から、金丹などの外丹を体内において養成する「内丹法」が構成される。内丹法は、大きく「清修派」と「双修派」に分けられる。「清修派」は単独で養生や神仙術を修める立場である。男女二人によって養生法を修めるのが「双修派」であり、この中で房中術が継承された。

双修派の丹法は、その接触形態から二つに分かれる。男女が「肉体的」に交接することで気を循環させる「体交法」と、肉体の交接をせず「神（意識）」のみで行う「神交法」である。

「体交法」は、「肉体的」交接すなわち性交により気の交流を行い、気の循環を図る技法である。気の交流をともなわない性交は単なる性行為であり、内丹法としての房中術ではないとされる。体交法は、交接により男女の「双方」で気の交流を行うが、効果を出すためには双方ともみだりに精を漏らしてはならないとする。他に、男女の片方が一方的に気を奪い取る「玉女採戦」とよばれる技法があるが、奪われる側は体をひどく損ねるとされ、問題視された。

これに対して、「神交法」は、隔体神交法とも呼び、肉体での交わりはせずに離れた所から互いに「神（意識）」だけで気を交流させる。要点は、男は衣をゆるめず、女は帯をとかず（「男不寛衣、女不解帯」）、互いを神明のごとく敬い、父母のごとく愛せ（「敬如神明、愛如父母」）と説く点にある。すなわち、相手に対して崇高な気持ちをもって互いに離れて静かに正対して意識で気を交わらせることを説く。この限りでは、男女（陰陽）ともに同格であるといってよい。

房中術が、後世において男性が女性と交わることにより、精気を得る法、特に中年以降の男性が若い女性と性交を共にすることにより、女性の精気を奪って若返りをする法として曲解されるのは、体交法、中でも、「玉女採戦」のような一方的な技法が取り上げられる過程でその本質が変容したことによると考えられる。

（2）近世期養生論の二つの時代

近世日本における養生論の刊行とその影響を通観すると、一六世紀末から一七世紀初頭（元禄・正徳期）に第一峰、一九世紀前期（文化・文政・天保期）に第二峰を認めることができる。元禄・正徳期においては、文献博証的大著として竹中通菴『古今養性録』、文献博覧的側面とともに経験論的側面をもつ大著として貝原益軒『養生訓』を挙げることができる。特に益軒の『養生訓』はその実践性と後代への影響の点からみて空前かつ今日にいたるまで絶後の論著である。ただし、この元禄・正徳期は徳川封建体制およびそれにもとづく文化の確立期であり、武家社会においては朱子学を中心とした体制的価値への適応が文化動向の基調としてあり、そこで共有された価値観は、そうした体制的規範価値への一元的同化であったといってよい。

これに対して、文化・文政・天保期は幕藩体制およびその基調となっていた儒教文化の動揺期であり、身分制の緩やかな解体と貨幣経済への傾斜、そしてその動向に導かれた体制的価値からの離脱と都市を中心とした庶民的世界の形成によって特徴づけられる。筆者は、この第一峰から第二峰への移行の過程で、日本の養生論の特徴に大きな変化が生じたと理解している。すなわち、元禄・正徳期を頂点とした日本における養生論の特徴として、①天人合一論（陰陽五行説による世界観）、②内経系医学と傷寒論系医学の並立と混淆を通した東洋的身体観と病理観による医学理論、③古代から中世期にかけての撰述方式から引照・例照、口述・筆録といった自生的思考の形成、④養生における道教文化から儒教文化への移行、⑤実践論としての「節欲慎身」論（欲を節して身を慎む）と「気静体動」（気＝精神を静めて身体を動かす）の確立、⑥感情（喜・怒・憂・思・悲・恐・驚）の抑制の推奨、⑦修養論的性格の形成を指摘することができる。

　これに対して、近世後期（文化・文政・天保期）における養生論の変化として、①需要層の武士階級から識字庶民階級への拡大、②身体的健康から生活全般への関心の拡大、③欲望の抑制から欲望の部分的肯定と解放、の変化、④ほぼ完全な道教的文化からの離脱、⑤西洋文明の部分的受容、⑥実践規範の寛容化、⑦養生における「人間」の自覚と個別的自己形成への指向、が生じたとみることができる。これは、武家階級を中心とした倫理的生活実践としての「養生」から脱体制的な庶民的健康文化としての「養生」の転生としてとらえる必要がある。

（3）近世後期における養生観の変容――性に関する内容を中心に

　近世後期における養生の転成とは具体的にどのような変化としてとらえることができるのか。以下では近世後期養生論の具体的な記述を通してその点を明らかにしてみたい。

　名古屋玄医『養生主論』に大きな影響を受けた松本遊斎『養生主論』（一八三二年）では、「扨又世の人養生といへは只命をしむやうに心得侍士又出家などの有まじき事などそしる人あり、養生と天寿は別のことなりといへども不断養生を守る人は無病にして天寿を十分に全して死期に及んで苦悩なし[3]」と述べ、養生という行為と人間の寿命の長短を区別する視点を提示している。鈴木朖『養生要論』（一八三四年）でも、「世人長寿の人を見ては、必ず養生の良法あらんとゆかしがりて尋ね問い長寿の人もみづからほこりて、養生のよきによれりとする者多し、されども多くは天幸なるべし、天性尫弱多病、或いは不慮の疾疫にて短折するは、あながち養生の行届かずとはいふべからず[4]」と述べ、養生と長寿を明確に区別している。さらに、水野澤斎『養生辨』（一八四二～五一年）では、「尤人は病の器ゆゑ、聊かの小病なき事能ず、大病だになくば無病といふべし[5]」「内養生の法を修しても外衛生の道を失へば、又天命を保ちがたし、故に飲食男女疾病雑談惣じて修養の補助となる事は尽く挙げて参考に備ふ(6)」と述べている。

以上の記述から明らかになることは次の二点である。近世後期養生論の一部ではすでに寿命の延長を養生の主意とはとらえなくなっていること、そして単に身体の養生に努めるのみでは天命を保つことは難しく身の外から訪れる種々の諸事に応ずることも養生に含まれると考えられていたことである。これらのことをもって養生の概念は近世中期に比して、その内包が拡張されつつあったことを察することが可能である。

この点をさらによく示すのが、鈴木朖『養生要論』における「情」の理解である。同書では「気」のあり方について以下のように論定する。「気といふ物、よく廻れば形すくやかになる、滞ほる時は病生ず、気をめぐらす術は、心の持方にあり、人の心は張がよし、たるむはわろし、急はしきがよし、ひまなるはわろし(7)」「薬物の外にも多言を毒也とし、汗を多く発するを毒とし、浴湯を毒とする類ひ、皆々医者の愚蒙なり、楽むに歌あり、哀しきに号哭あり、皆々音声を発して鬱気を散ずるしかたなり(8)」。この姿勢は明らかに近世前期的な「七情（喜・怒・哀・楽・愛・悪・慾、または喜・怒・憂・思・悲・恐・驚）の統制」からは逸脱し、情の発揚に対して肯定的である。この変化は、養生における人間観の根本的変化であるとみてよい。すなわち、理念としての人間の追求から現実としての人間の肯定への移行に他ならない。

この点は、八隅景山『養生一言草』（一八二五年）の養生観において、ある極を示す。同書では、「此書は大人小児の養生よりはじめ、小児の育方、並に年中飲食の能毒、四時の禁物、或はまぢなひ、又は病事火急の手当、古人の名方を抜粋して、小冊子となし、世上養生の一助ともなれかしとて、養生一言草と名付(9)」とあるように小百科全書的性格を帯び、「夫養生は生生至実にして、生育するより、山川草木禽獣魚鼈に至迄、皆天地の養生あらざるはなし(10)」と広範な養生概念の前提に立ち、「養生手引歌(11)」と題して「養生の道にあらざる物ぞなき陰陽五行地水火風も」「養生の道にあらざる物ぞなき陰陽五行地水風も」「味噌酒や酢醤油作る法とても皆養生にあらざるはなし」「天地の万のものをやしなふは人をおさむるはじめ成らん」「田も畑も養ひなくばみのるまじ草木国土みんな養生」と、その概念の拡大をいささか過剰に試みている。

この傾向は八隅景山ばかりのものではなく、他の養生論にも同様の傾きをみることができる。鈴木朖『養生要論』の「はし書」において門人丹羽勗は、「養生の心得方、世に追々其書あり、これをおこなふ事こそ難けれ、（中略）又養生の道は、養生のみにあらず、全く身を修め道を行ふ筋と、一致なることをも明されたり(12)」と師の書を評価し、浅井南皐『養生録』（一八一七年）でも「一養生は天地自然の道に背かさるを本とす、道に背かさるときは、身修る身修るときは心静なり、心静なるときは斉家治国の業も皆養生を主として得へきことなり(13)」「然れば養生の外に求る道なく、修道の外に養生なしと思ふべし、是我人に養生を勧むるの根本なり(14)」とあるように、まさに人の生は養生そのものであるとすらその本質を称揚している。

このような規範の変容の中で、養生論における女性のとらえ方はどのように変化していったのであろうか。特に、養生論における性に関する内容についての記述からその意識を垣間見てみよう。

近世後期以前の養生論における性欲の取り扱いは、ひとことで表現すれば、「節欲」論であった。飲食について、養生論が「節欲」を説いたように、性欲に関しても、それが種族（血統）存続に不可欠であるがゆえに、所期の目的以外での性欲の発露を厳に戒しめている。たとえば、貝原益軒『養生訓』では、

年若き時より、男女の欲ふかくして、精気を多くへらしたる人は、生付さかんなれ共、下部の元気すくなくなり、五臓の根本よはくして、必《ず》短命なり。つつしむべし。飲食男女は人の大欲なり。恣になりやすき故、其二事、尤かたく慎むべし(15)

とあるように、きわめて厳重な戒めがなされている。

それに対して、近世後期養生論は、性欲の充足行為自体に対しては、やはり節欲論をとっていたが、性欲がもつ快楽性などについては、必ずしも否定的ではない。以下ではいくつかの養生論における性欲と性交についての認識に関する記載を挙げてみよう。

色慾は甚おもしろきものにして、天地の中生あるもの是を不好はなし、其筈なることは、夫婦陰陽の気、合体して形をのこし、子孫をつゞけるほどの事なれば、至て大切の事にて、あだなる事にてはなし、おもしろきたのしき筈なり、然るをそこつに心得、おもしろきにまかせ、慎これへる事なく、ほしいまゝにする時は、身をほろぼすもとひと成[16]

（本井子承『長命衛生論』）

それ人男女の道は天地陰陽自然の道にて万物を生ずるの根元にして、（中略）故に色を好むは人々の通情にして此男女の道たるや（中略）天子諸侯太夫士庶人其身其家其国の分限に応して或は元妃妾媵を具し或は側室を置おの〳〵己が分限に応しよく其節を守ときは其是を以て能其家を嗣能其身を養能其生涯を楽能其寿を保つ[17]

（河合元碩『養生随筆』）

夫男女和合は子孫相続の基ひにして更婬たる事にあらず[18]

（松本遊斎『養生主論』）

これらの記述のうち、いずれも「慎み」「恣ままにすることなく」「程よく」とさまざまな表現で性欲の調節は説きつつも、人間生活における性欲の意味については、肯定的な評価を試みている。

このような養生論各派における性欲についての認識の変化は、化政期養生論の記述内容の中で、最も時代性を反映した変化であるとみられる。すでに述べたように、養生論では「房中」術すなわち性交に関する技法体系を有し、「房中補益」と称して、男女の交合によって精気を養うことが不老長寿のための重要な方法として位置づけられていたが、儒教、とりわけ朱子学が、わが国の支配階級を中心に影響を及ぼすようになると、そのリゴリスティックな人生観は、即物的な欲求に対してきわめてストイックに反応する性格をもっていた。金銭的欲求においてそうであったし、世俗的名声に対してもそうであった。そこでは、道徳的・倫理的な人格の完成とそれを快楽とする人生観が、人間の生活を規定していたといってもよい。その下では、一面できわめて即物的あり、かつ「情」という、「義」「理」「忠」などの朱子学的価値と容易に相容れない概念と結びついた「性」に関して警戒が解かれることはなかった。

一七世紀後半から一八世紀初頭にかけて、庶民的レベルでは、元禄期に近松門左衛門や井原西鶴らの文芸は、元禄・正徳期の社会経済的変化に影響を受けつつ、人間の男女の情愛を描写したし、さらに化政期には、為永春水の『春色梅児誉美』などの「人情本」が流行し、「天保の改革」によって弾圧されるまで、江戸を中心として男女間の情愛描写はより盛んになった。こうした文芸を中心とした化政期における男女の性愛への関心の高揚は、養生論に強い影響を与えた。たとえば、河合元碩は、『養生随筆』の中で、男女の情愛の自然性を説く際に、

男は女を以て養ひ女は男を以て養ふ敷島の道もっはら恋を詠ずるや源氏の巻に男女の情を尽するや兼好が色好まざらん男の玉の盃の底無こゝちぞと云るや男女相恋ふの情は固《もとより》天地の情にて唯人のみ然るには非ず(19)

と記して、文芸における情愛についての記述からの影響を受けていることを示している。このように、近世後期養生論における性欲とその抑制に関する記述は、節欲論が基本的には継承されてはいたが、性欲自体の価値については、積極的に評価・肯定する方向に転じつつあったといえる。

近世後期養生論の中で、最も「生」の質的充実を積極的に論じたとみられるのは、水野澤斎『養生辨』である。同書前篇「下之巻」の中で、澤斎が生活の様式について基本的な見解を示している記載において注目すべきは「三惚之辨」の項である。そこでは、以下のように説かれている。

三惚とは三ツの惚ものといふことにて第一は我が住所に惚ること也、我が住所に惚れざれば、その所に長く止まることあたはず、（中略）第二には家業に惚ること也、我家業が辞になり他の家業をうらやましく思ひ、

或は遊所遊芸勝負事に惚て上手になれば必ず身代を破るもの也、尤諸芸も開鬱にして養生の一助なれば少しは稽古も宜しきこと也、かならず上手をうらやむべからず。（中略）第三には夫妻に惚ること也、女が亭主をきらひ男が女房を辞がる様になれば必ず家をたもちがたし、（中略）右三惚を護る者は繁華田舎の隔なく我が住所を都とおもひ偶々賑はしき都会へ出ても兎角故郷へいそぐものなり。[20]

この中で、「家」という観念の下ではあるものの、夫が妻に惚れ、妻が夫に惚れるという相思相愛の男女関係を広義の養生の基礎と考えている点に、当時の庶民的倫理観における女性の存在の意味をみることができる。

二　近世期の養生論における「女」の認識

このような異性観の認識に関するあり方の一方で、近世期の養生論の中では、女性はほぼ「産む性」としての母性を前提として語られたこともまた事実である。この傾向は明治そしてなお現代まで続く。

母性としての女性の存在に焦点をあてた婦人養生論や産育論は、近世期を通じて比較的多く著されている。稲生正治『螽斯草』（元禄三＝一六九〇年）は近世期の早い段階で著された婦人養生論であり、「胎教」「保養」「臨産」「産後」「治療」「祈禱」「通論」の各項よりなっている。その二年後に著された香月牛山『婦人ことぶき草』（元禄五＝一六九二年）もまた「求嗣の説」「受胎の説」「交媾の法」「胎教の法」「産前の治方」「臨産」「難産」「産後の諸病」など産育論が中心となっている。以後、賀川玄悦『産論』（明和二＝一七六五年）、山邊文伯『産育編』（明和五＝一七六八年）、賀川玄迪『産論翼』（安永四＝一七七五年）、佐々井茂庵『産科養草』（安永六＝一七七七年）、児島尚善『保産道志類邊』（別名『母子草《ははこぐさ》』）（天明元＝一七八一年）と刊行は定常的になされている。この過程でほぼ共通して論じられたのは、健康な子どもを産むための女性の健康の重要性であった。日本の産科習俗を大成し、後世にも大きな影響をあたえた産科養生書である『保産道志類邊』の自叙では次のようにいう。

懐妊は生の基とかや。保護のよろしきと、よろしからざるとによりて、生まれ出る児に強き弱きの差別あれば、長寿短折も、既に懐妊の保護によりて、其わかれさだまるといはんも、過論にはあらじ。もとより母のやむとやまざるは、懐妊の保護によるなり、尤おそるべし。豈ゆるがせにすべけんや(21)

すなわち、生まれる子どもの健否は、ひたすら母体の保護如何にかかっており、それゆえその母が病むか病まざるかはこれに直接関わる重大事であった。

ただしこうした認識は、一般養生論の中での「女」性の養生観において変化をみせるようになる。実践的医学論として近世を通じて屈指の作である『生生堂医譚』の著者として著名な古医方家の中神琴渓が、前述の『生生堂養生論』で示した女性の養生観はきわめて興味深い。いくぶん冗長にわたるが、その説くところをみよう。

婦人ノ尊卑貴賤ハ皆夫ニ準ズ、婦人ノ養生ハ幼ニシテ親ニ従ヒ中ニシテ夫ニ従ヒ老ニシテ子ニ従フ、此ニ従ノ道ヲ会得シテ敢テ自ラ専ラニセサルカ主意ナリ、舅姑ニツカヘテ孝夫ニ貞子ニ慈ナルヘシ、務ムル所ハ唯衣食ノ事ト思フヘシ、何事ニテモ表向ノ事ハ夫ノ務ニシテ婦人ノ預ル所ニアラス、聊カノ事ニテモサシ出ルコト勿レ、牝鶏ノ晨スル家ノ索ルナリト聖人モ戒メ玉ヘリ、常ニアイソガマシクケラ〳〵笑ヒ益モナキ砕ヲ吐出シ利口顔スル情ヲ慎ムベシ、右様ノコトヲ慎マザレハ大ナル禍ヲ引出シ夫ニ耻ヲ与ヘテ後悔シ気毒疢ヲ生シテ不養生トナルナリ、時候ノ挨拶ト人ヲ誉ルノ外ハ唯ニコ〳〵ト笑フバカリナルモノト思フテ其他ヿ慎ムベシ、人ヨリ不足ノ言ヲ受ヲ受ケヌ故ニ気ニ滞リトナルコトナシ、是即チ養生ナリ、余リニ言多ク利口達スル時ハ夫モ竟ニハ饜ハテルナリ、異見スレトモ聴イレズ近ヅクレハ不遜遠ザクレハ怨ムモノナルニヨリ夫ニ見カギラレ離別ニ逢フ憂ヲ生ス、子アレバ子ニ迷テ離別セネトモ自然ト疎ム情アルニヨリ終ニハ嫉妬憤怒ヲ生ジテ自ラ疾ヲ招ク、是多言ト利口顔ノ不養生ヨリ起ル疾ナリ(22)

この限りでは、典型的な女子「三従」訓をもとに貞淑こそ養生なりとするような徹底した男尊女卑の考え方を示している。一方で、具体的な妊娠に関わる記述になると、かなり極端な実証的姿勢を示す。

婦人ノ病ニ産前産後病ト名ツケ治ヲ施ス医者少ナカラス、シカレトモイマダ子ヲ生ザル女ハ小児ト雖モ産前也、子ヲ産ミテ後ハ白髪ノ老婆デモ産後ナリ、然世界ノ女ハ皆産前産後ナリ、焉産後産前ノ病有ランヤ、産婦ノ腹帯スルハ神后皇后三韓征伐ノ時妊娠ノ御身ナリ、甲冑ヲメス故腹巻ヲナサレシ吉例ヲ引テ妊娠ノ婦人ニ腹帯ヲサスル外ノ国ニハ無コトニテ日本ノ例ナリ、コレヲ知ズシテツヨクシメテ害ヲ招クモノアリ又産落シテ後産倚ニヨセカヽラシ、又ハ横寝ヲ禁シ抔シテ害ヲ招クモノアリ、無用ノ薬ヲ服シテ害ヲ招クモノアリ、産中ノ病ハ横産逆産血暈転胞子宮脱ノ外ハナシト心得テ若其外ニ患アラハ常ノ婦人ト同様ニ病ヲ求ムベキナリ、天地表紙ヲ見ルニ鳥獣魚鼈毛羽鱗介昆虫ノ類幾万アルコトヲシラズ是皆子ヲ産ム者ナリ、而シテ皆天地ノ気ヲ以テ生スル者ナリ、而産後病アル者ヲ見ズ、人間モ亦同シ、天地ノ気ヲ以テ生スル者故ニ自然ニ任セテ産スル山里ノ貧困ノ者ヤ又乞食抔ノ妻等ノ産ニ病患アルコトナシ、産後ノ病患アル者ハ青表紙ノ臆見ヲ用ユルノワサハイナリ(23)

いわゆる「青表紙」(医書)の観念的な産前産後の患いについて否定的な見解を示し、「天地表紙」すなわち自然現象自体に現れる事実を重視する立場に立とうとしている。

ここにみられる認識は、観念的には男女の別を重んじながら、現実の自然現象としての妊娠・出産については、経験論的立場で対応する近世後期の実用主義の一面が示されている。

三　近代日本の衛生観の転換

（1）「養生論」から「衛生論」への移行

明治維新の前後における日本の西洋化と近代化は、病から人間のいのちをまもり健康をつくる思想を「養生」から「衛生」へと転換させた。その直接の要因は、近世後期からその影響力を広げつつあったオランダ医学をはじめとする西洋医学の導入にあるが、さらに大きな要因として、人間の健康に関する社会的視点の形成と、これによる健康形成の方法論の転換を挙げることができる。すなわち、西洋医学の導入によってすすめられた近代健康管理技法としての西欧衛生学の普及は、健康に関する日常的努力の方向性を「自己への配慮」から「社会への配慮」へと転轍せしめた。

明治初年における「衛生」思想の導入について、東京大学医学部病理学教授となる三宅秀は「本邦衛生ノ由来」において次のように述べている。

> 夫レ衛生ノ語ハ原ト漢語ニシテ現今称スル所ノ各自衛生公衆衛生ノ如キ健康ヲ保持スルノ意ニ適当スル者ニハ非ザルベシ。何者漢土ノ医籍ニ往々衛生ノ語ヲ題スル者アレトモ皆通常ノ医籍ニシテ主トシテ療病ノ事ニ渉リ特ニ養生摂生ノ事ノミヲ臚載シタル者ヲ見ザレバナリ。然ルニ今此衛生ノ語ヲ仮用スレバ其曽テ衛生ノ文字アルヲ知ル者ハ誤テ専ラ医術ニ関スル者ト了解シ又此語ノ新ニ拈出セシ者ナルヲ知ル者アルモ或ハ単ニ養生ノ道ト思量シ乃チ医ノ指導ニ頼ラザレバ其道行ハレ難シトスル者尠カラズ。豈ニ其レ然ランヤ之ヲ究ムルニ衛生ノ道ハ畢竟医俗ノ協力ニ依リテ始メテ能ク隆盛ヲ得ル者ナリ[24]（『大日本私立衛生会雑誌』）

ここで三宅は、衛生とは医学のみならず医学以外の社会のさまざまな勢力との協力によって成り立つ社会的行為であると明言している。ここで想起すべきは、近世後期養生論における「衛生」理解のある面での近代性である。さきにみた水野澤斎『養生辨』においては、「内外修養」の概念のもと、「内養生」を自己の心身の内的充実に関わる行為とし、対して「外衛生」を挙げて、それを自己と社会的環境との関係論における自己防衛（喧嘩口論をして無用の危害を受けないこと、夫婦和合すること、陰徳を積み世間に恥じないようにすることなど）の重要性を強調している。このような近世後期における「養生」概念の分節化は、すでに幕末期においては養生思想のとらえ方は個人の心身にとどまらない変化を遂げつつあったことを示唆している。

（2）養生論と衛生論の交錯

明治初期（明治一〇年代前半まで）における「衛生」概念の普及は、明治以降もなお少なからず著述されていた養生論の「衛生」論化を促した。急速に広がる都市を中心とした西洋文化は、健康に関連する領域においてもとりわけ強い影響をあたえた。すなわち、明確な肉食の推奨、西洋の衣服や住居の利点の強調と日本的生活文化の後進性の指摘などは、この時期に著された養生論の内容において、西洋的生活文化（衣食住）の積極的評価、環境や気候に関する記述の増加、伝染病予防などの内容が養生論の中にも見られるようになり「衛生論」の名で著される著作と大きく異なるところがなくなっていく。他方、近世後期の養生論には明確に含まれていた多様な修養論的内容は、この時期に急激に減少していく。

ところが、新たな時代を画するべき役割を担う「衛生論」が西洋近代の衛生学をひたすらに祖述したかといえば、必ずしもそうではなかったところにこの時代における健康に関する思想の複雑な交錯をみることができる。すなわち、この時期の衛生論にはなお養生論の残滓をみることができる。むしろ、衛生思想の根幹にこそ養生思想が位置づいていたのである。その典型は、他ならぬ近代的「衛生」概念の主唱者であった内務省衛生局長の長與専斎の論説「衛生誤解ノ辨」（『大日本私立衛生会雑誌』）にあらわれている。長與は「衛生誤解ノ辨」において次のように主張する。

> 退テ其事実ヲ観察スレバ其衛生々々ト称スル者ハ大ナル不衛生ノ事ニシテ健康ヲ害スルゾトテ誡ムル所ハ却テ健康ヲ保ツノ事タルガ如キ効害ノ全ク顚倒シタル者多キヲ奈何セン(25)
>
> 凡ソ人ノ此世ニ在ルヤ中等以下ハ勿論王侯貴人ト雖モ時ニ臨ミテハ餓ヲ忍ビ渇ヲ凌ギ寒暑ニ堪ヘ風雪ヲ冒スガ如キ随分不養生的ノ場合ニ遭遇スルモ免レザルコトナレバ一線ノ隙風一椀ノ麁食ノ為メニ其健康ヲ損ジ活潑ノ英気ヲ阻喪スルガ如キハ決シテ衛生ノ本意ニアラザルナリ。三日三夜眠食ヲ廃シテモ其志ヲ達スル位ノ敢為忍耐ノ勇気ヲ蓄ヘテコソ衛生ヲ以テ国家富強ノ根基トモ称スル実ニ適フベキナレ(26)
>
> 各自衛生法ノ要訣ハ身心ヲ鍛練スルニ在リ武辺活潑ノ運動ヲ力ムルニ在リ温保美食奢侈的ノ衛生ニ泥マズシテ風雪糲糠凡ソ肉体ニ耐ヘ得ル程ノ艱難ヲ忍ブベキ習慣ヲ積養スルニ在リ(27)

ここでの長與の主張は、急激な西洋化によって世人は「衛生」を保護的・消極的な健康保持の思想と解して退嬰的な行為に終始しかねない現状を憂い、真の衛生とは「武辺活潑」の運動と「温保美食奢侈的ノ衛生ニ泥マズシテ風雪糲糠凡ソ肉体ニ耐ヘ得ル程ノ艱難ヲ忍ブベキ習慣ヲ積養」すること、すなわち近世的養生観にこそその真髄があると論じている。この点こそが、養生思想を近代的衛生思想に接合した日本における独自の健康形成思想の形成を象徴している。

(3) 転換としての社会進化論と衛生思想の結合

しかしながら、明治二〇年代以降に入ると、日本の健康思想は新たな局面を迎える。西欧列強と伍して帝国主義的政策に移行する明治政府は、衛生こそが国家経営の枢要ととらえるようになる。そして、衛生思想も、この当時の政治思想に大きな影響を及ぼした優勝劣敗適者生存を主張する社会進化論の思想的洗礼を受けることになる。ことに長與の後継をになった後藤新平は、シュタインの国家有機体説を援用することによって、国家の行政機能として「衛生」を理解し、『国家衛生原理』[28]『衛生制度論』[29]を著し、その思想を展開した。後藤が抱懐した衛生観とは、「衛生」による近代国家形成であり、それは同時に近世的な「養生」的世界観との訣別を意味した。後藤は、「衛生」の目的を個人を健康にする「個人の健康化」から社会自体の健康水準を向上させることによる「社会の健康化」へと明確に規定した。その思想は国民の生命の質としての健康を生命の価値ととらえる「命価」論に象徴される。

この後藤が主導した明治二〇年代半ば以降の社会進化論による優勝劣敗原理による「衛生」の解釈は、この時期における「養生」の解釈にも影響をあたえた。弘前の医師で後に弘前市長・衆議院議員をつとめた伊東重は、自著『養生新論』[30]『養生哲学』[31]において、独特の養生思想を提起している。伊東は次のように論じる。

養生トハ如何ナルモノナルヤ、然ラハ吾人々類ハ資力、体力、脳力ノ三者ヲ欠キテ競争スル能ハス、競争ニ当テ優勝劣敗ノ勢ヲ制セント欲セハ、此三力皆ナ共ニ余裕ナカルヘカラサルノ理ヲ知ルヘシ、（中略）今、資力ニ余裕ヲ生スルノ工夫ヲ養財ト名ケ体力ニ余裕ヲ生スルノ工夫ヲ養体ト名ケ、脳力ニ余裕ヲ生スルノ工夫ヲ養神ト名ケ、之ヲ総称シテ養生ト名ク、之吾人々類ノ勉ムヘキ真ノ養生ナリト信ス[32]（『養生新論』）

然るに今国家の脳、体、資三力は人民各自の脳、体、資三力の合計にして、国家三力の余裕は亦人民各自三力の余裕の合計たりとせば、一人一身の養生は恰も国力の消長に関係するものなり。故に一国の富強を欲せば先づ一人一身の養生を基とせざるべからず。（中略）然らば一人一身の養生は自己の為めのみならず国家に対するの義務として守らざるべからず、又四千余万の同胞に対するの道徳として実践践行を務めざる可らず[33]。（『養生哲学』）

ここではまさに、個人が養生を尽くすことが結果として「国家の養生」、すなわち優勝劣敗の競争において国家が優位を占めることができると考える漸層的養生観が示されている。それとともに、この伊東の養生観は、個人の心身を豊かで充実した状態とし、以てその個人の生の営みをより開花させる「自己への配慮」の精華としての養生観とは、大きな懸隔があるものであることを認識せざるを得ない。

四　明治期養生論・衛生論における女性認識

では、個人の養生が「国家」の「養生」に帰結すると考えるようになった明治中期以降の日本の衛生思想のもとで、「女性」はいかに認識されたのか。

文部省学校衛生課に嘱託として勤務し、明治三〇年代に学校衛生課長として日本の学校衛生の確立に尽力した三島通良はその初期の著『はゝのつとめ』（明治二三＝一八九〇年）において男女両性の理解とその中での女性のとらえ方について次のような認識を示している。

> およそ天地の間に生息る者、何れか其種属を保続し、其繁殖を計らざらん。況や世に人と生れし者、何でか此情を知らざらん。此情というものは何処より出来るものかと問はゞ、愛と名付たる繭より引出たる、細糸に他ならず。此糸は実に細きものなれとも、もし此なかしめば、世に君臣の忠、父子の親、夫婦の愛、朋友の信、共にあらずなりぬ可し。此細き糸ぞ、天下国家を繋ぎ治め、一家団欒の楽を始むる者にはある。実に尊ぶ可き細糸ならずや。いかにめでたき愛情ならずや。斯の細糸を含める愛の繭は、そも何れより出来しぞと云ふに、即ち男女の間よりぞ出来れる。而て彼の細き糸も、此繭より引出されたれば、諸々の情の基、千万の愛の礎、此の男女両性の間にぞ据られける。世の創造られし始より、現世に到る迄、其の種属を保続し、其繁殖を計るに於ては、少しも変りなく続き居ることも、全くこれが為ならむ。(34)

この三島の認識は、男女間の愛こそが君臣における忠、父子における親、夫婦における愛、朋友における信の基本にあると明言し、これこそが種族の保存・繁栄をもたらす所以であるとしている。三島のこの見方は、少なくともこの部分では封建体制化では、下世話なものとみなされた男女間の愛をすべての人間関係の基本においた点で注目に値する。

この考え方が、明治後期にいたって変容する。宮中女官、華族女学校、学習院、実践女学校と女子教育に携わった下田歌子が明治三七年（一九〇四）に著した『女子の衛生』では、

又女子は一家の主宰者であるから、衣食住を始めとして、子女の養育、老人の保護、皆悉く、其手にかゝる次第である。其れゆゑに、女子はまづ自らの衛生を深く重んずべきことを知り、率先してこれを務め、さて、其管理に関る所の一切のものをして、能く衛生に適ふやうにするやうでなければ、如何程、男子が衛生の理を説いたとて、実際存外に役に立たぬものである。（「衛生の源は女子に在り」）[35]

と述べ、衛生は女子の役割であると明言する。

また、後に文部省学校衛生主事であり、東京帝国大学医学部衛生学教授となる石原喜久太郎『新編家庭衛生』（明治四一＝一九〇八年）にも、

人生の幸福は健康を以て最一とす健全にして一生を終はり天寿を全ふするを得れば人間最上の目的は達せられたりと云ふも何人も異存なき所なり、衛生思想と云ふは前記の目的を達すべき手段方法の学理及其効能を了解する事なり、今日衛生てふ事は漸く我邦人の注意を深くする所となりしと雖も未だ固より満足すべき程度に至る事遠し、余思ふに、一国の衛生をすゝむるは即ち事簡にして易し、一家の主人たる男子は家事の監督者にして実行者に非ず、一家の衛生をすゝむるには、此実行者たる夫人に衛生思想の普通するやう務むる事必要なりと信ず、家事の実行者たる夫人にして能く衛生の学理と効能とを理解せば即ち家庭の衛生は進歩すべきや明かなり、是れやがて一家の健康てふ美しき結果を産み出すべき原因に非ずして何ぞや。[36]

と述べ、「一家の主人たる男子は家事の監督者にして實行者に非ず」と男性には衛生活動の実行者たることをもとめず、「一家の衛生をすゝむるには、此実行者たる夫人」にこそ衛生思想の普及が必要であると述べている。この思考は、男性を優位な監督者、女性を劣位の実行者とみなす以上に、衛生諸事をいわゆる「シャドウワーク」とみなして、女性に固定化する発想を孕んでいる。それは以下のような当時の現状の解釈にも明らかに示されている。

『家庭衛生』なる詞は、近来広く世間に用ゐらるやうになれり、女子を読者とする多くの雑誌には、概ね衛生に関する講話を載せ普通の新聞にも、亦衛生に関する記事、学者の談話等を掲ぐるを務むるもの、如し、又是迄かゝる事に縁遠かりし小説文芸専門の雑誌に新たに家庭衛生の欄を設くるものあり、又純粋に家庭衛生を目的とする『家庭衛生叢書』の出でしあり其他此種の読物の多々生るゝあり又他方には、女学校に於て特に衛生学なる課目を設けて専門の学者講義をなさしむるあり、或は又、課外講義として衛生に関する講話を催すもあり(37)

衛生思潮における「衛生の実行者としての女性」という理解に呼応して、雑誌・文芸・大衆教養の諸方面で、衛生を題材として取り上げる傾向が明治後期により顕著になっていたことを示す記述として注目される。そして、石原は総括的に衛生における女性の役割を次のように言明する。

一家の主人たる男子は多く外に出て、働き、家事の細かな事迄手を附けること難し、されば一家の内事を実行するは主婦たる婦人の任なり、主婦が一家内事を処理するに当りて、能く衛生の事を弁まへ居たらば、一家の健康に取りて其益する処多かるべきは贅言を要せず、住居の点に就きては便所台所の事、或は衣服飲食物、下水より或は、児童養育疾病看護の点に至るまで、皆主婦の注意に待たざるべからず、衛生思想のある主婦が、熱心に是等に注意すれば一家の健康を進むることを得べし、一家の幸福は何はさて置き無病息災てふ事第一なり、一家に病人絶へずば如何に富めるとも、何の楽みもなく、常に心配のみせねばならず、心配附き纏ふ時は何事をするにも安心して、思ひ切つてするだけの勇気は出でず、従て諸事運び難し、かくあれば一家の活動は不充分なり、其の影響する所誠に少なからざるべし、故に一家の幸福は健康を以て第一とす、健康は一家幸福の基なり、而して此の健康を謀るの任は即ち主婦にあり、一家健康は大にして一国の健康なり全国民の健康なり、一家健康の基は主婦の衛生思想による然即全国民の健康を謀るの道は、家庭に衛生思想を普及するにあり、主婦の責務は大なりと謂ふべし(38)

石原のいう「健康は一家幸福の基なり、而して此の健康を謀るの任は即ち主婦にあり、一家健康は大にして一国の健康なり全国民の健康なり、一家健康の基は主婦の衛生思想による」とする主張は、さきにみた後藤新平や伊東重が展開した社会進化論を基礎とした漸層的衛生観そのものであり、そのもとでの衛生思想の嚮導者としての位置づけが、生政治が女性に課した新たな役割であった。

しかしながら、興味深い点は、こうした生政治の網の目に組み込まれつつあった衛生における女性の役割期待(要求)の一方で、女性それ自体がもつ衛生に関する属性には、それとは対蹠的に穿った見方も存在していた。『日本産科学史』の大著を著したことでも知られる産婦人科医の緒方正清(緒方洪庵養子緒方拙斎の養子、旧姓は中村)は、その著書『婦人の家庭衛生』において、女性の「色欲」について以下のような見方を提示している。

女子が生殖を弁まへて斯の道に掛け、五官的刺戟を受けると、直ぐ様其の接触及び交接の欲望が強く劇しくなつて決して男子に劣る様な事は無い、男子は唯克己の力に依つて生殖器の慾望を放任し満足する事を控へて居るが女子は之と反対で、法律及び社会上の規定に制せられて、物質的恋愛を好くにも拘はらず、自づと之を抑制せなければならぬ傾がある、又女子が色慾を制する他の理由は受胎の恐なり、なお鑑別として、女子の情慾は刺激され易く、其火は男子よりは包まれ易く、色情の快味に満足する事と又之を抑へる事が甚だ

しくしても、女子は男子に比較して其の害が少ないので、私は此の点に就きて男女の生殖生活の組立に大関係があると思ふ(39)

ここで、緒方は、当時の女性とりわけ主婦についての衛生の担い手として期待・要求する一方で、女性それ自身がもつ性欲の一面での旺盛さを指摘し、その抑圧が主として法律上、および社会的な規制によるものであろことを見て取り、女性の性的本質は男性と変わるものではないという見方も示している。この記述が直ちに男女同格の身体意識を示しているとはいいがたいものの、女性の身体性を男性と同様のリアリティをもってとらえているところは、衛生に関しての女性の固有の役割を強調しつつあった同時の思潮の中では、また異なる趣を示すものである。

五　女性衛生関連団体の設立と女子衛生思想の普及

明治期におけるこうした女性への衛生活動に対する期待は、当時の知識人階級の女性にとって、むしろ主体的に衛生活動に取り組ませる契機となった。「私立大日本婦人衛生会」の発会は、そうした明治期女性知識人たちの主体的な衛生活動参加の象徴であった。私立大日本婦人衛生会は、明治二〇年（一八八七）一一月二三日に、日本初の正式な女医として知られる荻野吟子が中心となって設立された民間衛生普及団体である。その先駆的団体は、すでに触れた明治一六年（一八八三）設立の大日本私立衛生会にある。

私立大日本婦人衛生会の主旨は、「汎く婦女子をして人生の健康を保持するの方法を講究し衛生上の智識を開発せしめ随て社会全般の幸福を増進する」ことにあった。月一回衛生講演会を開催し、機関誌『婦人衛生会雑誌』（第一巻〜第二八巻）を発行した。明治二四年（一八九一）頃からは、私立大日本婦人衛生会総裁には東伏見宮周子らの皇族が就任し、鍋島栄子・大山捨松・嘉悦孝子・吉岡弥生など女子教育界の重鎮も入会し、活動は大正末まで続けられた。

さらに、昭和九年（一九三四）には、当時の皇太子明仁親王の生誕を期に昭和天皇からの下賜金によって「恩賜財団母子愛育会」が設立される。同会は「愛育班」活動を通じて母子保健思想の普及に多大な影響力を及ぼしてきている。

こうした母子衛生思想は、昭和一二年（一九三七）の保健所設置、翌一三年の厚生省設置、戦後の農村保健婦活動や沖縄の公衆衛生看護婦活動、昭和四〇年（一九六五）の母子保健法、そして平成一二年（二〇〇〇）の「健やか親子21」といった政策に通底している。この動向は、「母子保健」思想とその実践にとどまらず、公衆衛生思想全体をも規定するものであった。そして、それは、母子の健康をもって国家の基とする思想、その母子の健康は女性同士の相互啓発活動によって成り立たせようとする思想（女性のことは女性同士で）、そしてそれが公衆衛生という新たな社会統制の文化的装置として機能することへとつながっている。

おわりに――家庭衛生論・女子衛生論の主たる言説体系を通した女性にとっての衛生と養生

以上でみたように、日本の養生・衛生思想の展開において、「女性」の存在は、「産む」性として、また近代以降は、社会全体の健康化に向けた衛生戦略の手兵として、衛生思想啓発の装置として位置づけられた。そして、紙幅の関係で詳述は期しがたいが、そうした生政治の機構としての女性の生活における「衛生化」は、主に次のような属性を内包することになる。
①女子の社会的任務としての出産と育児のための条件としての健全な結婚生活の選択
②前記①の質的保証手段としての血族結婚の忌避（家の存続のみを目的とした前近代的結婚観からの相対的離脱）

③健全かつ志操堅固な男子との結婚の必要性（「花柳病」すなわち性感染症の予防）
④母乳哺育の重要性
⑤独身女子の問題点の強調（健全な女子が結婚して出産しないことは国家の損失）
⑥そのことを解決するために必要な「良妻賢母」教育としての女子教育の必要性
⑦家庭衛生の担い手としての女子の衛生的教養の必要性とそれを確実にするための高等女学校における衛生学教育の必要性

という諸点に集約される。本論文でのこれまでの検討と、さきに補完的に示した七つの視点を考量すると、「女性」性とそれとは不離の関係としてとらえられる生命を産む性としての母性は、東洋社会にとっては氏を繋ぎ、家を継ぎ、ひいては社稷を保つ基でありながら、常に養生思想においては「周縁的」な位置づけにあった。これは房中術のような男女の関係に関わる技法においてもそうであったし、養生論の内容においてもそうであった。

しかしながら、近代以降の衛生思想とその展開においては、女性の衛生における役割を大きく扱わざるを得なくなる。それは、男性が生産と統治と軍事の主体として機能することに対応して、女性がそれらの機能から相対的に排除され、ケアと愛の機能主体として位置づけられたことを意味する。ところが、結果として国家と社会における正系として位置づこうとする「男性」は、社稷を維持するための機能としてのケアや愛において必然的に女性と「共生」関係をもたざるを得ない。この共生的関係は、通常意味するところの相互受容を前提とした共生ではなく、むしろ男性を優位とし女性を劣位とする権力関係を前提としたものであったが、ケアと愛の主体としての「女性」性は、それがなくては国家や社会が成立しないことを女性そのものが自認していたゆえに、そうした権力関係が相対的に劣化してきた一九六〇年代以降、フェミニズムやケアの思想の台頭とともに、改めて女性が果たしてきた衛生の機能に対する再認識が促されるようになってきたといえる。(40)

（1）瀧澤利行『近代日本健康思想の成立』（大空社、一九九三年）。
（2）瀧澤利行『養生論の思想』（世織書房、二〇〇三年）。
（3）松本遊斎『養生主論』（東京大学顎軒文庫蔵本、一八三二年）。
（4）鈴木朖『養生要論』（三宅秀・大澤謙二編『日本衛生文庫　一』教育新潮研究会、一九一七年、一〇七頁）。
（5）水野澤斎『朱雀経験養生辨』（『日本衛生文庫　四』一〇七頁）。
（6）同前（『日本衛生文庫　三』一九六頁）。
（7）前掲注4書、一一五頁。
（8）同前、一〇九頁。
（9）八隅景山『養生一言草』（『日本衛生文庫　二』二六三頁）。
（10）同前、二六二頁。
（11）同前、二八一頁～二八二頁。
（12）前掲注4書、一〇五頁。
（13）浅井南皐『養生録』巻之上（筑波大学本、一八一七年、二丁オ）。
（14）同前、二丁ウ。
（15）貝原益軒『養生訓』（永田調兵衛、石川謙校訂『養生訓・和俗童子訓』岩波文庫、岩波書店、一九六一年、九七頁）。
（16）本井子承『長命衛生論』（『日本衛生文庫　四』二六九頁）。
（17）河合元碩『養生随筆』「上」（東京大学顎軒文庫蔵本）。
（18）前掲注3書。
（19）前掲注17書。
（20）前掲注5書、三五五頁。
（21）児島尚善『保産道志類邊』（呉秀三・増田知正・富士川游編『日本産科叢書』松岡留吉、一九九五年、九七一頁）。
（22）中神琴渓『生生堂養生論』（元静堂蔵）六丁ウ～七丁ウ。
（23）同前、一四丁ウ～一五丁オ。

(24) 三宅秀「本邦衛生ノ由来」（『大日本私立衛生会雑誌』第一号、一八八三年、四六～四七頁）。
(25) 長與専斎「衛生誤解ノ辨」（『大日本私立衛生会雑誌』第二号、一八八三年、二七～二八頁）。
(26) 同前、二九頁。
(27) 同前、三一～三二頁。
(28) 後藤新平『国家衛生原理』。
(29) 後藤新平『衛生制度論』。
(30) 伊東重『養生新論』（岡崎峰太郎）。
(31) 伊東重『養生哲学』（南江堂）。
(32) 前掲注30書、五～六頁。
(33) 前掲注31書、一二〇～一二二頁。
(34) 三島通良『は、のつとめ』（博文館）一丁オ～ウ。
(35) 下田歌子『女子の衛生』（冨山房）二六頁。
(36) 石原喜久太郎『新編家庭衛生』（博文館）二～三頁。
(37) 前掲注36書、七頁。
(38) 同前、九～一〇頁。
(39) 緒方正清『婦人の家庭衛生』（丸善）一三一～一三二頁。
(40) この視点からの近年の研究のうちで着目すべきものとして、宝月理恵『近代日本における衛生の展開と受容』（東信堂、二〇一〇年）がある。

眼の感染症にみられる女性観——眼の通俗衛生と女性

尾鍋智子

はじめに

すべての美感は、人各々の主観であり、絶対のものではないのであるから、如何なる眼が美しいかといふ問題は一がいに断定することは出来ない。しかし、ここにただ一つ、健康上完全無欠な眼こそは、真の意味に於て美しい眼といひ得るのではなかろうか。(1)（下線原文は傍点）

医学博士・眼科医の石原忍は『日本人の眼』昭和一七年（一九四二）において、まず完璧に健康な眼こそが美眼であるとのべる。それは眼の外観美ではなく、内から出る精神美である、と。化粧によって得た美は「メッキ」であり、「地金」となるのは「健康な眼」である。さらに「眼は心の窓」であるから、心の美の必要を説き、精神修養の重要性を説く。いわく「われわれが真に『美しい眼』を欲するならば、先づ第一に眼の健康に留意し、眼の摂生を守り、眼病の予防につとめると同時に、精神の修養を心がけることが肝要である」。いっぽう一般的に最終目的として眼の健康は「各人のために必要であるのみならず、また国家のためにも極めて意義深いことである」としめくくる。

石原のこの主張は、女性への「内なる衛生」の要求、男性への「外向き衛生」の完備という観点から分析すれば、まさに近代日本衛生論におけるジェンダーを表す典型的発言といえよう。[2]

近代日本におけるジェンダーと衛生の問題については看護史を先駆とし、主な先行研究として成田龍一による一連の著作がある。成田は「衛生環境の変化のなかの女性と女性観」において、明治から昭和初期を三区分に分け、「各時期ごとに、女性は病いに向けるまなざしを変え、自らの身体に対する意識を検討し、衛生を軸としての家族関係や生活のありようを問うた」と包括的に表現する。そして「衛生の三つの回路」を果たした、①地域とくに学校、②女性雑誌などのメディア、③妊娠出産育児、これら三つの要因を挙げ論じる。さらに、一九〇〇年前後に分離した「男の衛生」と「女の衛生」において、前者は防疫体制や都市施設へ展開し、外側へ向かう議論がなされていくのに対して、後者は女性の身体とその生理へと展開され、内側へと向かう議論へ発展していくと述べた。

良妻賢母主義については、ひろたまさきが「近代エリート女性のアイデンティティと国家」において、それまで社会的に差別され政治的に疎外されてきた存在としての女性にとって、いかに近代日本の良妻賢母主義が、近代国家を内面化してゆく際の有効な装置として働き、強烈な個人的ナショナル・アイデンティティを形成してゆくのかを、いわゆるエリート女性を例に論じた。[3]近代国家の家族と性については、牟田和恵が「セクシュアリティの編成と近代国家」[4]において論じ、病と差別に関しては小林丈広が伝染病との関連を詳細に論じた。[5]

しかしながら管見の限り、衛生問題として取り上げられているのは、全体的な衛生や致死率の高い主な伝染病であり、時折トラホームに言及があることを除くと、眼の衛生思想のみに焦点をあて、ジェンダーの視点から論じた研究は現在までほとんどみられない。本論文は、以上のような先行研究をふまえ、医学分野の中でも特に二次的とされ、軽視され、周縁的といえる眼科をとりあげ、周縁的であるがゆえにうかがうことのできる特徴をさぐってみる。より広範囲に流布し影響も大きかったメディアという観点から、専門書ではなく、むしろ一般人向けに書かれた通俗眼科書を資料とした。「通俗」という冠をつけた眼科書は、明治にはじまり大正・昭和初期にかけて多く出版され、一般人向けに、眼に対する衛生を喚起する動きがあった。前述の石原の『日本人の眼』にみられるように、美しい心を伴う健康な眼という、とらえどころのない抽象的美眼を要求されるのは、もっぱら女性であった。男性には兵役に耐えうる、具体的な衛生を備えた健康な眼が要求された。家庭における眼の衛生は女性に大きな役割が期待され、社会においても同様に、女性に最大限の衛生への努力を要請する。このような特徴は先行研究でも指摘されるとおり、衛生思想全般にみられるわけであるが、通俗眼科書からも同様に、衛生を司る良妻賢母的特徴をもつ女性像がうかびあがる。

女性の眼の衛生のはっきりした特徴は、男性をとりまくいわば周縁的衛生と常時とらえられることである。人体の衛生面全体に占める眼の衛生はもともと極めて副次的なものにすぎない。ただし眼の機能が決定的に損なわれた場合、つまり失明のみは例外であり、もともと副次的な衛生であるはずの眼の健康は、兵役と関わる時、そして失明の危険がある場合、突如存在感を増す。男性の場合、とくにそれは国家的損失とみられた。男性の眼はこのように周縁的色彩を帯びつつ国家利益のなかでは依然中心を占める。いっぽう女性の場合は違う。女性の眼の衛生目的は男性の身体的衛生の完備および、精神的衛生ともいえる美の提供にあり、成田が包括的に論じたように衛生の向かう方角がまったく異なる。二重三重の意味で副次的である、言い換えると男性または小児の健康という中心をとりまく周辺として、女性は自分の衛生管理につとめなければならない。自己の衛生ではなく、家族内他者のため、社会内他者のための衛生であるという意味において徹頭徹尾周縁的なのである。

本論文は眼の感染症の予防や治療において、女性が果たす役割からその一端をうかがい、同時に眼科自体が医学全体に占める周縁性を検証する。女性が自己の衛生ではなく、家族内他者のため、社会内他者のための衛生に努める際、二つの違いに焦点をあてる。まず最初に失明原因に占める感染症について論じ、特に関心が高かった眼の病を特定する。失明に至るため最も警戒を要するとされた病、感染力が強いため別の意味で広く知らしめる必要のあった病などがこれに含まれる。つぎに、眼の感染症とその衛生論にみられる女性観について論じる。予防にかかわるキイパーソンとしての女性を三つに分類する。

最後にこれら眼の予防に活躍する女性を衛生的保護者と考えると、その真逆の社会的衛生を脅かす存在としての女性像、つまり、「感染源としての女性」について短く触れて論考を終えたい。

一　失明の原因に占める感染症

多くの感染症は最悪の場合死に至るが、眼科の場合それは失明にあたる。眼の健康は眼の生命ともいいかえられ、失明は国家的損失とみなされた。とくに日露・太平洋戦争時には一般国民における兵役可能な男子の減少を意味した。

石原があげる、おもな失明原因（大正から昭和初期）は以下のとおりである。

- 角膜軟化
- 淋菌性結膜炎
- トラコーマ
- 外傷
- 白内障
- 緑内障
- 黴毒
- 結核

右記のうち感染症に関係するのは、淋菌性結膜炎・トラコーマ・黴毒・結核であるが、黴毒・結核に関しては眼科と直接かかわらないこと、豊富な先行研究がすでにあることからここではとりあげない。失明原因上位から、まず失明原因第一位の外傷、つぎに眼科のみにかかわる感染症である、淋菌性結膜炎とトラコーマについて以下にとりあげてみよう。

(1) 外傷による失明

石原によると、大正五年(一九一六)、壮丁(満二〇歳以上徴兵適齢男子)における、失明者の三分の一は外傷による。(6) 外傷のうち約六割が小児期に失明しているので「これら不幸な失明者の大部分は、或る点まで保護者の不注意によるものであるといつても過言ではない」とまず批判する。三分の一の六〇%ということは、全体の二〇%である。石原は失明者の二〇%は保護監督不注意によるものと弾ずる。

だが、残りの四割つまり失明者全体の一三%強は、鉄工場など労働環境の危険不衛生によるものである。この点については簡単に、「工場、鉱山に於いては、適当な予防法を講じて被害者を少なくしなければならぬ」と述べるにとどまる。保護者が四六時中見張っている中での様々な不測の事故と、大人の労働災害を比較するならば、後者の方が原因特定や管理もしやすく、少ない労力で確実に防げるであろうことは明白である。保護者が母親または乳母などを指すと考えると、完璧な小児保護を女性に求める一方、工業の発達とともに職場で失明被害者が増えているにもかかわらず、職場衛生を整えない工場経営者には、できうる限りのことしか求めない。社会的中心に位置する男性にとっての環境、つまり周縁にいる女性に完璧な努力を求める眼科医の姿が目にうかぶ。

（2）淋菌性結膜炎（膿漏眼）

淋菌が眼に感染して失明に至ることが膿漏眼ともよばれ最も恐れられた。管見では同じ病を意味する「膿漏性結膜炎」という言葉の最も早い例が、明治二六年（一八九三）の『眼の衛生』にみられる。それ以前の伝統的医学では、眼の感染症はひとくくりにされ、すべて「風眼」とよばれていたようである。「風眼」は現在からみたウィルス感染で伝染する流行性結膜炎すべてを代表する、いわゆる「はやり眼」の別称でもある。しかしもともと原因がわからないまま名付けられた命名であることから、のちも淋菌性結膜炎は「風眼」の一種とされ、「風眼」が実際何を指すのかについては時代やコンテキストにより異なり、同時代の文書であっても異なるものを指したり、言葉の混乱が散見する。

時に「風眼」ともよばれた、新生児の淋菌性結膜炎の原因は、母子産道感染がほとんどであることが知られていた。そのため淋菌性結膜炎が論じられる際、二つの側面が強調された。それは、母体の不衛生（都市型かつ道徳退廃型）が原因とされることと、急性伝染病であることとである。『眼の衛生』において、医学博士前田珍男子は、最も一般に知識を普及すべき眼科感染症の一つに、この病の新生児感染である初生児膿漏性結膜炎をあげる。

父ハ淫逸ニ依テ痳疾ヲ受ケ。其児ハ其毒ニ感シテ終世失明シ、妻ハ之ニ染テ明ヲ失シ家ヲ去ラルカ如キ惨況ハ、吾人ノ度々見聞スル処ナリ。此ノ恐ルベキ疾病トハ果シテ何ゾヤ、他ナシ膿漏性結膜炎之レナリ。(7)

父は性的放埒により淋病にかかり、その子も母も夫から感染し、妻は家を出て行った。淋菌による家庭崩壊といったところであろうか。『眼の衛生』は眼病予防のため出版され、何よりも伝染性の眼病について一般大衆の知識不足に警鐘を鳴らし、公衆衛生への危機感が全体に流れている。眼の伝染病が軽視されがちながらも、まぎれもない伝染病であるという基本中の基本を知らしめるために出版されたといっても過言ではない。

明治二六年以前に西洋医が日本人を調べた失明原因結果のうち、後天的失明の約一〇%が「初生児膿漏」、約九・五％が「顆粒性結膜炎および大人膿漏」。あわせて二〇％以上が膿漏眼とトラコーマである[8]。失明全体の半分が適切な治療で治ったはずと前田はいう。ここでは、過去の眼科医の知識および技術不足が指弾されている。とくに膿漏性結膜炎は、失明の危険がトラコーマよりも高く、最も危険な感染症の一つとされ、その感染の勢いはコレラにも例えられている。

新生児では淋病をもっている母親からの産道感染により、成人では淋病をもっている人との性行為により、淋菌性結膜炎が起こりうることを説く。予防法を説いているにもかかわらず、この病では必ずしも失明しないのは喜ばしいと予防徹底に対しあいまいな態度をとる。むしろ感染の周縁としての淋病の抜本的な予防ひいては娼婦の衛生管理を当局に求めている[9]。二〇〜三〇歳に発症者が多い理由として、発生源が花柳界とかかわるからであるとの記述がある。つまり感染源としての女性こそが改善点として言及される。

以上のように淋菌性の膿漏眼では、その予防としての男性の性行動の抑制よりは、むしろ対症療法として、男性の周辺に位置する女性たち（娼婦・妻・産婆）に「内外の」衛生完備を求めようとする一貫した態度がここに顕著にみられる。

（3）トラコーマ（顆粒性結膜炎）

膿漏眼が都会に多い病とすると、トラコーマはむしろ不衛生な田舎に多い病とされた。大正期の壮丁の二〇％以上がかかり、眼病罹患者数第一位であったという[10]。前述の『眼の衛生』において前田は、世の眼科医はこの病のおかげで衣食生計をたてているようなものであるとまでいう[11]。

特徴は家庭で一人発病者が出れば全員が罹患するほどの感染力をもつことと、未開地に多く、家庭内衛生が原因とされることである。都会より田舎に多いこととその伝染性から、都会居住者が地方から女中や奉公人を雇い入れる時には、トラコーマの有無を調べるべきであると石原は強調する[12]。井上温著『通俗眼病の話』（明治四四＝一九一一年）では、家族病とよばれる。特徴は慢性性、伝染性、頑固で難治性。予防法としては洗顔が奨励されている。

二　眼の感染症と女性観

以上の眼病にかかわって、もっぱら予防を司り、公衆衛生にプラスの寄与をするキイパーソンとしての女性を三つに分類し、それを打ち消すマイナスな感染源としての女性像をくわえ、計四分類する。

①家庭内衛生の継続的かつ徹底的管理者（主婦、家政婦）
②新生児の衛生管理者（妊婦、産婆、助産婦）
③小児の保護者（母、乳母）
④感染源としての女性（娼婦、花柳界）

以上は家庭内での婦人の役割と社会で働く女性の、ポジティブおよびネガティブな役割を代表している。

（1）家庭内の主婦または家政婦として

まず眼の感染症のうち流行目《はやりめ》などは、伝統的には予防のしようがないと考えられていたようである[13]。『通俗眼の養生法』（明治三八＝一九〇五年）では流行と伝染は違うという言説がみられる。流行は防ぎようがなく、すべての人が罹患する。だが時差があるので伝染しているようにみえるだけだという。潜伏期間の概念をこの理論はうまく説明はするが、予防に対するある種のあきらめもみられる。まして膿漏の感染源である性病に至っては、ほぼ匙を投げている。したがって、できることは新生児については消毒のための硝酸銀点眼を法制化すべきと述べるにとどめ、対症療法であり極めて現実主義であるともいえる。少しでも男性が自己予防のために行うべき、内へと向かう衛生の視点はここにはみられない。

男性の払うべき衛生努力についてはこのように成り行き任せないっぽう、女性には全力で予防に努めるよう事細かに手順をあげる。たとえば、流行眼の予防法として、起臥する家屋の衛生を以下のように保つよう詳細に記述する。

即ちへやの戸、障子、窓などは毎朝開け放ちて新鮮の空気を流通せしめ、且ツ掃除をよくして塵、埃を溜めぬやうするは勿論、炊事場に於ける煤煙の排通の道を測り、(後略)(14)

微に入り細に入った、毎朝の徹底的な屋内掃除を奨励する。このような言説は、さらに公衆衛生として街路の衛生、浴場の衛生、学校の衛生などにも言及してゆく。

(2) 妊婦、産婆、助産婦

新生児膿漏眼について、子供の盲目の原因としてのこの感染病は明治期には亡国病とみなされていた。また感染の原因が性病であるがゆえ、公衆道徳の指標になるかのような言説がここにみられる。堤友久著『初生児膿漏眼論』(明治三七=一九〇四年)が書かれた頃には、予防法として、妊婦の産道の消毒や新生児の眼の消毒、および産婆に知識が必要と考えられたが、知識のある産婆は少なく、産婆すら介さない出産が過半であった(15)。その後硝酸銀の点眼法が一般に知られ、明治三八年に『通俗眼の養生法』が書かれる頃には、「日本では医者しかこの点眼ができないが、助産婦もできるよう法整備が必要である」という内容を説く。のちに法が整い、昭和期には初生児膿漏眼は激減する。明治期から大正にかけて、膿漏眼について産婆学書や助産婦学書が相次いで出版されていることも、減少に貢献していると考えてよいであろう。だが、産婆を介さない家庭出産が行われた場合に、どの程度この処置が徹底してなされていたかは疑わしい。

トラコーマのような難治性の感染症にかかると、一般には医者を転々と変えるケースもあったようだ。『通俗眼の話』迷誤謬信の一つに、「転医」という項がある。なかなか眼病が治らないため医者を転々とする人々の様子、言葉巧みな民間療法がはやっていたことをうかがわせる。筆者の大正生まれの祖母も幼い時に、ここにかかれているような民間療法の眼科へ足を運んだことがあるといっている。著者である小川は民間の言葉巧みな怪しい医者を「巧言令色少なし仁」と評す。眼病治療には迷信も多く、治療が迷走するケースが割とあったようだ[16]。

（3）小児の母および乳母として

外傷による失明の項でみたように、とくに家庭内の危険から小児の眼を守ること、事故を予防することが、さまざまな通俗眼科書で女性の役割と強調されている。また、乳母・女中・家政婦は雇われる際、あらかじめ眼の感染症をもっていないかを調べられる対象ともなる。衛生における階級差別や職業差別については先行研究が詳しいが、眼の衛生においても、衛生的であるかどうかは問われない家人や小児が家庭で中心に位置するのに対して、その周辺を固める母・乳母・下女などの女性には完璧に近い衛生があらかじめ求められる。それは性的にも衛生管理されているということを意味する。

このような女性の性への衛生概念は民族主義と結びつくと、民族衛生論としか呼べないような逸脱をはじめ、昭和期の純血論の理論的背景となる。昭和一八年（一九四三）に『浄血健民（性の教育）』において、賀川哲夫は以下のような民族衛生論を繰り広げる[17]。

「嘉永三年長崎を追われた混血児一八〇余人のジャガタラ文の悲劇は、南蛮人との混血によって汚された大和民族の血を浄化せんための英断[18]」と、民族の衛生保護の重要性を叫ぶ。混血とは周辺的である女性の性的衛生を管理できなかったミスの結果であり、性病を「亡国病の内、民族の血を汚すもの最も甚だし」い病の第一と呼ぶ。日本国民の母はそのような「汚れ」とは無縁でなければならない。ここには、日本女性のいわば道徳的衛生にあたる貞操観念と、衛生思想を結びつけ、主婦は家庭内衛生の徹底管理のみならず、社会や国家の性的衛生をも死守すべしと鼓舞する。

（4）感染源としての女性観

最後に、衛生を脅かす女性、つまり感染源としての女性観をひろってみよう。前述の『初生児膿漏眼論』では、初生児膿漏眼が全国の盲者一五万の主な原因とされ、日露戦争のさなかの「侮りがたい強敵」とみなしている[19]。

一九世紀ドイツの統計を以下のようにひいている。ドイツでは養育院の初生児膿漏眼患者の四分の一から三分の一は院内の感染によるという[20]。一八九五年時点で一〇〇〇人の新生児に対し五人。都会では田舎の二倍、私生児が嫡出子の二倍以上。やはり、この病は都会の病であり、かつ出身階級がかかわると、新生児の眼の衛生と階級の相関を差別に満ちた言説で、つぎのように披露してゆく。

いわく、経過が特に悪いのは私生児である。栄養不良により抵抗力が弱いことにくわえ、「病原たる母の膣分泌物の毒性も強き」により、眼病罹患率のみならず治癒率が低いと報告する。ここでは著者の堤は下層女性の性病の性質に殊更に差別の視線を注ぎ、眼病の罹患および治癒にかかわり、その原因を性病の毒性が特に強いという科学的根拠のない、だが興味深い「都市神話」のような言説を持ち出している。堤は差別の視線を地理的区分に広げ、田舎・貧民は感染の機会多く、未開の土地・遊郭では私生児が多く伝染が多いと主張する。衛生と差別の密接な構造的つながりがここにみられる。

またさらに、公衆の道徳を説くに熱心なあまり、ここでは女性のいわば精神的衛生（道徳的浄不浄）と、身体的衛生（感染源としての身体的浄不浄）が完全に混同される。まず私生児の増加を表にして挙げ憂う[21]。つぎに一八九五年のヨーロッパの盲目院の失明原因における初生児膿漏眼の占める比率を挙げ、二〇～四〇％台にのぼると報告する。パリが四六％と高率なのは「花柳病の巣窟と聞くことありしが実に信なり」と断じ、日本もこのままでは同じ道をたどるのかと嘆く。以上みてきたように、子供の盲目の原因としての新生児膿漏眼は眼科における主要な問題意識をもたれ、あたかも公衆道徳全体の指標に用いられかねない勢いがある。

眼の衛生について感染源としての女性という視点からみると、新生児の眼の衛生が論じられても、母体や分娩にかかわる女性たちの衛生そのものについてはほぼ無関心であり、一番有効な対策である母体の治療や予防け議論の対象にならない。周縁に位置する潜在的保菌者の位置にとどまるのである。母体や新生児から知らずに感染する危険のある産婆も、同様に潜在的保菌者としかみなされていない。産婆なしの家庭での分娩ならば産婆役の介助した女性たちも同様のリスクを負っているわけであるが、そのような女性側のリスクについて、通俗眼科書ではほとんど注意事項や記述がない。論点は女性が守るべき他者の眼の衛生が中心であり、女性自身ための実質的な女性の衛生についてはは言及がほとんどないといってよい。したがって女性の衛生が守られるべき対象となっているのか否かは常に不明で、あいまいな周辺に位置しつづける。

眼科というそもそも周辺的分野においてすら、女性自身を感染から守らんとする衛生は二次的かつ副次的であることがわかった。女性はもっぱら他者の衛生を守る存在であり、無条件に常に守られる対象とは決してならない。女性にかんして予防ではなく、必要最低限の対症療法にもっぱら力が注がれていることからもそれがうかがえる。一次的なのは男性と将来の兵士たる子供であり、男性の性行動に対する無責任に対しても、眼科書にみられる衛生思想は極めて寛容であいまいな態度をとる。なぜなら衛生の中心目的は、序文にあるように、外敵に勝つための健全な兵士の確保だからである。この目的のために明治後半以降、産婆学書には予防法がさかんに書かれるようになっていった。

おわりに

本論文は眼の感染症の予防や治療において、女性が果たす役割を考察し、眼科自体が医学全体に占める周縁性がそれにどうかかわるのかを論じた。まず、失明原因に占める感染症について、つぎに、眼の感染症とその衛生論にみられる女性観について論考した。予防にかかわる女性を三つに分類し、最後に感染源としての女性について分析を試みた。

女性の眼の衛生の特徴は、男性をとりまく周縁的衛生であることである。人体の衛生全体に占める眼の衛生はそもそも副次的だが、こと女性の眼の衛生にかんしては周縁性に拍車をかけている。いっぽう男性の眼は周縁的色彩を帯びつつも失明に至れば一大損失とみなされ、国家利益のなかで常に中心を占める。女性の眼の衛生は以上みてきたように、二重三重の意味で副次的であり、女性の衛生が論じられる根拠は、男性の周縁衛生完備およびその仕上げとしての美しい眼という美の提供にあった。このように女性が自らの衛生管理につとめなければならない理由は常に他者にあり、家族内他者・社会内他者のための衛生であるという意味において、女性の眼の衛生は徹頭徹尾周縁的である。今後、女性の眼の美観と衛生についてはさらなる論考がまたれる。

（1）石原忍『日本人の眼』（畝傍書房、一九四二年）二三五頁。
（2）成田龍一「衛生環境の変化のなかの女性と女性観」『日本女性生活史』第四巻（東京大学出版会、一九九〇年）。
（3）ひろたまさき「近代エリート女性のアイデンティティと国家」『ジェンダーの日本史』（東京大学出版会、一九九五年）。
（4）牟田和恵『セクシュアリティの社会学』（岩波書店、一九九六年）。
（5）小林丈広『近代日本と公衆衛生：都市社会史の試み』（雄山閣出版、二〇〇一年）。

(6) 石原、前掲注1書、二二五頁。
(7) 前田珍男子『眼の衛生』（丸善、一八九六年）二五頁。
(8) 同右書、七頁。
(9) 同右書、二八頁。
(10) 石原、前掲注1書、二二三頁。
(11) 前田、前掲注7書、三三頁。
(12) 石原、前掲注1書、二二二頁。
(13) 長光藤介『通俗眼の養生法』（賽文館、一九〇五）三〇頁。
(14) 同右書、三一頁。
(15) 堤友久『初生児膿漏眼論』（湯浅鉉吉、一九〇四年）。
(16) 小川剣三『通俗眼のはなし』（博文館、一九〇二年）。
(17) 賀川哲夫『浄血健民（性の教育）』（北光書房、一九四三年）。
(18) 同右書、四頁。
(19) 堤、前掲注15書。
(20) 同右書、八〜一〇頁。
(21) 同右書、二六頁。

〈付録〉

・主な通俗眼科書（明治期）

明治二九年	『眼の衛生』
	『通俗眼科衛生論』
三二年	『通俗眼病トラホーム講話』
三四年	『通俗眼の衛生　トラホーム篇』

明治三五年　『通俗眼のはなし』
三六年　『通俗眼病予防養生法』
三八年　『通俗眼の養生法』
四一年　『通俗眼病者の心得』

・膿漏眼について記載のある通俗医書

明治二九年　『育児必携』
三七年　『初生児膿漏眼論』
三八年　『産婆学講義』上
四一年　同右、下
四三年　『子のそだてかた』
四四年　『学校トラホーム』『助産婦学』
四五年　『眼科看護学』
大正元年　『日本小児科史』
三年　『学校衛生講話』
四～五年　『新選助産婦学』上下
六～九年　『伝染病各論』
一三～一四年　『実験産婆学』上
一五年　同右、下　『産婆学』下
昭和一一年　『詐病と其検査』
一八年　『浄血健民：性の教育』
一九年　『保健教本』

規範としての「自然」——江戸時代の育児書を手がかりに

梶谷真司

はじめに

子を宿し、産み、育てるという一連の出来事においては、様々なことが問題になりうる。妊娠中から産前産後までの母親の体調、出産の軽重、生まれた子どもの健康、長期的には、子どもの知的・情緒的発達や親子の関係も、重大な関心事になる。こうした問題は、今日では各々違った原因と対策が立てられる。ところが近代以前、種類を異にするこれらのことが、根本的には同じ原理で語られた。その原理とは「自然」である。

今日「自然」は、「自然環境」や「自然現象」という語で表されるように、「文化」や「人為」と対比される「領域」を指すことが多い。しかし本論文で取り上げる「自然」は、それとは異なり、物事の「様態」を示す言葉である。たとえば、今日でも「自然な表情」「自然に仲良くなる」「自然体でいる」という表現に見られるように、一般に領域としては自然に対置される人為についても普通に使われる。しかもそれはたいていの場合、「本来あるべき姿」という一種の「規範」を含意しており、そのことはとりわけ「不自然」という反意語において顕著に表れる。「自然なこと」は正しく良いことであり、「不自然なこと」は間違っていて悪いことだとされる。

この領域概念としての自然と規範概念としての自然は、一部重なりはするものの、基本的には別のものである。前者は明治以降 nature の訳語として徐々に定着したが、それ以前は「天地」「万物」「宇宙」「森羅万象」などと訳されていた。つまり、近代以前、現在言われるような領域としての自然を明確に区分することはなく、その意味でこれは西洋由来の近代的な観念である。他方、形容詞の natural や副詞の naturally は、はじめから「自然な」「自然に」と訳されていて、近代以前も西洋語と大きな違いはなかったと思われる。(1) したがって日本(および中国)では、「自然」はもともと様態を表す規範概念だったのが、近代以降そこに領域概念としての意味が付け加わったと言える。

さて、子を産み、育てることは、今なおこのような規範としての「自然」と結びつけられる。出産は「自然分娩」が望ましく、産後の母子同室は自然だとされ、紙おむつや粉ミルクは不自然だと言われる。他方、近代以前は、子産みや子育てにおいて同じく「自然」が規範を表していても、今とはかなり語り方が異なっている。それは具体的にどのような状態を指しているのか。またそれはどのような人間観に支えられていたのか。本論文では、こうしたことを江戸時代に書かれた育児書を手がかりに考えていく。

まず第一節では、育児書の記述に即して、「自然」がどのような意味内容を含んでいるのか、主として妊娠と出産の関わりにおいて考察する。第二節では、それを身体的・情動的次元から見て、どのような原則が背後にあるのかを明らかにする。最後に第三節では、そうした身体と自然の関係を支える人間観について論じる。

一　育児書から見た「自然」の意味

序でも述べたように、江戸時代において「自然」――ないし「天然」「天理」などそれに類した表現――は、特定の領域を指しているというより、物事の様態、それもあるべき様態、正しいあり方を指す一種の規範概念である。したがってそれは多くの場合、道徳とともに語られる。

たとえば、稲生恒軒の『いなご草』では、「人の子を生むは、天地生々のことわりなれば、心ただしく身おさまりて、天理にかないたる女人は、難産すべきようなし[2]」と言われる。逆に道徳的な歪みは難産に帰結する――「心くねくねしく、物ねたみ深く、いつわり多く、慈悲すくなき女人は、天地神明これをにくませ給うゆえに、つねは思う事かなわず、子を生めば、必ず難産す[3]」。具体的な内実はともかく、道徳的に正しい、「天理にかなった」心持ちや振る舞いが安産を保証する。そうでない女性は、出産という第一段階から大きくつまづくのである。

江戸時代の育児書では、妊娠・出産・育児の全部にわたって、「自然」が規範的意味合いを帯び、それに従うことが求められる。そして「自然」に従えば、妊娠・出産・育児のすべてがうまくいき、逆らえば、重大な事態を引き起こす。ではこの「自然」というのは、どのような内実をもっているのか。それを明らかにするには　自然が規範概念として、何を批判するコンテクストで用いられるかを調べていくといい。つまり、何が「自然に反する」のか、何が「不自然」なのかを見ていくのである。

まず挙げられるのは、過剰な人為（人為一般ではなく）である[4]。たとえば、妊娠中の腹帯、産後の産椅や食事制限について、平野重誠は『病家須知』で次のように述べている――「天地自然《シゼン》の正理《ダウリ》にて孕《ハラミ》たり生《ウミ》たりするものを、鎮帯《ハラオビ》を用《モツ》て緊束《シバリマハ》し、産椅《イス》に坐《カカリ》て苦楚《クルシマ》しむるうへ、飲啖《クヒモノ》をまで厳制《キビシクセイ》して、味《アジハヒ》を失《ウシナハ》しむること、いかでか生意《テンチノココロ》に適《カナフ》べき[5]」。また千村真之は『小児養生録』で、お産のときに産婦が取り乱し、医者や産婆を急き立てて余計な手出しをさせるべきではないとして、こう述べる――「愚按《ぐあんずる》に、禽獣《きんじう》・魚虫《ぎよちう》は、他《た》の手をから（借）ずして産す。これみな天地自然《てんちしぜん》の理《り》にあらずといふ事なし。況《いはん》や人は万物《ばんもつ》の霊長《れいちやう》なるものなり。然かるを他人《たにん》の作意《さくい》に労《らう》せられて、遂《つゐ》に難産《なんざん》となる[6]」。

このような過剰な人為は、妊娠中の過度の気遣いや、それに起因する行動についても言われる。重誠によれば、妊娠中に風に冒されるのを恐れて、屏風や障子を立てまわしたり厚着をさせたり、病気でもないのに薬を飲んだりするのは有害である。このような「保養過宜《テアテシスギ》の失《アヤマリ》の自然《シゼン》に背《ソムク》ことあるにより、産《サン》の害《ナヤミ》となるもの多《オホシ》」(7)ということになる。妊娠・出産はけっして異常事態ではないから、特別なことはせず、平常どおりの生活をすべきである。そして「心意《ココロモチ》平素《ヘイゼイ》に異《カハル》ことなく、必《カナラズ》其《ソノ》自然《シゼン》に委《マカス》べし」(8)とされる。こうした妊娠中の生活態度のことを恒軒は「保養」と呼んでいるが、右のように過度の気遣いから余計なことをする「保養あしき人」は、身分の高い人や裕福な人に多いという。恒軒によれば、そのような女性たちは、暇が多くて心配が多く、「気ふさがり、血めぐらず」、いろんな客が見舞いに来て、珍しいものをたくさん食べ、「脾胃病む」、風寒にあたらないように家に閉じこもり、「鬱気したまう」、医者が養生のためと言って不要な薬をすすめ、「却ってそこないとなる」。他方、身分の低い人はこうした障害が何もなく、それが「下﨟の難産少なきゆえんなり」だという(9)。重誠も、貧しい田舎の人は、仕事が忙しくて暇がなく、家にこもっていることもできず、病気でなければ薬も飲まないので、産前産後の問題もないと述べている(10)。

ではこのように人を「あしき保養」である過剰な人為に導き、「自然」から逸脱させる源は何か。それを考える上で参考になるのは、動物と人間を対比して「自然」を語っている次のような一節である――「およそ天地のあいだに、女《め》と男《お》とあるもの、子を生まざるはなし。されば、鳥・けだものの、難産して死する事ありや。それは、心にいわれぬもの思いせずして、身の扱いにも私《わたくし》をまじえず、おのれに相応して、自然に任するゆえなり。いわんや人は、万物の霊長なれば、天地の神明身にやどりて子を生ましめ給うほどに、難産すべき道理はなきを、心の持ちよう、身の扱い、ともによからざる故に、難産はある事なり。しかれば、難産して死する人は、われと我が身を殺すなり。あわれむべき事ならずや(11)」。また、次のようにも言われる――「凡て天地の間《アヒダ》に生《シヤウ》あるものの子を産《ウマ》ざるはなけれども、人には難産《ナンザン》といふことありて、之《コレ》が為《タメ》に命《イノチ》を隕《オトス》ことの多《オホキ》はいかなることぞや。禽獣《トリケダモノ》は孕《ハラム》ことありても、自然《シゼン》に委《マカセ》てさらに我意《テマヘレウケン》を交《マジフル》ことなく、己《オノ》が身《ミ》の飛動《アツカヒ》に閑《イトマ》なければ、体《カラダ》の運化《コナレ》もよく、臨産《サンノトキ》いかがあらんと沈思《アンジワヅラフコト》もあらねば、気《キ》の抑鬱《フサギ》もなく、故《ユエ》に産甚易《サンハナハダヤス》し。人もまた此如《カクノゴトク》、懐妊《クワイニン》の初《ハジメ》より自《シ》然《ゼン》の条理《ミチ》に従《マカセ》て、我意《オノレガレウケン》を加《サシハサム》ことなく、臨産《サンニカカリテ》は、とあらんか、かくあらんかと、回心費思《チノオモヒヲイダク》ことなくして、唯人倫道《タダヒトタルミチ》に背《ソムク》ことなきを摂養《ヨウジヤウ》とせば、数孕《イクタビクワイニン》するとも穏《スラスラ》と産《ウミエ》て、其児《ソノコ》もまた強健《スコヤカ》なり(12)」。

恒軒と重誠がともに指摘しているのは、「私」や「我意」である。千村真之は、これを天地の創成と夫婦の道の始まりという、神話的起源にまでさかのぼって説明している――「夫《それ》、夫婦《ふうふ》の道《みち》は、天地開闢《あめつちひらきはじまり》しより、陰陽其徳《とく》をあらはし、二柱神《ふたはしらのおんかみ》、溝合《みとのまぐはひ》し給ひてより、婚姻《いもせ》の道ここにはじまる。これはこれ、天地の自然にして、人欲《じんよく》の私《わたくし》にあらず。今の人は本《もと》を忘《わす》れて末《すへ》に頼《とり》、好色《こうしよく》を専《もつ(ぱら)》とす。慎《つつし》むべし慎むべし(13)」。要するに、問題は「私」や「我意」が関与すること、そこから生じる欲であり、悩み、心配である。それが余計な、自然から外れた人為を引き起こす。逆に「自然」に叶う態度とは、こうしたもののない、慎み深く落ち着いた気持ちの状態だ、ということになろう。

ではこうした「自然」に従うことは、妊娠・出産・育児の具体的な場面における病気や健康についての考え方とどのように結びつくのか。この点を身体的・情動的次元から考察し、「自然」の内実をより積極的に捉えてみよう。

二 「自然」の身体的・情動的次元

上でも述べたように、妊娠中に関して言えば、「自然」に叶うかどうかは、「保養」（生活態度）の良し悪しとほぼ同義である。その「保養」の身体的・情動的側面については、千村真之が次のように書いている――「必《かならず》かなしみ、或《あるひ》はうれへ、或《あるひ》は人を嫉妬《ねたみ》・忿怒《はらたつ》ことをいむ。さて驚悸《おどろく》ときは、殊《こと》に児《こ》の心《しん》の蔵《ぞう》を傷《やぶろ》。且《かつ》、小哥《こうた》じやうるり（浄瑠璃）

などの遊《あそび》は忌《いみ》てよし。如何《いかん》となれば、多《おほ》くよろこぶときは、心《しん》の蔵《ぞう》をそこなふ。多《おほ》くうれへたるときは、肺《はい》の蔵《ぞう》の氣《き》をそこなうて、胎気《たいき》を損《そこなふ》ことあり。又、神社《じんじや》・仏閣《ぶつかく》へ至《いた》りて神像仏《しんぞうぶつ》ぞうの、いるい《（異類）》異形《いぎやう》のかたちを見て、妊《にん》婦《ぶ》の心動《こころうご》きて、これに感《かん》ずれば、胎内《たいない》の子《こ》あやかる。さるほどに吾家《わがいゑ》の内《うち》にも、異形《いぎやう》の鳥獣《とりけもの》などを畜《かふ》て、これになれて、もてあそぶべからず。胎内《たいない》の子《こ》にあやかる。必《かなら》ず以上《いじやう》の戒《いましめ》は、慎《つつし》み守《まも》るべし」(14)。

慎むべき過剰さには、行為だけではなく情動も含まれる。そして気をつけるべき情動は、心配や不安だけでなく、喜怒哀楽のすべてなのである。だから、そうした感情を引き起こす行動や娯楽も戒められる。

これと同じ発想は、出産後の養生や育児の場面でも見られる。恒軒によれば、産後は家の中で喜び騒ぐのも控えるべきである。そんなことをすると、「産婦も、よろこばしきままに、心うきたちて血あがる事あるものなり」(15)。さらに、産後しばらくは体を横にせず、あまり眠らないようにするという慣習も、この観点から説明される。すなわち、「一、二日の内は、夢など見て心騒げば悪しき故に、物がたりし慰めて、再々は寝入ざるようにするなり」(16)。

次に、生まれた子どもの世話に関して言えば、とりわけ授乳への指示において、身体的・情動的な動揺一般に対する警告が顕著である。香月牛山の『小児必用養育草』(17)には、その詳細が記されている。当時の考えでは、授乳者の心身の状態が乳の質に大きく影響し、場合によっては、子どもに大きな害となる。具体的には以下のような状態での授乳が禁じられている（括弧内はその結果子供に起こりうる症状）――夏に熱いものを食べたあと（乳が熱くなり、吐く）、冬に冷たいものを食べたあと（乳が冷たくなり、咳嗽《しわぶき》、痢病になる）、怒ったあと（上気して驚風、癲癇になる）、飲酒のあと（腹痛を起す）、妊娠したとき（痩せて色が黄ばみ、腹が大きくなり、脚が萎える＝魃病《はつびょう》、弟《おと》身《み》悪阻《づわり》になる）、風に当たったとき（腹脹、吐逆になる）、夜露にあたったとき（嘔吐する）、食事をしてすぐ（色が黄ばみ、疳の虫を生じ、口臭き事をなす）、汗をかいたあと（疳の虫が生じる）、温麺を食べたあと（亀胸、亀背＝せむしになる）、酸っぱいものや塩辛いもの、あぶった肉を食べたあと（渇の病になる）、酒に酔って風に当たって寝て起きたあと（声を失わせる）、咳嗽のあるとき（驚風、喘痰になる）、悲しみや喜びがまだ落ち着いていないとき（涎をたらして咳嗽をなす）、房事をしたあと（瘦憔《やせかじ》けて脚弱く、歩くのが遅くなる）、辛いもの、味の厚いもの、熱が強いもの、肉、脂、酒を食べたあと（乳母の脾胃に熱を生じ、乳を飲んだ子供が病気になる）、熱があるとき（甘草を少し飲む、多く飲むと、脾胃の気が塞がり、乳汁を妨げる）[18]。平野重誠は、簡潔に――かつ極端に――こう述べている。『情慾《イロケ》の発動《キザシ》・思慮《シアンゴト》・憂愁《ウレヒカナシミ》の微《カスカ》なるも、其《ソノ》児、必ず感動《カンドリ》して自然《ジゼン》とその気《キ》を冒《カウムリ》病《ワヅラフ》なり[19]」。

似たような注意は、乳を飲むさいの子供の状態についても言われる。禁止事項として、牛山は以下のようなものを挙げている――大笑いしてすぐ飲むと驚風、癲癇になる、大いに哭いて飲むと吐瀉する、大いに飢えて飲むと腹痛になる、大いに飽きて飲むと気乏しきことをなす、大いに驚いて飲むと吐逆、腹痛になる、泣き止んで落ち着かないうちに飲むと瘻瘤《こぶ》ができる、という具合である[20]。

以上のことからわかるように、授乳者にせよ、子どもにせよ、身体的・情動的な動揺・不安定さは――重誠によればわずかであっても――乳の質を悪化させ、乳を飲んだ子供に病気を引き起こす[21]。

さらに似たような戒めは、子どもが見聞きするものにも及ぶ。牛山は子供にさせるべきでない経験として、見知らぬ人に会わせたり抱かせたりすること、奇怪な形のものを見せたり、大きな音を聞かせることなどを挙げている[22]。概して子供を動揺させたり驚かせたりするのは、危険であると言える。当時の医学の知見では、子供は心気が薄く弱いため[23]、そんなことをすると、「心神を驚かし噪ぎ、おびえて眼を見つめ、手足を動し、搐搦（搐搦とは、手足をひくつかすをいふ）し、痰沫を吐きて死にいたる[24]」惧れがある。だから社寺にも安易に連れて行くべきではないとされる。そこには「怪しきかたちの鬼神」「猿づかい・傀儡師《でずしまわし》の類のおそろしき人形」「怪しきかたちの鳥獣」「かたわものの乞食など、見苦しきもの」がいて、子どもを動揺させるからである。また、高いところに抱き上げる、深い井戸や淵・流れる川を見せる、牛馬犬猫を見せて触らせるといったことも、すべて「甚だあしき事」とされる[25]。さらに、神仏を尊ぶがゆえに、子供に氏神や産神《うぶすな》のお守りを身に付けさせるのはよいが、巫《かんなぎ》などを呼んで騒々しい祈禱をするのはかえって害である[26]（この節のはじめに引いた千村真之の『小児養生録』における妊婦への注意と内容的に非常に似ていることに注意）。

このような具体的な指示に即して見ると、「自然に従う」というときの「慎み深さ」や「落ち着き」には、今日普通に考えるよりも、ずっと広い範囲の行為や状態の抑制が含意されていることがわかる。妊娠中や授乳中の母親にとっても、生まれた子どもにとっても、喜怒哀楽などの感情、空腹や渇き、熱さや冷たさ、諸々の味、咳や熱などの体調不良は、病気その他の問題を引き起こす直接的な要因である。そしてそれを回避・予防するためには、かなり厳格な意味での「身体的・情動的な安定・平静」が求められる。

こうした、見方によっては神経質なまでの警戒感は、妊娠・出産・育児というとりわけ不安定で危険の多い状況、妊婦や幼児という特別な配慮を要する人のためだと思われるかもしれない。しかし、これはおおむね当時の一般的な人間観、病気や健康についての観念に一致している。それを次の節で見ていくことにする。

三　心身連続の人間観と「自然」

第二節で見た身体的・情動的な動揺と病気との関係は、私たちには不可解に思える部分が多い。その大きな理由の一つは、土台になっている人間観が今日とは異なるところにあると考えられる。

今日の人間観は、ヨーロッパ近代の心身二元論に基づいていると言われる。それに対してその影響を受ける以前の日本では、心と体は連続的に捉えられ、さらにこれは、万物の生成変化を気の離合集散と見なす思想に基礎をもっているとされる。このような人間観は、妊娠・出産・育児という具体的状況、および病気や健康についての観念において、どのように現れ、いかなる帰結をもたらすのか。

心身の連続性は、右でも見たように、妊娠中の心構えや精神状態が出産の軽重に作用すること、また、授乳のさいの身体的・情動的状態が乳の質を変え、子どもに大きく影響する、という点に見られる。しかしそうした人間観の含意するところは、もっと深く広い。そのことを如実に示しているのが「胎教」である。

稲生恒軒は『いなご草』の冒頭で、胎教を次のように説明している――「それ、人の子、胎内にありては、母親と一気なり。母の心のさまを、子の心にうつし、母の身の働きを、子の身にうつす。されば懐胎のうち、母の心、よこしまなく、すなおなれば、生まるる子の心も正し。母の身のはたらき悪しき事なければ、生まるる子、年にしたがいて行儀よし。およそ人の子、生まれつきて心くせみ（ゆがみ）身のふるまい悪しきは、みなその母、懐胎のうち、身も心も慎まざるがゆえなり。しかれば、懐胎とおぼえし日よりは、よろずに心のつつしみ深く、露ばかりも悪念なきようにとたしなみ、口にいい手足になすわざ、いずれも誤ちなきようにして、平産の時を待つ。これを胎教というなり(27)」。

千村真之も『小児養生録』の巻上「胎教」の最初に中国の古典を引いて、次のように述べている――「列女伝《れつじょでん》(28)に日《いわく》、古の婦人《ふじん》、子《こ》を妊《はらみ》ては、寝《ねる》に其身《そのみ》を側《そばだて》ず。坐《ざ》に其身《み》を偏《まげ》ず。立《たつ》にかた足だちせず。口《くち》に悪言《あくごん》を謂《いわ》ず。悪《あく》食《しょく》をせず。目《め》にあしき色《いろ》を見ず。耳《みみ》に悪声《あしきこゑ》をきかず。皆正事《みなせいじ》を行《おこなふ》て、其感《そのかん》ずる所《ところ》を慎《つつしむ》。如此《かくのごとく》するときは、産《うま》る子、形容正《けいようただ》しくて、智慧《ちゑ》人にまさる(29)。今《いま》の妊婦《にんぷ》は、胎教《たいかう》を守《まも》る者鮮《ものまれ》なり(30)」。

胎内では母子は一つの気でつながっており、母親の振る舞いや心持ちがそのまま子供の性格・行儀・品行・知性・外見にまで影響する。だから母親は妊娠中、言動に気をつけ、慎みをもって過ごさなければならない。つまり、母と子は気を通して文字通り〝一心同体〟であり、したがって子供は誕生以前から、母親から身体的影響に劣らず、心と体、内面と外面の両方にわたり、全人的な影響を直接受けると考えられていたのだろう。そのため妊娠中の保養が悪ければ、「その子、形そなわらぬか、醜きか、心おろかに頑《かたく》ななるか、命みじかきか、病多きかなるべし[31]」というほど甚大な結果を引き起こす。ここでは、心身の連続性は、そのまま個人間の人格的連続性にもなっている。これは妊娠中の母親と胎児の関係だからではない。同様のことは、出産後の授乳者と子供の関係にも言える。

江戸時代、乳母の選定に関しては、健康で乳がよく出るという体質的なことを重んじるのは当然として、乳母となる人の気質や性格、品行をとくに重視していた。それは、当時の一般論（少なくとも育児書を書いた医者の考え）としては、身分が低いと気血の質が悪く、したがって体質や気質、性格も品性も悪く、節度を失いやすいとされたからである。平野重誠は、厳しい言葉で次のように言う――「乳媼《ウバ》はもとより傭賤女奴《イヤシキヤトヒヲンナ》、身《ミ》を措《オク》にところなく、己《オノレ》が愛児《カアユキコ》をすてて顧《カエリ》みず、薄俸銭《ワヅカノキウキン》のために身体《カラダ》を委《ユダネ》、他《タ》人の児を長養《ハゴクム》もの、其性質《ソノウマレ》の温厚《オウヨウ》にて、残疾《アヤシキヤマヒ》のなきは少《マレ》なり[32]」。そのうえ乳母は、授乳だけでなく、子供を生活全般にわたって長期間世話をするため、その性格や品行に問題があると、子供にもいろんな面で悪影響が懸念される。しかし子供への影響は、第一次的にはあくまで授乳を通して及ぶと考えられていることに注意しなければならない。右に見たように、授乳時の身体的・情動的状態は乳の質に作用し、子どもの健康に大きく影響するが、同様に授乳者の体質・気質・性格・品格も乳を通して子供に伝わるのである。

このように心と体、個々の人格が連続的に捉えられているということは、身体も精神も、明確に境界づけられた個体性も自立性ももっていないことを意味する。だから前節でも言及したように、子どもは見るもの聞くもの感じるものによって、周囲からも甚大な影響を受けると考えられたのであろう。

こうした心身の敏感さ、不安定さは、妊婦や小児にのみ特有なものではない。貝原益軒は『養生訓』で、脆弱ではかない存在としての人間を次のように記している――「およそ人の身は、よはくもろくして、あだなる事、風前《ふうぜん》の灯《ともしび》のきえやすきが如《ごと》し。あやうきかな。つねにつつしみて身をたもつべし。いはんや内外より身をせむる敵多きをや(33)」。そして益軒は、このような人間の養生の基本と病気の原因についてこう語る――「養生の術は、先《まず》わが身をそこなふ物を去《さる》べし。身をそこなふ物は、内慾と外邪《がいじゃ》となり。内慾とは、飲食《いんしょく》の慾、好色の慾、睡《ねぶり》の慾、言語をほしゐままにするの慾と、喜・怒・憂《うれい》・思・悲・恐《おそれ》・驚の七情の慾を云《いう》。外邪とは天の四気なり、風・寒・暑・湿を云《いう》。内慾をこらゑてすくなくし、外邪をおそれてふせぐ。(中略)凡(そ)養生の道は、内慾をこらゆるを以(て)本とす。本をつとむれば、元気つよくして、外邪おかさず、内欲をつつしまずして、元気よはければ、外邪にやぶられやすくして、大病となり天命をたもたず(34)」。

病気の二大原因として「内慾」と「外邪」が挙げられているが、病因論において重要なのは「内慾」のほうである。注目すべきは、飲食、好色、睡眠と並んで、言語と七情についても同様にその「慾」を戒めている点である。人間は総じて、こうした「慾」を抑制すること、したがって「身体的・情動的な安定・平静」を保つことで、病や外邪から身を守るのである。そして、ここで言われていることは、妊娠・出産・育児における注意や、その背後にある人間観や身体観と、基本的にはほとんど変わらないのである。

さらに益軒は、第一節で明らかにしたように、「我意」がなぜ「自然」に逆らうことになるのか、その根拠となるような説明もしている――「人の身は父母を本とし、天地を初とす。天地父母のめぐみをうけて生れ、又養はれたるわが身なれば、わが私の物にあらず。天地のみたまもの(御賜物)、父母の残せる身なれば、つつしんでよく養ひて、そこなひやぶらず、天年《てんねん》長くたもつべし。是《これ》天地父母につかへ奉る孝の本也。身を失ひては、仕ふべきやうなし。わが身の内、少なる皮はだへ(膚)、髪の毛だにも、父母にうけたれば、みだりにそこなひやぶるは不孝《ふこう》なり。況(んや)大なる身命を、わが私の物として慎《つつし》まず、飲食・色慾《しきよく》を恣《ほしいまま》にし、元気をそこなひ病を求め、生付《うまれつき》た

る天然を短くして、早く身命《しんめい》を失ふ事、天地父母へ不孝のいたり、愚なる哉《かな》」。(35)
そもそも人間の命も身体も、自らのものではなく、もともと親に由来し、さらには天地自然の力によるものである。だから自分の意志や欲求で行動することは、「自然」に逆らうことであり、それを差し控えることが、「自然」に従うことになる。こうした「自然」との関係をこの節で考察した人間観から捉えなおすと、いくつかの重要な洞察が得られる。

心と体も個人どうしの間も明確な境界をもたないということは、「私」の確固たる領域など存在せず、脆弱で内からも外からもたえず直接的に作用を受けるということでもある。そしておそらくはそのことが、道徳と健康を不可分にしているのであろう。すなわち、「私」に起因する慾や過剰な人為のような態度は、心身の不安定で不穏な状態に直結し、それが病を引き起こす。逆に「私」を控えて節度を保つことは、心身が安定して平穏な状態ともなり、それが健康をもたらすとされた。そのような外部や他者からの影響を受けやすく、自律性の希薄な人間にとっては、万物を産み育てる「自然」「天理」こそが依拠すべき規範となるのだろう。そしてその力を「私」によって妨げることなく、できるだけそのまま受けること、それに従うことが正しい生き方であり、同時に健康というあるべき状態を保証するのである。そしてこの天地自然の規範には、上で見たように、親と子という世代間の連なりも含まれており、個々人の存在そのものが、こうした規範性を帯びた様々な関係性のうちに位置づけられ、その中でのみ意味づけられるのである。

おわりに

今日人間は、何らかの環境のなかで生きる存在として、周囲の影響から独立ではいられないにせよ、周りの世界に対峙し、そこから区別された固有の領域をもっているように思われている。そして、精神も身体もかなり明確に境界づけられ、より自立的で安定した個体性を備えている。それを西洋近代の心身二元論というほど強い意味で捉えるかどうかは別にして、本論文で考察した江戸時代の人間観から見ると、今日と当時とで大きな違いがあることがわかる。ではこのような変化はいつ頃から起きたのだろうか。

少なくとも育児書の記述を追う限り、これは蘭医方の導入と関連していることがうかがえる。幕末の蘭方医である桑田立斎が著した『愛育茶譚』では、乳母を選ぶにあたっては健康面だけが問題になり、気質や性格、品性は問われていない。したがって乳母から子供への全人的な影響に関する言及はない。また、授乳者の身体的・情動的状態についても、その影響を気にしているのは、授乳者自身の体調や乳の質のことであって、子供の健康のことではない(36)。こうした傾向は、明治時代になるとより顕著になる。そしてそれ以降、健康や病気を語る場では、主として身体だけが問題になり、人格や道徳を論ずる必要はなくなった。心身の区別、自己や身体は、こうしてより自立性と個体性を増していき、健康と道徳のつながりも次第に緩み、今日にまで至ったのだろう。このような経緯から推測するに、この変化はやはり西洋の、それも近代的な人間観に起因していると考えられる。

とはいえ今日、「生活習慣病」の増加とともに、健康と病は、個々人の生活態度や節度など、ふたたび道徳や規範とともに語られるようになってきた。また、うつ病や過食症や拒食症などの心身症が深刻な問題となるにつれ、心と体の連続性が注目され、私たちの心身や自己も、周囲の様々な影響にさらされ、傷つきやすいものとして意識されつつあるように思われる。ただしそれは、西洋医学に対する東洋医学の正しさを示しているわけではないし、近代以前の人間観に復帰するということでもないだろう。かつて規範の所在は天地自然の理であったし、人間の脆弱さ、はかなさは、それによって支えられていた。

しかし今、私たちにそのような観念はもはやない。確固たる規範はどこにもなく、むしろ規範は、不安定な個々人の中に探し求められる。その意味で私たちの存在は個人化されており、あくまで近代を通過したその先に位置している。医学の変化は、たんに理論的な変化ではなく、その背後にはこうした人間観の変化、さらには、人間自身が自己と世界を経験するあり方の変化が潜んでいるのである。

（1）柳父章『翻訳の思想　「自然」とNATURE』（平凡社、一九七七年）五二〜六六頁を参照。

（2）稲生恒軒『いなご草』元禄三年（一六九〇）、山住正巳・中江和恵『子育ての書　二』（東洋文庫、平凡社、一九七六年）所収、二三七頁。

（3）同右書、二三七頁以下。

（4）母乳を与えることについても「自然」が語られるが、これについては梶谷真司「母乳の自然主義とその歴史的変遷——附　岡了允『小児戒草』の解説と翻刻」『帝京大学外国語外国文化』（帝京大学外国語学部編、第二号、二〇〇九年、八七〜一六三頁）を参照。母乳に関する「自然」には、主として三つの側面がある。①乳母ではなく、実母の乳を飲ませるべきだ。②生まれたあと、胎毒下しの薬を飲ませるのではなく、最初から乳を飲ませばいい。③初乳は子どもにとって毒ではなく、胎毒を下す作用があるから、捨てずに飲ませればいい。全体としては、生まれた子どもは母親から乳をもらうのが「自然」であるから、それ以外の余計なこと（＝過剰な人為）はすべきではない、という発想であろう（上記論文のとくに第一章を参照）。

（5）平野重誠『病家須知』天保三年（一八三二）、小曽戸洋監修・中村篤彦監訳『病家須知　翻刻訳注篇　上』（農山漁村文化協会、二〇〇六年）所収、三〇一頁。腹帯への批判に関して重誠は、さらに「元来懐妊《グワンライクワイニン》は天然《テンネン》のものなれば、鎮帯《ハラオビ》にて胸下《ムネノシタ》を纏縛《ククル》ことは、可《ヨロシ》からぬことにて、緊紮《キツククル》ときは、胎《タイ》の生育《ソダチ》の妨害《サマタゲ》に為《ナリ》て、難産《ナンザン》の原《モトキ》と為《ナル》ことあり。」（二六七頁）と述べている。また、重誠は当時広がりつつあった賀川流の外科的な分娩法も批判している（二九一頁以下参照）。

（6）千村真之『小児養生録』元禄一年（一六八八）、梶谷真司「江戸時代の育児書の黎明——千村真之『小児養生録』の翻刻と考察」『帝京大学外国語外国文化』（帝京大学外国語学部編、創刊号、二〇〇八年）所収、七九頁。

（7）前掲注5書、二六三頁。

（8）同右書、二九一頁。

(9) 前掲注2書、二二六頁。

(10) 前掲注5書、二六三頁。

(11) 前掲注2書、二二六頁。

(12) 前掲注5書、二六一頁。同様に、大人よりは子どものほうが自然に近い。そこから余計な教育は慎むべきであり、それによって正しい人間になるという考え方も出てくる――「さて小児はいよいよ天然《てんねん》のままにして正《ただ》しきものなれば、その父母、保伝《もり》たる人、徳義《とくぎ》を正しくして、小児いとけなき時より、習を正しくして、天理《てんり》の性《せい》を養《やし》なはしむべし。或《あるひ》は戯《たはむれ》に乗《じやう》じては、児のいやがる事をもかへり見ずして、児の志《こころ》にさかふ《(逆)》ゆへに、児のこころばへあしく《(悪)》なりて、その情《じやう》成長《ひとなる》まで退《しりぞか》ず。必小児にはいがみひづみのつかぬやうにするが肝要《かんやう》なり。世話《せは》にも三つ子の意《こころ》は白になるまでとを《(通)》るといひ伝《つたゆ》れば、いよいよ教育《きやういく》をつつしむべし」(前掲注6書、九二頁)。

(13) 前掲注6書、一〇〇頁。

(14) 同右書、七六頁。

(15) 前掲注2書、二三一頁。

(16) 恒軒はさらに、産婦を眠らせないためには「石を焼き酢に入れ、また乾漆というもの火にたきて、嗅がしめてよし」という強硬手段まで記している(前掲注2書、二三一頁)。また産後は、「すこしにても怒らしむる事、大きに悪し」、「産婦の心、みだりに動かずして、強く正しければ、産前・産後の憂えはなきなり。心臆病になるより、もろもろの悪症は出《いづ》ると知るべし」(同上)とも述べている。

(17) 香月牛山『小児必用養育草』元禄一六年(一七〇三)、前掲注2『子育ての書　一』および里川真道編『日本教育文庫　衛生及び遊戯編』(日本図書センター、一九七七年)所収。この書は、上記『子育ての書　一』に収められているが、巻四と五の痘瘡については、項目だけ列挙されていて、本文は載せていない。全文はその定本となっている『日本教育文庫　衛生及び遊戯編』にある。以下本論文では、引用・参照は東洋文庫版の頁を先に置き、その後に「K〜」として日本教育文庫版の頁数を記す。

(18) 同右書、三〇五頁以下/K二六四〜二六六頁を参照。同様のことは、千村真之も述べている――「乳母《うば》の慎《つつし》み第一《だいいち》にすべし。乳母《うば》はら《(腹)》をたり《(足)》たるときに、乳《ち》をのますれば、その児狂《ものくるはし》くなる。乳母酒《うばさけ》をのみ、酔《えひ》たるとき、乳《ち》を呑《のま》すれば、其児《そのこ》驚風癇《きやうふうかん》の病《やまひ》を生《しやう》ずる。乳母《うば》はらみ（孕）て乳《ち》をのますれば、其児《そのこ》瘧《ねつ》をやみて、痩《やせ》おとろふものなり。乳母《うば》あく（飽）までものを食《くひ》、腹《はら》じうまん（充満）したるに、乳《ち》をのますれば、其児《そのこ》熱《ねつ》をやみ、喘《せき》して乳《ち》をあます。乳母《うば》（耐）婬事《いんじ》を犯《をか》したるとき、乳《ち》をのますれば、その児病者《こびやうじや》なり。惟《ただ》乳母《うば》のつつしみは、心《こころ》をやすらかにして、色慾《しきよく》の心をたへたるが第《だい》一なり」（前掲注6書、八三頁）。

(19) 前掲注5書、一九二頁。

(20) 前掲注17書、三〇六頁／K二六五頁。

(21) こうした考え方は、中国医学・漢方の養生論における食養法一般と同様である。梶谷真司「東洋医学における健康の概念と食養法の理念——『医心方』の養生論を手がかりに」『健康と環境』（健康財団グループ　財団法人体質研究会・財団法人慢性疾患・リハビリテイション研究振興財団編、第二〇‐二号（二〇〇七年夏号））一二八〜一三八頁。

(22) 前掲注17書、三一五頁以下／K二七七頁、三三六頁／K三〇〇頁を参照。ただし、むしろ早くからそういう経験をさせたほうが馴れていいとする考え方もある。『小児養育金礎』には、こう書かれている——「凡《すべ》て小児養育《せうにやういく》の心得は、仕なれによるものなり。市中《まちなか》さわがしき所に育児《そだちしこ》は鳴物《なりもの》・大声《おほごゑ》を聴《きき》ても、驚動《おどろく》のうれひなし。清閑《しづか》の処に育児《そだちしこ》は適《たまたま》大声《おほごゑ》・鳴物《なりもの》をききて、驚風《きやうふ》の恐《おそれ》あり。家内《かなひ》ばかりに居て、たまたま日中雨天《にちちううてん》に出《いづ》れば、外感《ぐはいかん》（しきあたり）の恐《おそれ》あり。遊方《あそびかた》は凡《およそ》随意《ずいゐ》にしてうれひなきものなり。跣遊《はだしあそび》・土《つち》なぶり別《べつ》して宜《よろ》し。好《この》んでさすべし。多分貧《たぶんまづ》しく育《そだつ》小児《こ》は堅固《けんご》にて、深《よい》窓育《しゆそだち》の小児《こ》の多病《たびやう》なるを見《み》ても心得《こころう》べし」（石田鼎貫『小児養育金礎』嘉永四年（一八五一）。カリフォルニア州立大学バークレー校所蔵の三井文庫本、一一丁ウ以下）。ここでは、何事も慣れが重要であり、子どもが育つ環境次第であるとされている。

(23) 前掲注17書、三一七頁／K二七八頁。

(24) 同右書、三三六頁／K三〇〇頁。

(25) 同右書、三一六頁／K二七七頁。

(26) 同右書、三一七頁／K二七八頁以下。

(27) 前掲注2書、二二二頁以下。

(28) 『列女伝』とは、前漢の劉向の著で、『続列女伝』を合わせて全八巻。各巻ほぼ一五人の女性の伝記を収めている。孟母三遷の故事など、聡明な女性たちの言行録を集め、封建的な倫理観を教えるための啓蒙書として広く読まれた。江戸時代の女子訓育書にしばしば引用される。

(29) 典拠は『列女伝』巻一の六「周室三母」で、原文は以下の通り。「古者、婦人妊子、寝不側、坐不辺、立不蹕、不食邪味、割不正不食、席不正不坐、目不視於邪色、耳不聴於淫声。夜則令瞽誦詩、道正事。如此則生子形容端正、才徳必過人矣（古者《いにしへ》、婦人子を妊《はら》むや、寝ぬるに側《よこむ》かず、坐するに辺《かたよ》らず、立つに蹕《かたあしだち》せず。邪味を食《くら》はず、割《きりめ》正しからざれば食《くら》はず、席正しからざれば坐せず。目邪色を視ず、耳淫声を聴かず。夜には則ち瞽《こ》をして詩を誦《しょう》し、正事を道《い》はしむ。此《かく》の如くすれば則ち生まるる子は形容端正、才徳は必ず人に過ぐ）」。山崎純一『列女伝　上』（明治書院、一九九六年）一二二頁を参照。また、中島みどり編『列女伝一』（東洋文庫、平凡社、二〇〇一年）九六頁も参照。

(30) 前掲注6書、七五頁。稲生恒軒は、これに該当する「列女伝」の言葉を以下のように説明している――床や畳の縁には寝たり座ったりしない、片足で立たない、普段口にしないものを食べない、乱雑に切ったものを食べない、曲がった敷物の上に座らない、派手な色・不作法を見ず、草紙や『源氏物語』のようなものを読まず、行儀のいい振る舞いを見て、『大和小学』や『鑑草』のような本を読む、世上の戯れの声、正しくない物がたり、盲目の女の音楽、好色の人の噂話を聞かない、驕ったり人を侮るようなことを言わない（前掲注2書、一二三以下参照）。また、平野重誠によれば、妊娠中にきちんと胎教を実践していれば、「産前後《サンゼンゴ》の疾苦《ヤマヒ》も知《オボエ》ず、其生子《ソノウマルルコ》も形容端正《カタチミニクカラズ》して、才徳《ノエサイカク》の世《ヨ》に過《スグレ》たる人となるといふは、其母《ソノハハ》の挙動《ミモチ》の正《タダシキ》に感《カン》じて、形《カタチ》を成《ナシ》、神《タマシヒ》を発《ハツ》する、自然《シゼン》の道理《ダウリ》なればなり」（前掲注5書、二六五頁）。成瀬維佐子の『唐錦』でも「心をなおくし、身をたいらかにし、奸しくかたよることなければ、精神のあつまるはじめ、正しきにふれ感じて、その子も形正しう心もすなおなり」（寛政一二年（一八〇〇）、執筆は元禄年間、前掲注2『子育ての書　一』所収、二七〇頁）。

(31) 前掲注30『唐錦』、二七三頁。

(32) 前掲注5書、一九二頁。牛山によれば、乳母は「その性ひずかしくねたまし。心奢りて怒りやすし」（前掲注17書、三〇三頁／K二六二頁）。そのうえ子供の世話を任されるので、甘やかされる。もともと卑賤な身分なので、行儀作法も品性もない。それが突然裕福な家に来て、衣食住さまざまな面で恵まれると、節度を失い、我儘になりがちである（同上、三〇三頁以下／K二六二頁以下参照）。

（33）貝原益軒『養生訓』正徳三年（一七一三）、『養生訓・和俗童子訓』（岩波文庫、岩波書店、一九九四年）所収、三二頁。

（34）同右書、二五頁以下。

（35）同右書、二四頁。

（36）入浴に関する指示にも、似たような変化が見られる。江戸中期の牛山では、子供は頻繁に入浴すべきではない。さもないと、元気が漏れたり、汗をかいて皮膚が薄くなり、外邪に冒されやすくなるとされる。他方、立斎では、湯浴みは毎日でもさせるべきであり、そうすれば心身ともに丈夫になるとしている。桑田立斎『愛育茶譚』嘉永六年（一八五三）、梶谷真司「江戸時代の育児書から見た医学の近代化――桑田立斎『愛育茶譚』の翻刻と考察」『帝京国際文化』（帝京大学文学部国際文化学科編、第二〇号、二〇〇七年）同論文第三章、とくに第一・二節を参照。

不妊の原因としての淋病
――明治・大正期の庶民の生殖観の変化と買春の問題化

林　葉子

はじめに――生殖力を脅かすものとしての淋病

明治・大正期の新聞や雑誌に目を通すと「子のできる薬」「安産湯」等の商品名の、妊娠や安産のための薬の広告が多いことに驚かされる。広告は、人々の欲望にストレートに訴えかけることで商品を売ろうとするものであるから、妊娠や安産のための売薬広告の多さは、それだけ、子どもを望んでも叶わない人が多かったことを意味している。

本論文では、新聞広告と民間医学書を史料として、明治・大正期の庶民に広くみられた不妊克服の願望について確認するとともに、そのように妊娠と安産が強く望まれた時代に、その希望を脅かすものと認識されるようになった性病に対して、人々がどのように対処しようとしたのかを検討するものである。医学の専門的な知識から遠く隔てられていた当時の大多数の庶民が、どのような性的身体観を持っていたのかという点が、筆者の関心事である。したがって、教育程度が高くなくても理解可能なビジュアル情報を多用した広告や、ふりがなのついた民間医学書を、本論文での検討対象として選択している。

性病が不妊の原因になりうるということは、現在では半ば常識であるが、そのように性病が不妊の原因として庶民に強く意識されるようになったのは、本論文の結論を先取りしていえば、一九世紀末から二〇世紀初頭にかけての世紀転換期であったと考えられる。妊娠・出産に価値を置く人びとにとって、不妊をもたらすものは脅威であって、性病――特に淋病――が不妊の原因になるという新しい知識が、性病に対する忌避観をどのように強めたかを考察したい。本論文では、特に一九〇〇年頃を重要な転換点とみなし、その前後の変化を概観するため、一八八〇年から一九二〇年までの資料を中心に扱っている。なお、淋病の原因となる淋菌が、ドイツのアルベルト・ナイセルによって発見されたのは、一八七九年のことである。

「不妊」という言葉は、一八八〇年に刊行された『懐妊避妊自在法』（松原健吉著）の中に、すでに見られる[1]。一八七五年に刊行された『造化機論』（ゼームス・アストン著、千葉繁訳）では、「不妊」ではなく「石胎」という表現が使われている[2]。この『造化機論』の中では、「石胎」の責任は女性ばかりではなく男性の精子の「虚弱」が原因であることが多いと論じられている。本論文の第三節で検討した明治・大正期の四九冊の民間医学書のうち、不妊に言及しているものの多くは、男性に不妊の原因がある場合が多いと論じて、男性側の責任を強調している。それは、不妊の責任を女性のみに帰する『女大学』的な考え方（「子なければさる」）を不当なものとして退ける新しい主張である。そして、「虚弱」が不妊の原因だという見方は、後述するように、淋病こそが不妊の原因だという認識へと移り変わってゆく。

なお、本論文で検討する「不妊」には、流産や死産の問題は含まない。「不妊」という言葉は、当時すでに「流産」や「死産」とは使い分けられており、たとえば『通俗婦人の衛生』（一九〇〇年）では、流産の後に妊娠できなくなった人は「真の不妊症」とは別だと明記されている[3]。流産・死産についていえば、梅毒がその原因の一つであることが、すでに一八七三年に日本で刊行されたウィリアム・ウィリスの著書にも記されている[4]。しかし「不妊症」との関わりで注目された性病は、梅毒ではなくて淋病である。梅毒は子孫に多大な悪影響を与える病として江戸時代の庶民にも警戒されていたが[5]、淋病は、子孫を持つ可能性そのものを絶ってしまう病として、梅毒とは異なる意味において、庶民にとっての新たな脅威となったのである。

また、本論文では、淋病が不妊の原因になるという新しい認識の広まりが、当時の人々の性規範に与えた影響についても考察する。世紀転換期に性病は「花柳病」という言葉で表現されるようになった[6]。花柳界へ男性が出入りして、娼妓・芸妓と性行為を行うことが、性病蔓延の主たる原因であると認識されるようになったからである。その性病についての認識が、不妊という問題と結びつけて考えられることによって、性病を拡散させる買春男性に対するネガティブなイメージが庶民のあいだで共有されるようになり、男性の遊郭通いに対する批判の根拠となっていったことを示したい。不妊の脅威と結びつけられた買春男性の表象は、公娼制度そのものの廃止をもとめていた廃娼運動家の買春男性批判とは性質が異なるものの、買春という行為に対する嫌悪感を、幅広い層の人々のうちに引き起こすのに十分なインパクトを持っていたと考えられるのである。

一　新聞広告にみる不妊の表象

明治期の日本においては、西洋医学が導入されたものの洋医の数は少なく、庶民が頼りにしたのは、医者よりもむしろ売薬であった。売薬業は発展し、大量の薬が出回っていた[7]。当時販売されていた売薬には効果が薄いものも多く、その広告は、しばしば「イカサマ」として批判されていた[8]。しかし、明治・大正期の新聞広告の中で売薬広告が占める割合は高く、くりかえし人々の日に触れる場所に掲載されていたため、それらの影響力は大きかったと考えられる。明治初期には、新聞広告のうち、売薬広告は書籍広告についで二番目に多く、明治後期からは、売薬広告が占める割合が、書籍広告を抜いて第一位となっている[9]。

そのような売薬広告のなかでも、子どもを妊娠して無事に産むための薬の広告は、数多くみられる。他方、避妊や中絶など、妊娠・出産を避けるための薬の広告は少なく、生殖に関わる薬のほとんどが（女性が）妊娠するための薬と（男性が女性に）妊娠させるための薬、あるいは安産のための薬であった。暗に中絶の効果を示すものとして、月経を「流す」薬（たとえば「流経丸」など）の広告もみられるが、その掲載数は多くない(10)。

当時の人々が、子どもを持つことを強く望み、不妊に悩んだ理由についても、広告の表現からわかることがある。売薬広告の中には、使用者の体験談を紹介する形式で薬効を宣伝するものが少なくない。そうした体験談は、たとえ作り話であったとしても、妊娠を望む人々の共感を呼ぶような物語になっていたと考えられる。「子はらみ薬」の広告では、不妊に悩み、それを薬で解決した女性の話として「入嫁後十年の久しきなるも一子なく」、それゆえ「女大学に子なき女は去るべしとの事もあり朝夕くやみ居り」、薬を服用して妊娠した後は「一家親類の大悦《おほよろこび》一方《ひとかた》ならず」（『大阪毎日新聞』一八九二年五月三一日）というストーリー展開になっている。このような広告表現は、当時の女性の妊娠願望の背後に『女大学』的な「子なければさる」という抑圧的な女性観が根強く残存し、それに基づく家族や親類からの出産奨励の圧力が存在していたことの反映だと考えられる。

妊娠や安産のための薬の広告の中には「子はらみ薬」のような、名前をみるだけで妊娠を促すことが目的の薬だとわかるものもあるが、現代の私たちの目には、その薬効がわかりにくい名称がつけられた商品も多い。それらの薬をタイプ別に分類すれば、以下の表1のようになる。

この表1に分類したように、妊娠・安産のための薬には、生殖器の機能の改善薬として販売されているもの（①）だけでなく、内臓の機能を改善するための薬（②）も含まれる。②は、内臓機能を改善することによって「精力」を増し、その結果として生殖の能力を高めようとするもので、主に男性用の薬として販売されている。また、それらに加え、性病が不妊の原因として強調されるようになる時期からは、性病治療薬（特に淋病の治療薬）も

表1　妊娠・安産のための薬のタイプ

	使用者の性別	病を示すキーワード	商品名の例
①生殖器の機能を改善する薬	女性用	「血の道」「子宮病」「月経不順」	「中将湯」「子はらみ薬」「安産湯」「授宝丸」「婦人神経丸」「清婦湯」「女宝散」「女宮散」「安産散」「神靖液」
	男性用	「陰茎病」「陰《いん》痿《い》」「精液欠乏」「精虫不育」	「立効丸」
	男女共用	「生殖器病」	「神秘愉快丸」「生殖器病専門薬」
②内臓機能の改善により「精力」を増す薬	主に男性用	「胃弱」「胃病」「虚弱症」「衰弱症」「腎虚」「精気欠乏」「早漏」「遺精」「陰茎無力」「陽物無力」	「快神散」「健胃肥肉丸」「金勢丸」「精殖新剤」「滋強丸」
③不妊を防ぐ効果を謳った性病治療薬	男女共用	「淋病」「消渇」（淋病によって引きおこされた「睾丸炎」および「子宮病」）	「淋丸」「俊効丸」「淋病消渇根治新薬」「唯一丸」

不妊を避けるために必要な薬として販売されるようになる(③)。

上記の薬の広告には、男女共用の薬だと明記されているものもあるが、そのほとんどが、女性用か男性用か、そのいずれかとして販売されている。女性用の「血の道」の薬の広告は特に多いため、不妊に関わる薬は女性用のものが多かったようにもみえるが、上記②のように内臓の機能改善によって不妊を防げる効果を謳う薬は男性用が多いため、当時、不妊に悩んでいたのは、女性だけでなかったことがわかるのである。

特に「胃弱」や「胃病」は、生殖の問題と結びつけられている。たとえば「快神散」という薬の広告では「胃弱又は房事過度にて元気衰え精液欠乏早漏遺精貧血等にて困難の人は是非試られよ」と書かれてあり、胃の病と生殖の問題とが関

図1　「健胃肥肉丸」の広告（『都新聞』1894年2月20日）

連づけられている（『都新聞』一八九七年二月一三日）。胃の病に効果があると記された薬の広告では、男女共用と記されている場合であっても、広告の中の病者のビジュアル・イメージは、ほとんどが男性の図像である。

一例を挙げれば「健胃肥肉丸」の広告（図1）は、肥った男性と痩せた男性の画像を掲載し、肥った男性を理想化するものである。この薬は「虚弱症」「衰弱症」「胃痛」等に効くだけでなく「遺精《はやもれ》」や「陰痿《じんきょ》」など、性的な不調も改善するという（『都新聞』一八九四年二月二〇日）。また「金勢丸」という薬があり、「金勢」とは、金勢神《こんせいしん》、すなわち男根を祀った神を意味していると考えられるが、この薬は生殖機能の改善薬であると同時に、「健腎」のための薬でもある（『都新聞』一八九四年七月一〇日）。「腎」を健康にすることが「遺精」や「精虫不育」、「不娠症《このできぬ》」を治すために必要だと考えられているのである。

前述の「健胃肥肉丸」の広告にみられるように、内臓、特に胃の機能が良好であることは、太ることと結びつけて考えられた。女性に対しては、逆に痩せ薬が販売されていたことは先行研究でも指摘されているが[11]、男性用として販売されたのは、太るための薬である。「肥る滋養品　ソマトーゼ」（『都新聞』一九〇〇年三月一七日）の広告では、あたかも相撲取りのような恰幅の良さが、男性身体の理想として示されている。また、男性身体が肥ることは、女性に妊娠させるための条件の一つだと考えられていたことも、当時の広告からわかる。

「精殖新剤」という薬の広告（『都新聞』一八九七年一〇月二四日）では、この薬が「不妊娠」や、その原因としての「精液欠乏」「精虫不育」に効果があり、同時に「腎虚」「肺弱」「胃弱」にも効能があるとされている。この「精殖新剤」を服用するならば、「英気を増し」、身体と生殖器が「肥満強壮」になるからだという。そのように男性身体の「肥満」が生殖力の証として理想化され、「肥満」の身体になれるよう、彼らの内臓の強化が求められていたのである。特に男性の全身「衰弱」は避けるべき事態だと考えられている。「房事過度」を不妊と結びつけて問題視する広告があるのも、同じ理由からであろう。

男性用の生殖器機能改善薬の広告の中には、生殖器が「用をなさ」なければ「人倫の務めをなす能はず」と表現するものもある（「立効丸」『都新聞』一八九八年一一月二六日）。そして生殖器を役立てることは、義務であるだけでなく「愉快なる務め」でもあることが強調されている（「生殖器病専門薬」『都新聞』一八九九年五月一一日）。また、男性に対しては、妻を妊娠させ、安産させるために、薬を女性たちに勧めて服用させるようにと促された。「安産湯」は女性用の薬であるが、その広告は、「婦人見るべからず　男子見て婦人に教えよ」と訴えている。「（男性が）愛情を以て、又懇切に婦女子を慰め、安産湯を服用せしめらるれば」、その女性の病は治るので、薬を勧めて服用させることは「日本帝国の男子として博愛の心事」であり、その「博愛」が、やがては海外においても「発揮」されるだろうと述べている（「安産湯」『都新聞』一八九九年九月二一日）。こうして、薬そのものが女性用であっても、その薬の購入や服用には男性が関与することが想定されているのである。

これらの薬の広告の中には、軍国主義的な時代背景を反映しているものもあり、「安産湯」の広告では、宣伝文句を軍歌調に仕立てて「日本帝国強壮国生徒軍歌」というタイトルをつけ、出産奨励のメッセージと戦争のイメージを重ね合わせている（「日本健児の軍歌」『都新聞』一八九九年一〇月一一日、「日本帝国強壮国軍歌」『都新聞』一八九九年一〇月一九日）。人々の生殖力が「日本帝国」の「強壮」の度合いを定めるものだと考えられているのである。

このように表1で①や②に分類される薬は、生殖の問題を「(精)力」の問題だと捉え、全身の「衰弱」と不妊を関連づけるものであった。しかし、こうした捉え方とは別に、性の衛生論、すなわち性病との関わりで不妊の問題を捉える考え方も登場し(③)、広まっていった。

すでに日清戦争前後の時期には、性病に関わる売薬広告は数多く掲載されていたのであるが、それらにおいては、性病と「生殖器病」は別のものとして示されていた。現在よりもはるかに性病が蔓延していた一九世紀末には、性病(特に淋病)による不妊は実際に多かったと推測できるし、一八九六年には、「睾丸炎」によって「子種を失」う危険性を指摘する淋病の広告も掲載されていた(「ゴノレア専門薬」『都新聞』一八九六年五月七日)。しかし、それでも長らく「生殖器病」は「衰弱」の問題として捉えられる傾向が強く、広告の中で、それが性病感染の問題であると言い広められるようになったのは、ようやく一九〇〇年頃のことである。

たとえば一九〇〇年に掲載された「生殖器病専門」の病院である生司院の広告によれば、この頃の生司院では、従来のように「衰弱」「精液欠乏」「遺精」などを扱うのと同時に「りん病」や「睾丸炎」も扱うことになっていた(『都新聞』一九〇〇年一〇月一三日)。つまり「生殖器病」という概念の中に、新たに性病が重ね合わされることになったのである。

一九〇一年には、「淋丸」という薬の広告が、大きな文字で「淋病は子宮病を起す基にして」「子のできざる病原となる」から、速やかに根治すべきだと訴えている(『都新聞』一九〇一年一〇月一三日)。「淋丸」の広告は、インパクトのある画像とともに、数年にわたって繰り返し掲載された。

その一九〇五年のバージョンでは、「淋病は生殖上の大敵なり」「りん病は睾丸炎と云ふ子供の出来ない病源です」「りん病は婦人に伝染して子宮病を起す基です」「子宮病は皆さん御承知の子供の出来ない病です」(『都新

図2　「唯一丸」の広告（『大阪毎日新聞』1907年5月6日）

聞』一九〇五年二月八日）、「りん病は亡国病にして人類繁殖上の大敵なり」（『大阪毎日新聞』一九〇五年六月一九日）と、淋病と不妊の関係を強調している。

こうした広告は、当時の人々に、淋病が不妊につながることを、強く印象づけたであろう。この「淋丸」の広告のほかにも、性病治療により子どもができると強調する漫画仕立ての広告など（「唯一丸」『大阪毎日新聞』一九〇七年五月六日〔図2〕）、性病と不妊の関連を強調する広告は珍しいものではなくなり、当時の庶民の中に、その関連性についての認識が浸透していったと考えられるのである。

二　民間医学書における不妊についての記述

民間医学書の記述においても、広告にみられた変化と同様に、不妊の原因についての捉え方は、（特に男性の）「衰弱」が原因であるとする見方から、淋病の影響を重視する方向へと変化していく。そのような変化がはっきりみられる時期も、同じく一九〇〇年頃である。本節で検討するのは表2に挙げた四九冊である。これらの書籍は、国立国会図書館所蔵の資料、および『性と生殖の人権問題資料集成』[12]所収の資料のうち、①一八八〇年から一九二〇年までに発行されたもの、②不妊または性病について論じているもの、③ふりがながついているもの、という三つの基準に適合するものを選択した。表2に挙げた書物を、ここでは便宜的に「民間医学書」と呼ぶが、これらの中には、著者が医学の専門家なのかどうか定かではないものも含まれている[13]。これらの資料の分析にあたって着目したのは、以下のAからEの五点である。

A　性病と不妊の結びつきに言及しているか

B　不妊の問題との関連で、娼婦と性交する危険性についての警告を発しているか

C　不妊と「品行」問題とを関連づけているか

D　不妊の問題との関連で、男性の買春行為を批判しているか

E　不妊の問題との関連で、公娼制度に言及しているか

表2に示すように、性病と不妊の関連についての言及（A）は、一九〇〇年頃から増えている。また、性病によって不妊が引き起こされる現象を、男性の買春との因果関係として説明する言説（B）や、不妊になることを「品行」問題と結びつけ（C）、買春する男性を批判する言説（D）が現れ始めたのも、一九〇〇年から一九〇三年にかけての時期だとわかる。ただし、一八九一年には、A～Eのすべての論点に言及した書籍（『男女生殖器病即治

表２　民間医学書の中の不妊と性病

出版年	タイトル	著者	A	B	C	D	E
1880	通俗男女衛生論　第一編	福城駒多朗	○				
	懐妊避妊自在法	松原健吉					
1884	黴毒治療法　第一編	墨卯兵衛					
	新撰造化機論	岡田常三郎					
1888	家庭衛生論	山本与一郎					
	民間治療法	松本順					
1889	新撰造化機論	赤松市太郎					
1890	男女必携黴毒鑑査法	岡山甲子之介					
1891	人工妊娠新術	大野勝馬	○				
	男女生殖器病即治法附予防法	村山源四郎	○	○	○	○	○
1892	通俗簡易治療法	松尾連					
1893	閨房必携懐妊避妊自由自在	末長崎次郎					
1897	生殖器新書 一名・既婚未婚男女必読婚姻案内	ホリック					
1899	家庭衛生新書	岡部清之助					
1900	通俗衛生顧問　一名・諸薬独剤術	鴨田脩治					
	通俗治療救急法	金澤巌			○		
	通俗婦人の衛生	楠田謙三	○		○	○	
1901	婦女衛生の鑑	村上巌	○				
	普通衛生療病新書	関藤治郎					
1903	衛生講話　婦人の友	渡邉光次	○	○	○	○	
	家庭宝典　衛生顧問	大木省吾	○	○			
	社会改良実論	小栗貞雄 賀来寛一郎	○	○	○	○	○
	衛生一夕話	橋本善次郎	○	○	○	○	
	通俗妊娠要論	三浦善卿					
1904	花柳病予防の話	森麻吉	○	○		○	○
	男女淋病の養生	ホリック	○	○	○		

1905	色情と其衛生	中谷驥一	○	○	○		
	色情衛生男女生殖最新書	西田愛之助	○	○	○	○	
	男女生殖器病の顧問	大島顕一郎	○	○			
	民間治療法	松本順	○	○	○	○	
	社会衛生花柳病予防療法	花柳病研究会	○	○	○		
1906	実験問答日本家庭節用	中村千代松	○	○	○		
	色情衛生哲学　一名・人体改良論	黒木静也 飯田千里	○	○	○		○
	男女花柳病予防治療法　附生殖器の自衛	小野養治					
	実用問答生殖器篇	佐藤得斎	○	○	○	○	○
	通俗衛生顧問新書	羽太鋭治	○	○	○	○	○
	四季応用通俗治療法	糸左近					
	家庭衛生顧問	大河原正保					
1908	衛生百科全書	佐々木多聞 佐藤得斎	○	○		○	
	子の有る法無い法	田村化三郎	○			○	
	応用問答生殖器健全法	平井成	○	○	○	○	
1912	国民病肺結核花柳病酒毒の予防及自療法	田村化三郎	○	○	○	○	○
	実用問答花柳病篇	佐藤長祐	○	○	○	○	○
1913	医者にかかられぬ場合	永井善作	○	○	○		○
	通俗花柳病の予防と根治法	鈴木忠景	○	○	○	○	○
	独診自療花柳病院	澤田順次郎	○	○	○	○	
1915	学生六大病	河合三郎	○	○	○	○	
1917	四季の衛生	梅里好文					
1920	是を知らぬは親子の恥	児島素明					

法附予防法』）が出版されており、同年の『人工妊娠新術』や、この二年前に刊行された『新撰造化機論』（一八八九年）の記述とあわせて、一八九〇年前後の時期に表現された性病観にも注目したい。

以下では、AからEまでの各項目について、具体的な記述内容について紹介・分析する。

（A）性病と不妊の結びつき

一九〇〇年頃までに刊行された民間医学書では、不妊について言及する場合、その原因として「衰弱」や生殖器の畸形を重視する傾向があった。しかし、淋病と不妊の関係について言及するものもないわけではなく、『通俗男女衛生論　第一編』（一八八〇年）には、すでに両者を関連づけた記述がみられる。ただしこの本の中で、淋病になる原因として重視されているのは、性交する相手が淋病に感染しているか否かという問題ではなく、性交にかける時間やタイミングである。『通俗男女衛生論　第一編』は、食後や大量の飲酒の後に性交を行うことを戒める。特に男性が酒に酔っている場合には、男性の性的な感覚が鈍くなり、長時間にわたって陰茎を刺激することになるので、それが尿道に滞りを起こして淋病になり、子どもができなくなる、と論じている(14)。同年刊行の『懐妊避妊自在法』では、不妊の多くは「男子の精液の生力」が乏しいゆえであると述べる。「精液の生力」を損なうのが「妄淫」または「手淫」であり、性交の回数が多い場合も精液の「水分」が多くなるため「強壮なる子女」を得られないと論じるのである(15)。

『人工妊娠新術』（一八九一年）は、不妊の原因について比較的詳しく論じている。女性側の不妊の原因としては生殖器の形態の異常を、男性側の原因としては精液を作る機能や勃起の機能の障害を重視している。本書では、男性の「衰弱」が不妊の原因の一つとして挙げられる一方で、男性の精液に精子が含まれなくなる理由として「睾丸病」「淋病」「梅毒」を挙げ、性病と不妊の関連について示唆している点が重要である。また本書は、「腫瘍」「結核」「黴毒」が精液の「純粋」さを損なったり、精液を欠乏させるとも論じている。ただし、性病による不妊の問題が、男性の遊郭通いを原因としているとは考えられていないようである。本書は「娼妓《じょろう》の不妊」の原因は、水や唾液が精子の運動を妨げることだと論じており、娼妓が性病に感染しやすいために不妊になるのだとは書かれていない。しかし、同年に刊行された『男女生殖器病即治法附予防法』が、淋病を含む性病が不妊を招くことに言及しながら、その性病に感染しやすいのは娼妓と性行為を行う男性であると論じており、すでにこの時期、不妊と性病と買春の三者を結びつけた書物が庶民に向けて書かれていることに着目したい。

一九〇〇年刊行の『通俗婦人の衛生』では、「不妊症」という項目が設けられ、そこでは、不妊の原因が男性側にあるケースが多いこと、そして、その主たる原因は「不品行」によって罹った淋病だと明言している(16)。本書は、婚姻の目的は子孫繁栄であり、不妊が「不幸」であることを強調している。淋病と梅毒は、睾丸に炎症をおこして精液をつくることを妨げ、尿道を狭くして精液を放出できなくするため、不妊が引き起こされるのだと論じている(17)。

一九〇三年刊行の『社会改良実論』は「生殖器病の大多数は花柳病より来るもの」であると論じ、淋病や梅毒に感染することが「不妊症」を引き起こすと述べている(18)。これと同年に刊行された『衛生一夕話』『家庭宝典衛生顧問』『衛生講話　婦人の友』は、いずれも不妊の原因として淋病を挙げており、この時期以降に発行された民間医学書では、不妊について論じる際に淋病との関係について言及するのが通例となっていくのである。

ただし、不妊の原因として淋病の感染が重視されるようになってからも、不妊を「衰弱」と関連づける主張が全く消えてしまうわけではない。たとえば『色情と其衛生』（一九〇五年）は、「婦人にありても男子にありても全身や精神の旺盛なるものが最も生殖作用の大なるのみならず挙ぐる所の児女も優秀のものが多い(19)」と論じ、全身の力を「生殖力」と結びつけて捉えている。

また、民間医学書に登場した〈不妊の原因としての淋病〉という新しい認識は、即座に庶民の間に広く浸透したわけではなかったようである。一九一二年に刊行された『実用問答花柳病篇』は、医者は淋病を怖がっているが「素人」は淋病にはほとんど注意を払っていないと指摘している。また本書によれば、当時の淋病患者の大多数は医者に相談せずに最初は売薬を用いて治そうとするが、売薬ではなかなか治らないとのことである。(20)

（B）娼婦との性交によって不妊になる危険性についての警告

不妊問題との関わりで花柳界へ出入りすることに警告を発する記述は、前述のように『男女生殖器病即治法附予防法』からみられる。それよりも前に刊行された『新撰造化機論』（一八八九年）においても、娼妓を買うことによって性病にかかる危険性が強調されているが、不妊の問題には言及されていない。この『新撰造化機論』は、私娼を買う男性客を「衛生」について何も知らない「下等社会の我利我利亳者《がりがりもうじゃ》」であると批判し、買春をしないことこそが「梅毒予防の秘訣《おくのて》」であるとしている。(21)

一九〇三年に刊行された『衛生一夕話』では、不妊にならないために「品行」を慎む必要が説かれている。本書は、子どもを除く人民の半数は淋病に罹っており、その感染は人々の「品行」に関係している、と主張する。全国の娼妓の十中八九は花柳病に罹っており、なかでも多いのは淋病で、(22)そのような娼婦との行為を通じて淋病に感染すると不妊になるため、「不妊の罪」は女性よりも男性に多いのだと論じている。(23)

『応用問答生殖器健全法』（一九〇八年）は、「不妊の原因は大概男子にある」と述べ、淋菌によって引き起こされた副睾丸炎が問題であって、女性の不妊の原因となる子宮内膜炎も「男子の麻病を感染したから起こるもの」であるという。(24)その「男子痳病」の予防法として第一に挙げられているのは、「危険界」すなわち花柳界に出入りしないことである。(25)

なお、『花柳病予防の話』（一九〇四年）は、表2に挙げた書籍の中で唯一、娼婦に向けて書かれた本である。この本もまた、不妊と性病の結びつきに言及しているが、不妊について論じた表2の書籍の多くが男性の責任を強調していたのとは異なり、本書は性病罹患と不妊の責任を娼婦たちに押しつけて「娼妓等《しょうぎども》が衛生法《ようじょうほう》殊に花柳病予防法を守らぬから、かやうな病気に罹り易いものでございます[26]」と論じている。執筆者は、吉原病院医員長の森麻吉である。

性病を予防する方法として、男性読者に対し、娼婦と性交しないようにと助言するのは、一九〇三年以降に発行されたすべての民間医学書に共通してみられる特徴である。性病と不妊の関係に言及していない書籍や、家庭向けの医学書にも、そのような記述はみられる。「常に品行《みもち》を方正にして娼婦等に親しまぬ方が宜しい[27]」（『実験問答日本家庭節用』一九〇六年）、「（性病の）予防法は女郎花《おみなえし》を折らぬにある[28]」（『四季応用通俗治療法』同年）、「花柳界の溺惑を防ぎ、断じて不潔なる交接を行うべからず[29]」（『家庭衛生顧問』同年）、「花柳界に（性病が）蔓延し居る故、之等《これら》の街巷《ちまた》に出入せざるが予防の第一義なり[30]」（『四季の衛生』一九一七年）、「品行さえ方正にして、不潔な遊びをしなければ、決してこれに罹かることはないのである[31]」（『是を知らぬは親子の恥』一九二〇年）といった書き方である。

また、娼婦のほとんどが性病に罹っているという予測から、買春の際に「ルーデサック[32]」（コンドーム）を使用するようにと説く本や、包茎だと性病に罹りやすいという理由から、包茎手術を勧めるものも多い。

（C・D）「不品行の男子」批判

一夫一婦の夫婦間の性行為を、それ以外の「淫行《いたづら》」と分け、前者を良い性交、後者を悪い性交と捉える見方は、前述の『男女生殖器病即治法附予防法』に、すでにみられる。一夫一婦の「有情」の関係は、世間に多くみられる「無情」の「淫行」よりも優れたものだと論じ、娼婦は「害毒を流す者」だと表現している。

性病に罹るのは「品行」が正しくないからだという主張、すなわち、婚外の性行為（「不品行」）が性病罹患の原因だと捉える見方は、一九〇〇年以降、頻繁に登場する。それに伴い「不正の交接」や「不潔の交接」という、特に男性の買春行為を否定的に表現する言葉が数多く用いられるようになる。

男性の遊廓通いと、その結果としての性病罹患や不妊という事態を、単に身体的なリスクとして捉えるだけではなく、一夫一婦の規範から外れる反社会的な行為として非難する言説は、性病と不妊が結びつけられるのと、ほぼ同時期に登場している。前述の『通俗婦人の衛生』は「不妊症」の主たる原因を男性の「不品行」だと論じたが、一九〇三年刊行の『衛生講話　婦人の友』は、いっそう「不道徳を致した男子」[33]への批判の調子を強めている。両書の著者には人的なつながりがあり、『衛生講話　婦人の友』を著した渡邊光次は、『通俗婦人の衛生』の著者である楠田謙三の「楠田病院」の医員をした経験のある産科婦人科の医師である。[34]『衛生講話　婦人の友』を講述した時の渡邊の肩書きは「渡邊産科婦人科医院長」であり、同書を筆記したのは、同医院附属「渡邊産婆看護婦講習所」勤務の松井もとという人物である。

『衛生講話　婦人の友』は、性病の中で生殖作用に最も害を与えるのは淋病であること、そして、その淋病が慢性になれば不妊になることを述べた上で、次のように論じている。

ところが世の中には、こういふことがある、家《うち》の倅《せがれ》は夜遊びばかりして居るから、これでは末が案じられる、早く嫁でも娶《と》ったら、辛棒《しんぼう》も出来るだらうと。こちらのことは棚に上げて、幾人も婦人の身許調べをして、選び出し、婚姻も済んだ、然るに倅の不品行は相変らずである。よし十日や二十日は遠慮してもまた元の通の放逸をはたらく。のみならず、その婦人は、花柳病《そうどく》を受けて、おまけに身体が弱いといふので、遂に離縁になる。如何《どう》ですその婦人こそいいつらの皮ではありませんか。これが即ち婦人が玩具《おもちゃ》にせられたのです、なさけないではありませんか。決して捏造説《つくりごと》ではありません[35]。

このように、夫の「不品行」によって、結婚したばかりの無病の妻が性病に感染させられ、不妊になって離縁されたり、家庭そのものが破壊されるという話は、遊郭通いをする男性たちの身勝手さを示す典型的な例として、この後に刊行された民間医学書の中に、しばしば登場した。新妻は貞淑で可哀想な存在、買春する夫はその妻を苦しめる放蕩者、というイメージである[36]。

このような買春男性の「不品行」に対する非難は、男性の横暴な行為から女性の生殖器を守るという母体保護的な側面を持つのと同時に、近代国家を支える近代家族の形成へと向かう女性たちの主体性を動員する論理でもあった。前述の『衛生講話　婦人の友』は巻頭の緒言において、健康な子どもを持つことが「一家の安寧」と「邦の富強の基礎を与へ」るための絶対の義務だと強調し、その「最も大切なる任務《つとめ》」を果たせない女性たちの存在は「畢竟一箇《つまりひとつ》の贅物《むだなもの》」だと断じている[37]。未婚の若い女性たちに対しては、決して不妊にならないように、結婚相手として買春するような男性を選んではならず、結婚後の夫の放蕩に際しては、夫婦間の性交を拒否するようにと助言するのである[38]。

男性の性病罹患には、「道義心の乏しさ」[39]（『社会改良実論』一九〇三年）、「意思薄弱」[40]（『色情と其衛生』一九〇五年）、「花柳魔界に沈淪したる刑罰」[41]（『家庭衛生顧問』一九〇六年）、「劣等人」[42]（『国民病肺結核花柳病酒毒の予防及自療法』一九一二年）といった意味付けがなされるようになる。「花柳病患者に、品性の高き者のないことは多言を要せぬであろう」（『独診自療花柳病院』一九一三年）という形で、性病に罹ることは「品性」の低さを意味していると論じられた。不妊もまた、男性の「品性」の問題と結びつけられ、子どものいない既婚女性が不妊を嘆くのは、結果的に、自分の夫が昔は「道楽者」だったと世間に向けて発表しているようなものだ、と論じられることもあった[43]（『学生六大病』一九一五年）。

（E）不妊問題と公娼制度

ここまでに確認してきたように、一九〇〇年以降に発行された民間医学書では、買春によって淋病に罹った男性がその妻を不妊にすることを非難する記述が一般的にみられたのであるが、それにもかかわらず、民間医学書の中では、男性の買春を公的に容認している公娼制度に対して批判の矢が向けられることは、ほとんどなかった。むしろ、公娼制度のもとで検黴（娼妓の性病検査）が行われていることを、性病の蔓延を防ぐのに有効な手段として支持する記述が散見されるのである。

『男女生殖器病即治法附予防法』は、一夫一婦制を支持しながらも、公娼は私娼よりも衛生面において安全だと述べる。[44]その約一〇年後に刊行された『実用問答花柳病篇』（一九一一年）も同様の立場である。[45]『色情衛生哲学』（一九〇六年）は、公娼制度の廃止ではなく、公娼制度のもとでの検黴の徹底の必要性を主張する。公娼の検黴を毎日行った上で、娼妓の客を一晩に一人と定めれば、性病の蔓延を防げるだろうと論じるのである。また、売春をしている疑いのある女性は全員、公娼として登録して検黴を行うべきだとも論じている。[46]同年刊行の『通俗衛生顧問新書』[47]や『国民病肺結核花柳病酒毒の予防及自療法』（一九一二年）[48]も同様に、検黴や私娼の取締を厳重にする必要性を説いている。

民間医学書の中にも「公娼を禁ずるがよい[49]」と述べて公娼制度そのものを否定的に論じた書籍がないわけではない（『医者にかかられぬ場合』一九一三年）。しかし、民間医学書における買春男性批判は、その一般的傾向として、買売春問題を個人の「品性」の問題に帰着させ、一方で買春をする男性たちに対する嫌悪感を庶民の間に醸成してゆく契機を作り出しながらも、国家の買売春政策や社会構造そのものを問うような新しい視点を提示することはなかったといえるだろう。

おわりに――男性不妊と買春の問題化

明治・大正期の日本において、子どもを持つことは人びとの最大の関心事の一つであり、不妊という問題は、人生そのものの「不幸」であると深刻に受けとめられていた。不妊になる原因として、一九世紀末までは「衰弱」が重視されていたが、一九〇〇年頃を境として、淋病の感染が不妊の原因だという認識が、庶民の間に徐々に浸透していった。そのような認識の変化にともなって、人びとの不妊問題への対処法は「精力」を増そうとする努力から、性病の感染を防ぐための対策へと重点が移行していった。

当時は、まだ不妊の責任を女性だけに負わせる『女大学』的な価値観が残存していたが、本論文で検討した時期の資料の記述に一貫してみられるのは、そのような〈不妊＝女性の問題〉という意識からの転換をはかって不妊を男性の問題として捉え直そうとする傾向である。「石女《うまずめ》」という言葉に対抗して「石男《うまずお》」という新語が作られたことに典型的に示されているように、(50) 男性不妊こそ問題であるという主張が、各所で繰り返し論じられるようになった。男性不妊を問題化することは、それまで一方的に「子なければさる」と離縁されることがあった女性たちを、その不条理から救い出すねらいがあったが、他方で、生殖の過程における男性の役割を重視することで、その関与の度合いを高めることにもなった。本論文でとりあげた民間医学書の著者は全員男性であると推定されるが、妊娠したりしなかったりする女性の身体をめぐって、男性たちが、男性の問題として捉え直そうとしていたのだといえる。

また、不妊の原因として淋病を重視することと、男性不妊の問題化は、表裏一体である。なぜなら、淋病は花柳界で感染する「花柳病」だと認識されていたからである。当時、公的に買春が許されていたのは男性だけだったから、買春が原因で罹った性病を配偶者にうつしたのも、ほとんどが男性であった。買春することによって、淋病をはじめとする性病を無病の妻に感染させるだけでなく、二人の間に子どもを持つ可能性まで絶ってしまうのだから、そのような「不品行な男子」は軽蔑されるべき存在だと論じられた。

本論文で検討したような広告や民間医学書を通じて、明治・大正期の庶民の間に、男性不妊という問題が意識されるようになり、その原因となる淋病の怖さと、淋病を花柳界から持ち帰る買春男性に対する嫌悪感や軽蔑の感情が、徐々に広がっていったと考えられる。不妊と性病と買春の三者が結びつけて論じられ始めた一九〇〇年頃や、それに先立って、同様の認識が先駆的に示されることのあった一八九〇年前後は、公娼制度の撤廃を求める廃娼運動が盛んになった時期でもある。本論文で検討した広告や民間医学書は、そのような運動と直接的に結びつくものではないが、両者に通底する同時代の心性として、買春する男性に対する忌避感が存在していたと考えられるのである。

（1）松原健吉『懐妊避妊自在法』（由巳社、一八八〇年）七頁。
（2）ゼームス・アストン（千葉繁訳）『造化機論』（一八七五年）一三頁（『性と生殖の人権問題資料集成』第二七巻、不二出版、二〇〇〇年）。
（3）楠田謙三『通俗婦人の衛生』（吐鳳堂、一九〇〇年）七三〜七四頁。
（4）福田眞人「検黴のはじまりと梅毒の言説——近代日本の梅毒の文化史——」（『日本梅毒史の研究——医療・社会・国家』思文閣出版、二〇〇五年）一四八〜一四九頁。
（5）鈴木則子「江戸時代の医学書に見る梅毒観について」（前掲注4『日本梅毒史の研究——医療・社会・国家』六一頁）。
（6）国立国会図書館所蔵の書籍のうち、「花柳病」と名のつく最も古い本は、一八九七年に刊行された『花柳病学』（筒井八百珠著、南江堂）である（NDL-OPAC 国立国会図書館蔵書検索・申込システムによる検索結果 https://ndlopac.ndl.go.jp/F/DNX119Q4UGBNYC5A1393NKQPULA61DM72FETPE9RUFGTRH5DJ2-05818?func=file&file_name=login　二〇一三年六月三〇日アクセス）。

(7) 立川昭二『明治医事往来』(新潮社、一九八六年)三二一～三二九頁。

(8) 明治期の売薬広告については、林葉子「明治期の新聞広告にみる〈白い肌〉への憧憬と性病に対するまなざし」(『ジェンダー研究』第一三号、二〇一〇年、一〇九～一三三頁)参照。

(9) 山本武利『広告の社会史』(法政大学出版局、一九八四年)八頁。

(10) ある避妊薬の広告は、その薬が避妊に役立つだけでなく「快味を起」こす作用と「悪病を防ぐ」効果を兼ね備えたものであることを強調した上で「花柳界には最も要用」と説明しており(「達磨香」『都新聞』一九〇四年一〇月四日)、避妊や中絶は、そのように花柳界のイメージと結びつけられることがあった。

(11) 川村邦光『オトメの身体　女の近代とセクシュアリティ』(紀伊国屋書店、一九九四年)三四～三七頁。

(12) 本論文では、前掲『性と生殖の人権問題資料集成』のうち、特に第一巻・第二七巻・第二八巻を参照した。

(13) 本論文で考察したいのは、当時の先端的な医学の在り方ではなくて、庶民に向けて、どのような性的身体のイメージが流布されていたのかという問題である。表2に挙げた書籍の発行部数は不明であり、これらは新聞広告のように多くの庶民が目にしたことが確実な資料とは異なり、影響力が及んだ範囲は限定的であったとも考えられる。しかし、広告がきわめて小さなスペースを用いたビジュアルな表現であるのに対して、書籍は、広告よりもスペースが大きく、言語的な説明が中心になっているため、その意図するところが把握しやすいのが利点である。

(14) 福城駒多朗『通俗男女衛生論　第一編』(東京出版、一八八〇年)五四～五五頁。

(15) 前掲注1『懐妊避妊自在法』八～一三頁。

(16) 前掲注3『通俗婦人の衛生』七二～七三頁。

(17) 同前、七四頁。

(18) 小栗貞雄・賀来寛一郎『社会改良実論』(人民新聞社出版部、一九〇三年)七九～八〇頁(『性と生殖の人権問題資料集成』第一巻、不二出版、二〇〇〇年)。

(19) 中谷驥一『色情と其衛生』(青木嵩山堂、一九〇五年)一六頁(前掲注18『性と生殖の人権問題資料集成』第一巻)。

(20) 佐藤長祐『実用問答花柳病篇』(丸山舎、一九一二年)二八二～二八三頁。

(21) 赤松市太郎『新撰造化機論』(一八八九年)三四～三五頁。

(22) 橋本善次郎『衛生一夕話』（冨山房、一九〇三年）一一四〜一一五頁。
(23) 同前、一一八頁。
(24) 平井成『応用問答生殖器健全法』（脇秀文館、一九〇八年）七一〜七三頁（前掲注2『性と生殖の人権問題資料集成』第二八巻）。
(25) 同前、一一五頁。
(26) 森麻吉『花柳病予防の話』（通俗衛生書院、一九〇四年）一三頁。
(27) 中村千代松『実験問答日本家庭節用』（博文館、一九〇六年）六一〇頁。
(28) 糸左近『四季応用通俗治療法』（博文館、一九〇六年）一八〇頁。
(29) 大河原正保『家庭衛生顧問』（明昇堂、一九〇六年）一四四頁。
(30) 梅里好文『四季の衛生』（一九一七年）六三頁。
(31) 児島素明『是を知らぬは親子の恥』（日本出版社、一九二〇年）二八三〜一八四頁。
(32) ルーデサックは、大正初期には、唐物店や小間物店の店頭の小箱に入れて販売されていた。その箱の表には「サック」または「衛生嚢」と記してあり、一個あたり三銭から四銭程度であった。避妊用に用いる場合には使い切りではなく、数十回使用することができたという（澤田順次郎『独診自療花柳病院』中央書院、一九一三年、六頁）。しかし、ルーデサックは破れやすく、その使用は「交接道徳に背くやうな感」を使用者に与え、「どうしても勢力を制限される」ために、当時は広く用いられなかったようである（佐藤長祐『実用問答花柳病篇』丸山舎、一九一二年、二六六〜二六七頁）。
(33) 渡邊光次『衛生講話　婦人の友』（一九〇三年）五三頁。
(34) 楠田謙三校閲・渡邊光次著『小児養育法』（誠之堂、一八九九年）の表紙にその記述がある。
(35) 前掲注33『衛生講話　婦人の友』五三〜五四頁。
(36) 表2に挙げた書籍の中では、松本順『民間治療法』（愛生館、一九〇五年）一八七頁、佐々木多聞・佐藤得斉『衛生百科全書』（一九〇八年）四一六〜四一七頁、田村化三郎『国民病肺結核花柳病酒毒の予防及自療法』（敬文館、一九一二年）九二〜九四頁にみられる。

（37）前掲注33『衛生講話　婦人の友』一〜二頁。
（38）同前、五三頁。
（39）前掲注18『社会改良実論』七七頁。
（40）前掲注19『色情と其衛生』二一七頁。
（41）前掲注29『家庭衛生顧問』一五〇頁。
（42）前掲注36『国民病肺結核花柳病酒毒の予防及自療法』一三六頁。
（43）梅里好文『学生六大病』（東亜堂書房、一九一五年）七九〜八〇頁。
（44）村山源四郎『男女生殖器病即治法附予防法』（警醒書院、一八九一年）四頁。
（45）前掲注32『実用問答花柳病篇』三〇頁。
（46）黒木静也・飯田千里『色情衛生哲学』（通俗衛生学会、一九〇六年）一〇九〜一一一頁。
（47）羽太鋭治『通俗衛生顧問新書』（東京久彰館、一九〇六年）三三〇〜三三一頁。
（48）前掲注36『国民病肺結核花柳病酒毒の予防及自療法』一三八〜一四八頁。
（49）永井善作『医者にかかられぬ場合』（良明堂書店、一九一三年）九二頁。
（50）田村化三郎『子の有る法無い法』（読売新聞社、一九〇八年）四頁（前掲注18『性と生殖の人権問題資料集成』第一巻）。

『青鞜』への道——保持研と南湖院

池川玲子

はじめに

女性たちの手によるフェミニズム雑誌『青鞜』（明治四四年～大正五年。結社組織・青鞜社の月刊機関紙）が、茅ヶ崎のサナトリウム「南湖院」と関わりをもっていたことはよく知られている。何人もの関係者がここで病を癒し、重要な出会いの場となり、青鞜社が世間からの批判にさらされた際にはよき避難所として機能した。

両者を結びつけたのは、一人の女性だった。その名を保持研《やすもちよし》（妍、研子とも。号・白雨）という。南湖院の元患者にして青鞜社発起人。平塚明《はる》（明子とも。号・らいてう）と二人三脚で『青鞜』を創り上げ、実務面から青鞜社を支え続けた人である。

かつて、私は彼女の評伝を書いた[1]。以来二〇年。この間、私は、一つの疑問を持ち続けてきた。

なぜ研は明と出会うことができたのだろう。

それは「偶然」と片付けられてきた。すなわち、南湖院の院長・高田畊安《こうあん》（耕安とも。以下、畊安に統一）が、たまたま日本女子大の校医を務めていた。ために、女子大の学生であった平塚明の姉・孝《たか》がここに入院した。同級生の保持研が続き、二人は文学を通じて親しんだ。回復した研が職探しの時に寄宿したのが、「偶然」、明の部屋だった。(2)その頃、生田長江から、「女ばかりの文芸雑誌の創刊」を勧められていた明は、「文科出のこの人こそ」この企画にふさわしいと相談し、『青鞜』創刊へと至った。そして、研が青鞜社と南湖院の仕事を兼務していたため、南湖院は、『青鞜』の女たちにとって親しい場所になった。

しかしこれでは、『青鞜』の人々に畊安が示し続けた破格の好意が説明できない。(3)そもそも、二人の出会いの説明にも足りない。

保持研と平塚明。一歳違い。この二人の間には、計り知れないほどの距離があった。研は、地方の、おそらくは裕福とはいえない階層の出身だった。少女時代に片目を失明した上に、長く結核を患った「無名人」だった。対して明は、東京の官僚のお嬢様。禅の修行で力があふれ、それがためにスキャンダルな事件まで起こしてしまった「有名人」。

研は、どうやって日本女子大学に進んだのだろう。風変わりな結核医・畊安は、なぜそこの校医を務めていたのだろう。研はどうやって高額な療養費を捻出し、社会に復帰することができたのだろう。そしてなぜ、南湖院は、青鞜社の避難所となったのだろう。

この二〇年の間、『青鞜』についても南湖院についても保持についても多くのことが明らかになってきた。それらに接し、私は、今まで「偶然」と見えていた事柄のすべてが、「必然」だったと考えるようになった。

理科の授業で毛管現象を習った。ガラスや繊維の細い管を液体に漬ければ、液体は自らの性質によってそれを伝わり、上へ上へと昇っていく。研の前には細い通路が用意されており、彼女は、そこを通って、明のもとへ『青鞜』のもとへと、引き寄せられるしかなかったのではないか。そして南湖院はその通過点の一つだったのではないか。

以上を念頭に置きつつ、今一度、保持研の人生を辿り直してみたい。それは、研の人生のいくつかの局面をプレパラートに固定し、ジェンダー視点を備えた顕微鏡越しに検討していく作業となる。眼下に広がるのは、周縁と中央を繋ぎながら、分断された女性たちを共生の場へと繋ぎながら、網の目のように、女子教育の根が拡がっていく近代日本の光景、すなわち『青鞜』への道であるはずだ。

一　今治時代

(1) 両親

保持研は、明治一八年（一八八五）八月二〇日、愛媛県今治市の郊外に生まれた。父止次郎、母キシの第一子で、この後、弟と妹が二人ずつ続いている。父方の保持家は鉄砲組、母方の高須家は旗組、いずれも今治藩の下級士族の出であった。

今治は瀬戸内海に漕ぎだす港を中心として発展してきた町である。研が九歳の時に一家はその港近くに移っている。なりわいは判然としない。女学校時代の学籍簿には「保護者の職業／商業」とだけ記されている。湯屋を営んでいたとも、父が元神官であったとも伝わっている[4]。

今治の黒住教大教会所には、保持家が代々熱心な信者だったことを示す霊名簿が保管されている。黒住宗忠を開祖として江戸末期に起こった黒住教は、アマテラスオオミカミ＝太陽を崇拝する神道系創唱宗教で、明治初期には関西九州方面に拡がった。今治には明治一一年（一八七八）教会所が創立されている。止次郎が黒住教勃興期に教会関係の仕事に携わっていた可能性は高い。

今治時代、研の運命を左右したと思われる出来事が二つある。一つは地元での高等女学校の設立、もう一つは失明である。

明治三二（一八九九）年、高等女学校令が公布された。「明治三一年には、高等女学校は国公私立合わせて全国に三四校しかなく、生徒数もわずかに八五八五名に過ぎなかった」（文部省『学制百年史』）時代にあって、人口一万五千人ほどの田舎町・今治の動きは素早かった。同年中には町立今治高等女学校が創設された。研は、その第一回生である。

この素早さの背景の一つが、製綿業である。維新後、輸入綿布の打撃で壊滅状態にあった今治綿業は、明治十年代末、綿ネルの生産とともに復興した。さらに日清戦争（一八九四年）の軍需により白木綿が急成長、タオルの製造が始まったのもこの年である。町には女学校設立に向かえるだけの財政基盤があった。

もう一つ、女学校設立に影響したといわれているのがキリスト教である。

（2）今治とキリスト教

明治一二年（一八七九）、今治に四国で初めてのキリスト教会が設立された。創設者は、中国四国地方への伝道で知られるイギリス人宣教師J・L・アッキンソン。初代の牧師は熊本バンドの一人で同志社（一八七四年、新島襄が同志社教会を設立、翌年に同志社英学校開校）を出たばかりの横井（伊勢）時雄である。安政四年（一八五七）生まれ、当時はまだ二十代初めの若さだった。父は横井小楠、徳富蘇峰・蘆花兄弟はいとこにあたる。その関係で若き蘆花が今治教会の英語教師を務めたことはよく知られている。

今治におけるキリスト教受容は、因習打破と新知識獲得という側面が強く、学術講演会も再三開催されていたという。[5] プロテスタントが内包する進取の気性は、綿業界を中心とした商人層の心性と合致した。彼らの仕事とキリスト教会は合い携えて発展し、今治はやがて「四国のマンチェスター」と呼ばれる商都になっていく。

明治一〇年代から三〇年代にかけて、今治における中等教育は教会内の私塾的な集まりが核となっていた。明治一四年（一八八一）に設置された越智中学校は、設置基準の問題で数年後に廃止されていたためである（結局、今治では、一八九九年の高等女学校設立当時には中学校は存在していなかった）(6)。こうした状況下、教会の設立直後から、遠方のミッション系教育機関に学ぶ信徒の子弟が現れはじめる。

明治のキリスト教史は、一般に、四期に分類される(7)。第一期（一八五三～七三年）は禁令が説かれた伝道準備の時期、第二期（一八七四～九〇年）は教会設立と伝道拡張の時期、第三期（一八九一～一九〇〇年）は、欧化政策の反動として国粋主義が高まる試練の時期、第四期（一九〇一年～一二年）は勢力安定期。

第二期の前後から、関西で、アメリカンボード（会衆派・組合派）による女子ミッションスクールの開設が相次ぐ。一八七三年神戸ホーム（神戸。神戸英和女学校～神戸女学院）、一八七七年同志社女学校（京都。同志社女子大学）、一八七八年梅花女学校（大阪。梅花女子大学）、一八八〇年神戸女子伝道学校（神戸。神戸女子神学校～聖和大学～二〇〇九年関西学院と合併。日本最古の女性教職者養成学校）。

神戸英和女学校と神戸女子伝道学校の設立者ジュリア・エリザベス・ダッドレーは今治の女子教育に深く関与した人物である。「ダッレーさん」は、しばしば今治を訪れ、「婦人改良の」手段としての「婦人会設立」にも関わっている。永井紀之の精密な調査によれば、明治一十年代における今治出身者の主たる進学先は、男子は同志社、女子は神戸英和女学校、神戸女子伝道学校、梅花女学校、同志社女学校、さらには横浜フェリス女学校等々に及んでいる(8)。

今治の女子進学熱は全国的にみても異例のことであったらしく、明治二六年（一八九三）の『女学雑誌』には「僅に一万有余の人口を有せる一地方にして廿有余名の高等教育を受けたるものなるは、全国中蓋し今治のみならんか」と驚嘆交じりの報告がある(9)。キリスト教への反動が強まった「試練の」第三期にも女子進学熱は衰えず、明治三〇年（一八九七）九月一七日の『愛媛新報』は、「県下女子教育の盛なるは今治を以て第一位となす。目下出でて全国各地の教鞭を執るもの少なからず。（略）同地基督教徒の奨励によると云う」と伝えている。[10]

ミッションスクール出身者は、今治に帰郷後、地域のリーダーになった。町立高等女学校の設置と、県立移管に至る背景には、彼女たちの働きがあったと思しい。

女子の先覚者の五、六名の人は、みな神戸女学院を出て一家の主婦として活躍しておったのである。この女性連は、時の郡長や郡会長を歴訪して、女の子が家を離れて遠方の女学校などに入学することは一般家庭では困難である。是非女学校を先に設立するようにと力説した。[11]

（3）今治高等女学校

小学校の校舎に仮住まいしながらスタートした町立今治高等女学校は、本科と技芸専修科の二科建てで、研が選択したのは本科だった。開校半年後の在籍者は七五名。設立二年目に県へ移管され、校舎も新規に建設された。研は、四学年に再入学という形になっている。移管後の生徒数は町立からの編入生を合わせて一五三名だった。

研の高女時代はいかなるものであっただろう。『青鞜』期のことになるが、研は、母校から寄せられたアンケートの返事を書き送っている。[12]

（学校に於いて修得の学芸中卒業後最も効果著しと感ぜられたるもの）

書物よりも寧ろ修身と諸先生方の生ける感化とにて候いし社会の暗道を歩むときも人情の浮薄に泣く時も世人の策略虚偽に驚く時も嘗て若き日の心根深く植え付けられし確し確し誠の信念こそは我等活動の本源行く手の光明にして候。（略）

明には、東京女子高等師範学校付属高等女学校（お茶ノ水高等女学校）時代に、「海賊組」を作って修身の授業をボイコットしたという有名なエピソードがある。研の修身に対する高評価は意外であるが、同じ修身の授業でも受けた内容や、教える人間に違いがあったということだろうか。

そもそも今治に充満していたキリスト教由来の女子教育の息吹は、今治高女の教室にどのように影響したのだろう。神戸英和女学校卒業者が英語を講じていたことは確認できるが、宗教教育が行われていた形跡はない[13]。県立移管時の開校式における愛媛県知事の告知は「女徳を修め教科を学び以て他日の良妻賢母たるの心得あらんことを望む」と結ばれている[14]。そもそもキリスト教試練の第三期に発せられた高等女学校令には、ミッションスクール制御という目的が内包されており、女学校の教育方針は「良妻賢母」主義に一本化されていた。

『青鞜』時代、研は明が関わった「吉原登楼事件」などの騒動には、苦言を忘れなかった。二人の性格の落差が青鞜社のエネルギーともなった。このアンケートは、彼らの間のギャップの根源を伝えているのかもしれない。

（同上中修練不足にて最も苦しく感ぜられたるもの）

世界的思想にふれることなかりしことにて候。尚、希望として申し上げたきことは一般に精神教育の貧弱なることにて候。女子として真の人として男子の前に立つに恥ぢざるだけの品位と自尊心とはありたきものに候。この心やがて自己教育自己発揮の原動ともなり得ることと信じ居り候。

母校と恩師に深く愛着する研だが、ここでは、当時の教育内容に一定の不満を抱えていたことが表明されている。また永井紀之が指摘するように、明の「『青鞜』発刊の辞」の明らかな影響も見て取れる[15]。

（4）失明

今治時代の出来事として今一つ重要なものが、左目の摘出である。先に調査を行った際、親族から、「六〜八歳の頃」「目を清潔にする為に、励行していた洗眼が因で黴菌に侵されたため」とうかがった。その洗眼が、家庭で行われていたものか学校で実施されていたものかはわからない。後段で述べるように学校衛生施策の一環で洗眼が励行されるようになった時期、また全国的なトラコーマ流行の時期は、研の高女校時代と一致している。研は、明治四二年（一九〇九）に「麻酔」と題するエッセイを同窓会誌に寄せており、そこには「十五歳の春」に受けたなんらかの手術の経験が語られている。失明は伝えられてきた時期より一〇年ほど遅いのかもしれない。

現時点で言えるのは、研の失明が「洗眼と結びつけて語られてきた」こと、そしてそのことが、その後の研の心に大きな影響を与えたことのみである。尾鍋智子は、明治から昭和にかけての通俗衛生ブームの中で、「美しい心を伴う健康な眼という、とらえどころのない抽象的美眼」という観念が生まれたこと、しかもそれを要求される相手が「もっぱら」女性であったことを問題視している。(16)

研が『青鞜』に発表した作品の中には、「眼」をテーマにしたものが散見され読む者の心を射る。

私には一体悪い癖があった。それは凝視ということで、眼玉に触れるものは何でも、のがさず底深く見極めたいという願望を心の奥に持っていた、が中でも人の眼玉を見ると言うこと程愉快なものはなかった（略）眼玉は生のホイント（原文ママ。傍線も）であるとつくづく私は感じた。

（「眼玉」『青鞜』第一巻第三号、一九一一年一一月）

二　日本女子大学校時代

（1）進学

明治三五年（一九〇二）に卒業した研は、そのまま同校補習科に進学、翌年に改めて卒業を果たした。学籍簿上では第五学年まで修了となっている。成績は常にオール「甲」に近かった。

その後一年のブランクを経て、明治三七年（一九〇四）に日本女子大学校国文科第四回生として入学した。このブランクについては確かなことはわからなかった。「結婚したもののすぐに離婚して上京したらしい」と興味深いお話をしてくださった縁者もあったが、戸籍にはその形跡はなく事実と断定することはできない。(17)

（2）成瀬仁蔵と麻生正蔵

日本女子大学校（法的には専門学校）は、明治三四年（一九〇一）に成瀬仁蔵が設立した日本における最初の組織的な女子高等教育機関である。

成瀬は安政五年（一八五八）生まれ、長州藩出身の士族である。十代までに両親、弟を亡くす。明治一〇年（一八七七）、同郷の澤山保羅により(18)、大阪浪花公会で受洗する。澤山とともに梅花女学校を創り、教員を務めた後、牧師となる。明治二三年（一八九〇）アメリカに留学、女子教育の研究を行い四年後に帰国。梅花女学校校長となる。

明治二九年（一八九六）、高等教育機関の設立に向けて『女子教育』を出版、「女子を、人として、婦人として、国民として教育する」方針を宣言した。平塚明が、この著作に惹かれて、父の反対を押し切り女子大に進んだことは有名である。

続いて成瀬は、宿願の女子大設立に向けて走り出す。並走者は『女子教育』の事実上の共著者であり、梅花の同僚でもあった麻生正蔵。麻生もまた、同志社の新島襄門下のキリスト教徒だった。彼の奮闘もあり、経済不況や女子高等教育不要論を乗り越えて開学に漕ぎつけた。集めた発起人は五八名、創立委員二二名、賛助員は七百余名に上る。平塚らいてうの自伝によれば、「創立の苦心談」は、（学内で）「いろいろ話されて」いたという。(19)これは全く私の想像に過ぎないのだが、成瀬と麻生という伝説的なコンビの姿が、青鞜社時代の研と明の脳裏に、よき先例として浮かぶことはなかっただろうか。

（3）今治高等女学校の女子大進学者たち

二〇年前、私は、研は「今治出身女子大生第一号」であったと判断した。しかしその後、永井紀之の調査により、同期生五人が女子大に進学したことが判明した。[20] これを踏まえ、今回、愛媛県立今治北高校同窓会名簿、日本女子大の同窓会組織である桜楓会の『桜楓会会員名簿　大正参年』[21]、『今治女学　校友会　第四号』（明治三八年）[22]を照合し、彼女たちの女子大卒業年次を特定した。

・国文科第三回（明治三九年卒業）木村（阿部）かつの。卒業後は町立三島女学校で教師となった。
・家政科第四回（明治四〇年卒業）三木（三浦）シカヨ。
・国文科第四回（明治四〇年卒業）富田（三宅）考。
・文学部第八回（明治四四年卒業）保持研。

尾山（村上）シヅは、入学は確認できるが同窓会名簿にない。なお「家政科第三回（明治三九年卒業）豊田才」も、今治高女一回生であるが、途中転校したらしく、[23] 高女側の名簿には出てこない。県立移管時の入学式で総代を務めた秀才であったが、明治四五年に死亡している。彼女を含めると六人が女子大に進んだ計算になる。

なお、当時の女子大は三年制なので、高等女学校卒業直後の明治三五年に入学した場合、留年しない限り明治三八年卒業となる。しかし見てきたように、最初の今治高女出身者として「阿部かつの」の名前が出てくるのは明治三九年である。女子大には無試験入学制度があり「修業年限五カ年の官公私立高等女学校の卒業生」は試験を経ずして入学を許されていたから、阿部も、研同様補習科を経て、明治三六年（一九〇三）に入学したのかもしれない。

成瀬と麻生は、女子大をミッションスクールにしなかった。[24] しかし二人の人生を俯瞰すれば、女子教育こそが彼らにとってのミッションであったことが理解できる。そしてまた、成瀬と麻生の側からみれば、今治出身の一群の新入生たちはとりわけ目を掛けたい存在だったかもしれない。梅花の教師時代、彼らは、幾人もの今治の少女を教えたはずだ。保持たちは、かっての教え子たちの手によって送り込まれてきた女子教育の果実、「梅の実」に他ならなかった。

（4）女子大時代

研の女子大時代については詳らかではない。国元からは月十円の仕送りがあったというが、それでは足らず、「今でいうアルバイト学生」として苦学していたようだ。(25) 一方、戸川残花・中島歌子・三宅歌圃ら著名な文学者の講じる授業は、どんなにか心躍るものであったに違いない。そしてこの時期培った友情が、後に青鞜の柱となっていく。国文科四回生は六五人に過ぎなかったが、そのうち、少なくとも七人が『青鞜』に協力したことが判明している。(26)

（5）学校衛生

健康そのものだった研が、突然喀血したのは三年生の時である。女子大では創設以来、「東洋内科医院院長医学士　高田畊安、耳鼻咽喉科病院ドクトル　小此木信六郎、前田園子」の三医師を校医に指定していた。(27) 三人ともキリスト教徒の開業医で、畊安と小此木は女子大賛助員でもあった。学生は病状に応じて医者を選べたのだろう。研は、結核専門医の高田畊安の東洋内科を受診している。

日本で学校衛生制度が整い始めたのは明治二〇年代末のことである。しかし日露戦争に連動した財政緊縮のためにその歩みは遅々としていた。ドイツのライプチヒ市をモデルにした学校医制度が始まったのが明治三一年（一八九八）。公立小学校に各一名の学校医を置き、環境衛生の監視と身体検査の推進を目指すというもので、数年後には学校看護婦を専従として迎え入れる学校も出てくる。背景にはトラホームの流行があった。学校医が出校して治療にあたるところ、職員が洗眼・点眼にあたるところなどがあったという[28]。研の失明＝洗眼説はこのあたりの事情を反映しているのだろうか。

学校衛生の試行錯誤の時代にあって、日本女子大の学校医三人体制は、極めて手厚いものであったと思われる。ある統計では、明治四五年（一九一二）の時点で、「学校医を設置したる」専門学校は三校（校名不明）。大正五年（一九一六）も同様である[29]。大正五年の専門学校数は九〇校であるから、にわかには信じがたい少なさである[30]。専門学校には校医設置が義務付けられていなかったものだろうか。先行研究に行き着くことができなかったため、これは今後の課題としたい。

成瀬は「女子の健康に配慮し、現状をかえる必要性を認識し」、体育教育を重視していた。一方に「傷病率、死亡率の高さ」という現状、その一方で「女子の体力のなさを当然」とする風潮。この乖離に対する危機感が彼を動かしていた[31]。三人校医体制はその反映であったと考えられる。ちなみに学生時代の平塚明は、健康診断のたびに、畊安から、神経衰弱と診断されていたという[32]。

さらに、成瀬の大正期の文章からは、彼が、学校衛生の役割を、広大な教育構想の中に位置づけていたことが読み取れる。

医師の学校に助力すべき範囲は、現今よりも、更に拡大せられざるべからず。現今のごとく、体格を検査し、眼疾、齲歯等を治療し、伝染病に注意し、或いは学生の無料診察を為す等の、疾病治療方面の外に、課業に対し、円満なる進歩を示さず、或いは熱心を欠き、或いは疲労し易き等の児童、其の他、多少尋常健全ならざる状態を示す児童に就き、其の生理的原因を発見して、適当の矯正法を指導するが如き、更に進んでは、各児童の心身の特質偏向等を生理上より観察して、教員父兄に作業、休養、其の他一般生活上の注意を与うるが如き、学校全体の生活法に就いて、衛生上の忠告を与うるが如き、極めて緊要なる事項にして、医師の手を待つべきもの、決して少からざるなり。[33]

家政学科・英文科・国文科の三科建てで出発した女子大が、そのゴールを総合大学に設定していたことはよく知られている。大正七年（一九一八）の臨時教育会議では、医学部設置を表明した。[34] これは実現しなかったが、成瀬の跡を継いだ麻生は大正一〇年（一九二一）に社会事業学部を設置した。彼らにとって教育機関の役割は、単なる智識の教授ではない。人間は、病み老い死んでいく。心身の脆弱性を前提に、新たな社会組織を構想し、これに対応できる人材を育成すること。おそらくそれが、彼らの女子教育の目標だった。

そして女子大医学部設置を成瀬に先駆けて構想したのが、校医の高田畊安だった。

三　高田畊安

（1）畊安と日本女子大学校

高田畊安は、文久元年（一八六一）京都府舞鶴生まれ。成瀬より三年年少である。父は綾部藩医を経て帝国博物館書記を勤めた人物。次男の畊安は、母方高田家の医業を継ぐべく、京都府立医学校に進む。京都時代の明治一五年（一八八二）、同志社教会で洗礼を受ける。きっかけは、父から奨められた『天道遡源』という漢文のキリスト教の解説書と、兄の結核死であった。さらに東京帝国大学医学部に進学し、青山胤通、ベルツらに学んだ。明治二九年（一八九六）東洋内科医院開業、三年後に分院として茅ヶ崎にサナトリウム南湖院を設立。

女子大創立事務日誌からは、麻生が、青山と畊安を頻繁に訪問し、賛助を取り付ける姿が浮かび上がる。記述から判断するに、青山が麻生に畊安を紹介した可能性が高いが、麻生は畊安の洗礼と同年に同志社英学校に入学しているため、以前からの知己であった可能性もある。なお青山は、女子大科外講師も勤めている。いずれにせよ創立以前から、艸安と女子大には関わりが生まれており、それが縁で校医を引き受けたものと推測される。

また前田園子も、艸安人脈で校医に就任した可能性が高い。前田は明治五年（一八七二）生まれ。成瀬と同じく長州の士族の家柄で、築地の海岸女学校（青山女学院の前身）に学んだ。一二歳の時に両親が離婚しこれが契機となってキリスト教に触れる。済生学舎を経て二〇歳で開業免状を獲得する。本郷教会員の夫と子どもを結核で亡くした後、南湖院勤務。その後ソウルの韓城病院に赴任するが、父の病のため帰国、渡韓以前から女子大からのオファーを受けており、明治三五年（一九〇二）一月から校医となっている。(35)

（2）艸安の宗教観と医療観

艸安の信仰の中では、イエスと神武天皇が同一の存在として理解されており、医療が信仰実践に直結していた。かなり先のことになるが、昭和九年（一九三四）の南湖院創立三五年記念冊子に掲載された文章に、彼の理念がわかりやすく打ち出されている。(36)

艸安にとって、世界平和の前提は二つある。「正しい宗教」に覚醒すること、そして「結核討伐」である。「正しい宗教」とは、「一神教＝基督教」である。多神教の神道も、天之御中主神を唯一神とすることによって正しくなる。なぜならキリスト教の至上神と、神道の「天之御中主神」は同一の「父神」であり、「父神」によってこの世に使わされたのが、「仁愛の権威として医蘇其徳（イエスキリスト）」と「正義の権威として神武天皇」であるからだ。

もう一つの「結核討伐」である。亡国病とも国民病とも呼ばれた結核は、戦後に抗生物質が普及するまでは、若年層を中心に日本人の死亡原因の第一位を占め続けた。大正七年（一九一八）の死亡者数は人口一〇万人あたり二五七人。「患者数は、死亡者数の一〇倍とみられるので」、四〇人に一人は結核だった勘定になる。(37)特効薬は

なく、「結核に対する効果的な治療法は、転地及び休息と栄養補給と医師の監督下におかれたサナトリウム療法」だけだった[38]。

イエス＝医の神、と信じる畊安は、三十代の初めから貧困層医療に取り組むようになる。明治二六年（一八九三）に「貧民救療会」を組織。本郷区新花町に診療所を設けた[39]。この事業の協力者が、他ならぬ今治キリスト教会の初代牧師・横井時雄である。彼は明治一九年（一八八六）に今治を去り、同志社の教師を経たのちに本郷教会の牧師を務めるようになっていた。横井の跡を継いだ牧師が、日本の自由主義神学（リベラリズム）の論客、海老名弾正（横井の妹は海老名の妻）で、畊安は、彼の発行する『新人』の有力な後援者となる。「エホバ＝天之御中主神」説は海老名にも見られ、畊安の信仰が日本リベラリズムのアレンジだったことをうかがわせるが、ここに踏み込む余裕はない。なお女子大時代の平塚明は海老名の説教を聞いているが、「日露戦争直前だったためか、国家主義的な、国家と調和させるような妥協的な」主張に、何の共感も持てなかったようだ[40]。

東洋内科の開業後は、本所深川で「蓬髪半裸の労働者」の診療を行う。これが「故あって」中止になってからは、「三番町に施療所を開」いた。明治四四年（一九一一）に行われたインタビューでは、東洋内科の木曜日の朝が「施療日」に設定され「貧民の病を療治」していること、「一生の目的」は「貧苦なる肺病患者のため、大なる施療院を作ること」だと語っている[41]。さらに、ヨーロッパ視察を経た大正期には、国立公共施療院の設置や病災保険制度の導入を提唱するようになる[42]。

冊子中、畊安は、五種類の施設による広大な医療構想を表明している。具体的には、「1、療養院（サナトリウム）軽症患者の療養、養生法の学習。2、病院（ホスピタール）軽重患者の収容、重症患者を最後まで隔離・治療。3、健康相談所（ヂスパンセール）家庭における予防と療養の指導監督。4、予防院（プレウェントリウム）虚弱児童等結核候補者を集め衛生的生活を実施。5、聚落（コロニー）軽快した患者に業的生活をおくらせる[43]」。

畊安にとっての「結核退治」とは、単なる治療に留まらない国家的な大衛生システムの構築だった。換言すれば、医学こそが彼のミッションだった。

（3）畊安の女医教育

そのミッションの実践に、畊安は、女性の力が必須だと考えていた。畊安は、最初に、しかも極めて積極的に女医を採用した経営者である。

畊安によれば、女医の採用は明治三二年（一八九九）から始まり、一時は「東京の本院並びに茅ヶ崎の分院共に女医のみ」採っていた。「女子は保守に適し男子は進取に適」しているため、「入院患者を保護する当直医」としては、女子の方が男子よりも適当であるというのがその理由である。女医への信頼は厚く、「今日の医学専門学校程度の医育を行えば、国家に益するところ実に少なからざるべし」と、「女子大学に医学科を設置すること」を提案したのが、明治三六年（一九〇三）[44]。女子大創設後わずか二年、成瀬の医学部設置案より一五年も先行している。あるいは、成瀬に医学部を構想させたものは畊安の実践であったのだろうか。

さて、積極的な女医採用には、手塩にかけた弟子たちを手元に引き取るという畊安の強い意志が働いていた。彼は、女性が医師資格を得るための唯一の勉学機関だった済生学舎で、長く教鞭を執っていた。また学舎内の女子講習会「淑徳会」でも講義を受け持っていた。南湖院歴代の女医八人のうち六人までが済生学舎の出身である（先述の女子大校医の前田は初期の教え子の一人）。しかし、学舎は、明治三三年（一九〇〇）に女子の入学を拒絶し、翌年には在校中の女子学生も追放された。彼女たちは本郷教会で講習会を開き、畊安の助けを得ながら学業を続けた[45]。また彼は、「看護婦」（以下、歴史的用語として使用）の養成にも関わっていた。「南湖院の総看護部長、吉村良」は東京帝国大学医学部看護婦養成所の第一回生として畊安の教えを受けていた[46]。彼女たちは畊安

の女子教育の「果実」であった。

畊安は女性の能力に全幅の信頼を置き、これを現場で十全に伸ばそうとした医師であった。その根底に、神の下での人間の平等を説くキリスト教的価値観があったことは言うまでもない。医師にしてキリスト者の畊安にとっては「尿も女性の生理も神のなせるわざ」であった。[47] そこに前近代的な穢れ観の入る余地はない。

また今一つ、畊安の女性観形成に影響したと思われるものがある。五〇代半ばに差し掛かった畊安は母を述懐して以下のように語っている。「五、六歳の時」、父の激しい声で目を覚ますと「母の端坐している前の文台の上に女大学が広げられ」「父がその字句によって母を諌めていた」。畊安は父の前に手をつき「どうぞ母さまを許してあげてください」と謝ったが、父の叱責がやむことはなかった。一二、三歳の頃には「人知れず天満宮や八幡様をまわり」「母が叱られぬよう」に嘆願したこともあったという。[48]

畊安は、父が体現する儒教的なジェンダー秩序に強い反発を持っていた。ただし彼は、母親を、「柔和、謙遜、勤勉という女徳を遺憾なく備え」ていたと、儒教の用語で飾ることを忘れてはいない。畊安の日常生活の規範は「バイブルよりも論語的」だったという関係者もいる。[49] なお南湖院の第一病室は、母の名前を取り「竹子室」と命名されていた。

宗教観、医療観、ジェンダー観、いずれにおいても規格外。南湖院とは、そのような畊安の内面を具現化する装置でもあった。

四　南湖院から『青鞜』へ

（1）南湖院

東洋内科受診後ほどなく、研は、南湖院に送られる。大学は明治三九年（一九〇六）一二月一〇日付で病気退

学となった。

後には「東洋一のサナトリウム」と呼称されるほどに巨大化する南湖院であるが、研の入院当時は、病室五〇室ほど、敷地内のそこここに槌音の響く若々しい病院だった。[50]その南湖院時代、研は数多くのものに支えられた。当然ながらまずは医療である。それは、滋養物の摂取、海浜散歩といった通常のサナトリウム治療から、「胸壁から注射器で結核空洞に薬液を注入」するといった実験的とも冒険的ともいえるレベルのものにまで及んだ。注射を試みるにあたって、畊安は、研に、「あなたの体を病院に申し受けられまいか」と持ちかけている。[51]高額な入院費を払いきれない研は、学用患者として、この注射を幾度も受けながら南湖院での療養を続けたようだ。

南湖院を覆う「高田教」も、研の心持に大きく作用したらしい。結核の宣告を受けた時、「もう死ぬものと覚悟を極め」「それと同時に『何うしても治ってみせる』と、固く決心」した研は、「漁師の勇ましい舟唄を聞いて聖書を」読み、「人の話を聞」き、次第に『宗教上の確信を得』たという。[52]

文学好きの患者たちとの交流も盛んであったようだ。[53]入院が重なる時間は短かったが、国文科同級生の平塚孝との友情が、研と明を結びつけた直接的な契機になったのは冒頭で述べたとおりである。

南湖院で働く二人の女性医師、副長・河野桃野と中村愛子の活躍も研を勇気づけたに違いない。ところで、日本女医会の創設は明治三五年（一九〇二）、その中心となったのは例の前田園子である。女子大校医就任とほぼ同時に、前田は、全国に点在していた女医たちの糾合に乗り出したことになる。創設には、河野・中村など、南湖院ゆかりの女医たちが参画していた。大正初期、やはり前田によって機関紙の創刊が図られる。『日本女医会雑誌』第一号は大正二年（一九一三）に世に出た。費用は、前田・河野らの寄付でまかなったという。[54]つまり、明治末から大正初めにかけて、畊安に極めて近い場所から、『青鞜』と『日本女医会雑誌』という、二つの、女たちの連帯を目指した雑誌が飛び立っていたことになる。

研と女医たちとの交流の具体については、史料に行き当たることができなかった。唯一、中村愛子を追憶した一節が残されている。

愛に光った大きい瞳、沈着いた何処となしに重みのある茶色の眼下、ああ、それは逝かれた愛子先生のだった。そして其眼玉は先生の性格の凡てを遺憾なく現して、王者の輝きをかくや姫の様に放って居た。

（保持白雨「眼玉」、前掲(55)）

さまざまなものにエンパワーメントされながらの闘病を経て、最終的に研を再生させたものは、南湖院の社会復帰システムだった。時期は不明だが、軽快期の研は、南湖院のスタッフとして働きはじめている。仕事の内容は、「看護婦見習生及女中に精神教育と普通教育」の教授(56)、「園芸主任(57)」などと伝えられている。中村の患者だった国木田独歩と研との交流も伝えられる。わがままで鳴らした独歩だが、研にはなぜか従ったという。死体置場近くの藁葺の小屋ではあったが、独立した住まいも与えられていた。

南湖院では、研以外にも「復帰する職にありつけない人達」が従業員として留まっていたという(58)。畊安の「軽快した患者に業的生活をおくらせる」ための「聚落（コロニー）」構想の一部は、明治末の南湖院ですでに試運転中だった。

（2）研と明

研の復学は明治四三年（一九一〇）九月のことである。翌年四月卒業。上京以来足掛け八年、彼女は満二五歳になっていた。

卒業後、研が寄宿したのが本郷曙町の平塚家。かつての病友の妹の部屋に同居する格好だった。

さて、明は、研との同居の理由を、姉がすでに結婚し神戸に移っていたための「偶然」としているが、これは説明不足というものだろう。

まず、寄宿以前に研が住まっていたのは卒業生専用の「楓寮」と伝えられており、引き払う理由が見当たらない。さらに、この時期の明自身の状況が考慮されていない。夏目漱石の弟子・森田草平との心中未遂（といわれる）塩原事件（明治四一年）の余波で、女子大同窓会から除名処分になっていた明との交際は、研にとって特別な意味をもったはずだ。かつて、拙論では、二人の間に句作を通じた友情が育っていたことを指摘したが、これも孤独を好む明が研を受け入れたことの十分な理由づけには弱い。

明の後年の回想によると、寄宿中の研は二つの課題を抱えていた。一つは求職、もう一つが婚約問題である。婚約相手は南湖院の薬剤師で、当時は東京の病院で働いていたという。この婚約の成り行きも判然としない。明の回想ごとに、その内容がまるで違ってしまっているからだ。早い時期の回想では、相手の要求で別居結婚していたが、青鞜社の仕事が理解されず、結婚は解消されたとし[59]、後年の自伝では、結婚に踏み切ろうとしない相手の煮え切らなさが、情熱家の研には耐えきれず、婚約解消に至ったとある[60]。この問題と平塚家寄宿の間にはなんらかの連動があったのだろうか。

「大逆事件」後の冬の時代を悶々と過ごしていた生田長江が、明に「女ばかりの文芸雑誌」の発行を持ちかけたその内面も含め、『青鞜』創刊の裏舞台には、まだ明らかになっていない事柄が多々あると思われる[61]。

おわりに――保持研の『青鞜』への道

保持研と平塚明は、ともに明治十年代の終わりに生まれた。はるかに隔たっていた二人の間には、次第に細い通路が通じて行った。それを拓くに力あずかって余りあったのは、関西系キリスト教会の人材だった。

幕末以来、居留地中心に細々と伝道されていたキリスト教は、明治の初期に完全に解禁され、一気に周囲に染み出していく。身分制が崩壊し価値基準が混乱し、人々が制限なしに移動を始める時代、教会とミッションスクールは遠近の俊秀を集めた。人的ネットワークが網の目状に広がり、各地に初期フェミニズムを含む啓蒙思想と教育の種が蒔かれる。明治二〇年代から三〇年代にかけての今治のケースはその典型であった。

明治三〇年代、国家体制を一通り整えた明治政府は、新たなジェンダー秩序の再編に向かう。「女学校令」により、各地に女学校が叢生し女子教育の裾野が拡大する。教育の中身は、資本主義と帝国主義が要請する性別役割分業の思想「良妻賢母」に平準化される。公的女子教育は高等女学校を終着点に制度設計され、キリスト教的教育や女子の医学教育などの専門教育は一定の制限を受けるようになる。

これに対抗的に、女学校の先の学問階梯を用意した成瀬と麻生は、草創期の関西ミッションスクール関係者だった。彼らの創った日本女子大を目がけ、多くの女学生たちが、切磋琢磨しながら故郷を出た。研はそのうちの一人だった。教育が、周縁から研を押し出し、中心に引き寄せた。

富国強兵の掛け声の裏で、衛生インフラの整備が遅れがちだった時代、多くの若者が病に倒れた。明治三八年（一九〇五）時点で、研の今治高女同級生のうち少なくとも三人が死亡している。(62) 研にとって限りなく幸運だったのは、女子大の保健衛生対策が、極めて手厚かったことだ。校医が三人、そのうち一人が、やはり関西のキリスト教会関係者の結核専門医・高田畊安だった。そして彼のサナトリウム南湖院は、「当時の」最先端医療が試され、かつ、女性や失職者という社会的マイノリティが活用される場所だった。そこで彼女は再生することができた。

ただし、日本女子大にしろ、南湖院にしろ、「良妻賢母」という枠組み自体に敵対していたわけでないことには留意しておきたい。そこで求められた女性の理想像は、堀場清子のいう「広義の良妻賢母」であった。(63) 成瀬と麻生、そして畊安の胸中にあったそれぞれの広大な社会構想は、両性の「特性」を前提とした。だからこそ、彼らが立ち上げた事業は成功を収めたのだともいえる。

いずれにせよ、彼らの拓いた道を辿って、研は、明と出会った。出会った時、二人はともにサバイバーだった。文字通り死線を越えてきた研。スキャンダルにまみれつつ、禅の修行を通じて自分を取り戻してきた明。いつもの癖で、明の眼を覗き込んだ時、研は、そこに何を見ただろうか。後に明はこう語る。長い闘病生活のなかで植え付けられた、キリスト教的な思想信仰を持つ研と、大乗禅の真理に生きる明は、そりの合いかねることもしばしばあったが、現在の女の生活に不満を抱き、その打破を願っていたことにおいては同じだったと(64)。

生田長江の勧めに乗った二人が、一気呵成に、女たちの共生の場『青鞜』創刊に至った経緯は先行研究の伝える通りであり、詳細はそれらに譲りたい。成瀬仁蔵や高田畊安の信仰・信念と、明治のナショナリズムとの関係など検討されるべき課題は多いが、これは今後に譲りたい。『青鞜』時代の研についても、いつかまた、論じてみたいと思っている。

さて、創刊号には「発刊の辞」が必要である。事務仕事に忙殺された研に固辞され、明がペンを執ることになる。彼女は「らいてう」と名乗ることに決めている。

「元始、女性は実に太陽であった（略）私共は隠されて仕舞った我が太陽を今や取り戻さねばならぬ」。それは再生の宣言に他ならない。

数か月後、「白雨」と名乗った研は、彼女なりの決意表明を『青鞜』誌上でひっそりと行う。

雪嶺に土踏まぬ雷鳥と我と太陽と　（「冬籠」『青鞜』第一巻第四号、一九一一年一二月号）

(1)　池川玲子『青鞜』の月——保持白雨覚え書き——前編」（今治総合文化研究所『燧』一二号、一九九三年）、同「『青鞜』の月——保持白雨覚え書き——後編」（『燧』一三号、一九九五年）。なお、近年の『青鞜』研究には、拙論の孫引きが散見されるが、引用元が正しく記されていない場合がある。

(2) 座談会「『青鞜社』のころ」（『世界』岩波書店、一九五六年）での平塚の発言。

(3) たとえば平塚のパートナー奥村博が南湖院で療養した際の療養費の減免など。

(4) 小林登美枝『平塚らいてう――反逆の青春』（大月書店、一九七七年）。

(5) 永井紀之「明治中期における今治の女子教育事情――今治教会との関係を中心に――」（『今治史談』第一一号（合併号）、二〇〇五年）。

(6) この間の事情は、永井紀之『明治一〇年代における今治の男子中等教育事情』（『今治史談』第一三号（合併号）、二〇〇七年）に詳しい。

(7) 廣池真一「明治キリスト教における成瀬仁蔵」（『日本女子大総合研究所紀要』第六号、二〇〇三年）。

(8) 永井、二〇〇五年。

(9) 一一月二五日。永井（二〇〇五年）より再引。

(10) 永井（二〇〇五年）より再引。

(11) 正岡定雄の回想（今治西高等学校『蛍雪』六〇周年記念号）。永井（二〇〇五年）より再引。永井によれば、県立移管に際してのエピソード。

(12) 保持研「同窓会員消息」（今治高等女学校同窓会誌『学友』第九号、一九一一年）。

(13) 神戸英和卒業生の増田シナが英語を講じていた（愛媛県立今治北高等学校「愛媛県立今治北高等学校　創立百周年記念通史」一九九九年）。当該部分執筆者は永井紀之。なお、黒住教とキリスト教は競合関係にあったこと、研自身が、キリスト教への接近を南湖院時代としていることから、今治時代の彼女がキリスト教に関心を持っていたとは考えにくい。

(14) 明治三二年（一八九九）の地方官会議における文部大臣樺山資紀の演説「高等女学校の教育は其生徒をして他日中以上の家に嫁し、賢母良妻たらしむるの素養を為すに在り、故に優美高尚の気風、温良貞淑の質性を涵養すると倶に中人以上の生活に必須なる学術技芸を知得せしめんことを要す」の影響を見ることができる。

(15) 永井紀之「今治北高校百年史編集余話――愛媛県立今治高等女学校第一回卒業生保持研について――」（愛媛県立今

治北高等学校『研究紀要』第一三号、一九九七年)。

(16) 尾鍋智子「眼の感染症にみられる女性観——眼の通俗衛生と女性」(本書収録)。

(17) 永井(一九九七年)では、卒業後まもなく上京した可能性を指摘している。

(18) 日本で最初に按手礼を受けた牧師として知られる。

(19) 平塚らいてう『元始、女性は太陽であった(上)』(大月書店、一九七一年)。

(20) 前掲注13書。

(21) 日本女子大の学籍簿は非公開であるため、入学年度を確定することはできないが、この名簿によって卒業年度までは判明する。

(22) 永井紀之氏からコピーをいただいた。

(23) 永井紀之氏から情報をいただいた。

(24) 初期の日本女子大におけるキリスト教教育については、村井早苗「『新しい女』とキリスト教」(「新しい女」研究会『「青鞜」と世界の「新しい女」たち』翰林書房、二〇一一年)など。なお、『元始』において、平塚明は、成瀬が早い時期から「既成宗教としてのクリスト教」に対する批判を持ち、それが後の「帰一協会」創立へと結びついたという理解を示している。

(25) 前掲注4書。

(26) 堀場清子『青鞜の時代——平塚らいてうと新しい女たち——』(岩波新書、岩波書店、一九八八年)。研以外の今治高女同窓生が『青鞜』に関わった形跡は、現時点では発見できていない。

(27) 「日本女子大学校規則」(明治三五年)(『日本女子大学史資料集』第五巻)。この三人体制が大正一〇年まで続き、一一年になって、「医学博士 二木謙三、医学士 矢田浩蔵、前田園」の組み合わせに変更。前田は少なくとも昭和一六年(一九四一)まで在職した。

(28) 文部省監修『学校保健百年史』(一九七三年)。

(29) 古瀬安俊『学校衛生』(南山堂書店、一九一九年)。本論文では復刻版『日本体育基本文献集——大正・昭和戦前期——第二五巻』(日本図書センター、一九九八年)を参照した。

（30）「学制百年史」（文部科学省ウェブサイト、http://www.mext.go.jp/b_menu/hakusho/html/others/detail/1317534.htm　二〇一三年六月三日アクセス）。
（31）日本女子大学『日本女子大学学園事典　創立100年の軌跡』（二〇〇一年）。
（32）平塚らいてう「厄年」（『中央公論』一九一六年一二月号）。
（33）成瀬仁蔵『新時代の教育』（博文社、一九一四年）。本論文では『成瀬仁蔵著作集』第三巻（一九八一年）所収のものを参照。
（34）成瀬仁蔵「女子教育改善意見」（博文館印刷所、一九一八年）。本論文では『成瀬仁蔵著作集』第三巻（前掲注33）所収のものを参照。
（35）前田園子については、前田園子『あはれみは審判に勝つ』（警醒社書店、一九二八年）、大島英夫「南湖院と女性医師――日本女医会と高田畊安――」（『茅ヶ崎市史研究』第二九号、二〇〇五年）、高橋富子「日本女子大校校医　前田園のこと」（日本女子大学平塚らいてう研究会『らいてうを学ぶ中で　3』二〇一一年）を参照した。
（36）高田畊安「現時の日本及世界の急務に就いて」（『創立第三十五周年祝賀記録』一九三五年）。この冊子は、戸井田一郎氏より御提供いただいた。
（37）北川扶生子「モダンと詩と結核」（北川扶生子編集『コレクション・モダン都市文化　第五三巻　結核』ゆまに書房、二〇〇九年）。
（38）福田眞人『結核という文化』（中公新書、二〇〇一年）。
（39）大島英夫著『茅ヶ崎市史ブックレット⑤　南湖院　高田畊安と湘南のサナトリウム』（茅ヶ崎市史編集員会編、茅ヶ崎市発行、二〇〇三年）。
（40）平塚、一九七一年。
（41）「基督教的教育を基礎とせる高田畊安氏の家庭」（『サンデー』一九一一年五月号）。
（42）高田畊安『海浜と衛生』（『経済事報』一九一二年七月号）。
（43）5の聚落については、すでに「朝鮮に土地を用意」していると締めくくられている。
（44）『医談』（私立奨進医会他編集、一九〇三年一月号。奨進医会総会の席上での発言）。

(45) この間の事情については、前掲の大島「南湖院と女性医師」が詳しい。
(46) 川原利也『南湖院と高田畊安』（中央公論美術出版、一九七七年）。
(47) 同右書。
(48) 高田畊安「名士と其の母」（『婦人週報』一九一六年八月号）。
(49) 大島、二〇〇三年。大島登輝夫の回想。
(50) 南湖院については、上記の川原、大島らの精力的な研究が積み上がってきている。畊安の遺族のもとに保管されていた映画フィルムの調査もはじまり、従来から知られていた「医王祭」（クリスマス）の盛大な開催や絵葉書の頒布に留まらない、南湖院のメディア戦略も明らかになりつつある。加藤厚子「資料紹介　映像で蘇る南湖院と茅ヶ崎——南湖院コレクションについて」（『ヒストリア茅ヶ崎』第二号、二〇一〇年）など。
(51) 保持妍子「肺病に罹りて血を吐きつつ慰藉を求めて全快せし話」（『婦人世界』一九〇八年一〇月一五日増刊号。国文科同窓生で『婦人世界』記者であった木内錠子が研の話をまとめたもの。木内は、『青鞜』発起人の一人となる）。
(52) 保持、一九〇八年。彼女が洗礼を受けていたかどうかは不明である。
(53) 大島英夫「南湖院療養の日々　高田増平の日記から」（『茅ヶ崎市史研究』第二八号、二〇〇四年）。俳人秋山秋紅蓼と研が同じ第二病舎に入院していたことなどが報告されている。
(54) 大島、二〇〇五年。
(55) 中村は、一九〇八年に死亡。
(56) 保持、前掲「同窓会員消息」（一九一一年）。
(57) 山田よし恵「『青鞜』と保持研子」（日本女子大学平塚らいてう研究会『らいてうを学ぶ中で　1』一九九七年）。
(58) 前掲注46書。
(59) 平塚らいてう「青鞜時代の女たち」（『塔』一九四九年）。
(60) 平塚、一九七一年。
(61) これについては、池川（一九九五年）、同「生田長江と『青鞜』——幻の演説をめぐって」（新・フェミニズム批評の会編『『青鞜』を読む』學藝書林、一九九八年）、米田佐代子『平塚らいてう——近代日本のデモクラシーとジェンダー』（吉川弘文館、二〇〇二年）、荒波力『知の巨人　評伝　生田長江』（白水社、二〇一三年）などが検討している。

（62）「今治高等女学校卒業生状況一覧」、『今治女学校友会』第四号、一九〇五年）。

（63）前掲注26書。

（64）平塚、一九七一年。

〈付記〉

本論文は、平成二三年度第四回研究会報告「南湖院と『青鞜』――保持白雨を中心に――」を全面的に改めたものです。執筆にあたっては、以下の機関、組織、個人にお世話になりました。記して感謝致します。愛媛県立今治北高等学校（山本様）、日本女子大学教育文化振興会桜楓会文化事業部（稲垣様）、日本女子大学成瀬記念館（岸本様）、らいてう研究会、永井紀之様、大島英夫様、戸井田一郎様、山崎明子様、吉村信男様。

筆者の保持研究は、今治総合文化研究所主宰者であった竹本千万吉氏から多くの助けを受けてきました。拙論を故・竹本先生に捧げます。

後　記

本書は二〇〇八年度から二〇一一年度にかけておこなった科学研究費補助金による共同研究「歴史における周縁と共生――疫病・触穢思想・女人結界・除災儀礼」（基盤研究（A）課題番号二〇二四二〇一八）の成果である。

本共同研究は、四年間に計一七回の研究会をおこない討議を重ねた。研究会では共同研究構成員の研究報告だけでなく、ほぼ毎回ゲストスピーカーによる報告も組み入れた。また併行して日本各地の聖地や祭礼・伝統芸能、女性労働に関する現地調査も計一二回行った。その成果は科学研究費補助金研究成果論集『歴史における周縁と共生――疫病・触穢思想・女人結界・除災儀礼』（二〇一二年三月）にいったんまとめている。本書はその改版であるが、執筆者は一部入れ替わりがあり、改題・改稿した論文もある。したがって私たちの共同研究の全体像を知っていただくためには、右の研究成果論集も併せてご一読いただければありがたい。

また、研究会と現地調査の記録は「科研ニューズレター」として計一五回発行し、奈良女子大学生活環境学部生活文化学科のホームページで公開しているので、こちらもご参照いただきたい。

http://www.nara-wu.ac.jp/life/bunka/archive/index.html

共同研究構成員は左記の通りである（所属は二〇一二年三月共同研究終了時のもの）。

研究代表者　鈴木則子（奈良女子大学）

研究分担者　宮崎ふみ子（恵泉女学園大学）　久保田優（奈良女子大学）
平　雅行（大阪大学）　武田佐知子（大阪大学）
成田龍一（日本女子大学）　三枝暁子（立命館大学）
武藤康弘（奈良女子大学）　脇田晴子（城西国際大学）
研究協力者　長志珠絵（神戸大学）　尾鍋智子（立命館大学）
加藤美恵子（日本中世史研究者）　栗山茂久（ハーバード大学）
小林丈広（奈良大学）　白杉悦雄（東北芸術工科大学）
菅谷一則（橿原考古学研究所）　谷口美樹（富山大学）
濱千代早由美（皇學館大学）　福田眞人（名古屋大学）
山崎明子（奈良女子大学）　脇田修（大阪歴史博物館）
研究補佐　安宅亮子、磯部香、藤本愛

お一人ずつお名前をあげることは紙幅の関係で省略させていただくが、ゲストスピーカーとして研究会報告をして下さった方々、調査先でお世話下さった各自治体・博物館・資料館等の関係者の方々に、深く御礼申し上げる。

平成二六年一月

鈴木則子

林　　葉 子（はやし・ようこ）
大阪大学大学院文学研究科博士後期課程修了。大阪大学大学院文学研究科助教。主要論著に「見る―身体へのまなざしと権力」（岡野八代編『生きる―間で育まれる生』〈政治の発見〉第１巻、風行社、2010年）、「文明化と〈男らしさ〉の再構築―1910年代の『廓清』に見る性欲論」（荻野美穂編『〈性〉の分割線　近・現代日本のジェンダーと身体』日本学叢書②、青弓社、2009年）、「女たち／男たちの廃娼運動―日本における性の近代化とジェンダー」（大阪大学大学院文学研究科・博士学位論文、2008年）など。

池 川 玲 子（いけがわ・れいこ）
川村学園女子大学大学院人文科学研究科博士後期課程修了。東京女子大学他非常勤講師。主要論著に『「帝国」の映画監督 坂根田鶴子―『開拓の花嫁』・一九四三年・満映』（吉川弘文館、2011年）、「甲子園のパンチラ―女子応援団の衣服から見る高校野球の歴史」（武田佐知子編『着衣する身体と女性の周縁化』思文閣出版、2012年）、「占領軍が描いた日本女性史：CIE 映画『伸びゆく婦人』の検討」（『歴史評論』第753号、2013年）など。

三 枝 暁 子（みえだ・あきこ）
東京大学大学院人文社会系研究科博士課程単位取得退学。立命館大学文学部准教授。主要論著に『比叡山と室町幕府―寺社と武家の京都支配―』（東京大学出版会、2011年）、「秀吉の京都改造と北野社」（『立命館文学』第605号、2008年）、「豊臣秀吉の京都改造と「西京」」（吉田伸之・伊藤毅編『伝統都市Ⅰ　イデア』東京大学出版会、2010年）など。

白 杉 悦 雄（しらすぎ・えつお）
京都大学大学院文学研究科博士課程修了。東北芸術工科大学デザイン工学部教授。主要論著に『現代語訳　黄帝内経霊枢』（監訳、東洋学術出版社、2000年）、「江戸の体内想像図　―『飲食養生鑑』と『房事養生鑑』　」（『解剖学雑誌』第８巻第１号、2006年）、『却穀食気　導引図　養生方・雑療法』（馬王堆出土文献訳注叢書、東方書店、2011年）など。

＊鈴 木 則 子（すずき・のりこ）
総合研究大学院大学文化科学研究科博士後期課程学位取得修了。奈良女子大学研究院生活環境科学系教授。主要論著に『日本梅毒史の研究　医療・社会・国家』（共編、思文閣出版、2005年）、「江戸時代の女性美と身体管理」（赤阪俊一・柳谷慶子編『ジェンダー史叢書８　生活と福祉』明石書店、2010年）、『江戸の流行り病　麻疹騒動はなぜ起こったのか』（吉川弘文館、2012年）など。

瀧 澤 利 行（たきざわ・としゆき）
東京大学大学院教育学研究科博士課程修了。茨城大学教育学部教授。主要論著に『近代日本養生論・衛生論集成』・『近代日本健康思想の成立』（大空社、1993年）、『養生論の思想』（世織書房、2003年）など。

尾 鍋 智 子（おなべ・ともこ）
総合研究大学院大学文化科学研究科博士後期課程学位取得修了。大阪大学特任准教授。主要論著に『絶対透明の探求―遠藤高璟著「写法新術」の研究―』（思文閣出版、2006年）、「眼で食べるお弁当」（栗山茂久・北澤一利編『近代日本の身体感覚』青弓社、2004年）、“Bento―Boxed Love, Eaten by the Eye” in *Japanese Foodways: Past and Present*. Rath, C. Eric & Assmann, Stephanie eds. University of Illinois Press. 2010.　など。

梶 谷 真 司（かじたに・しんじ）
京都大学大学院人間・環境学研究科博士後期課程修了。東京大学大学院総合文化研究科准教授。主要論著に、『シュミッツ現象学の根本問題―身体と感情からの思索』（京都大学学術出版会、2002年）、「集合心性と異他性―民俗世界の現象学」（小川侃編『雰囲気と集合心性』、京都大学学術出版会、2001年）、「江戸時代における身体観の変化とその哲学的意義―蘭医方以前と以後の育児書を手掛かりにして」（実存思想協会編『実存思想論集 XXIII　アジアから問う実存』第２期15号、2008年）など。

執筆者紹介

（論文収録順、＊は編者）

平　雅行（たいら・まさゆき）

京都大学大学院文学研究科博士後期課程修了。大阪大学大学院文学研究科教授。主要論著に『日本中世の社会と仏教』（塙書房、1992年）、『親鸞とその時代』（法蔵館、2001年）、『歴史のなかに見る親鸞』（法蔵館、2011年）など。

宮崎ふみ子（みやざき・ふみこ）

東京大学大学院人文科学研究科博士課程単位取得満期退学。恵泉女学園大学人間社会学部教授。主要論著に「18から19世紀日本における参詣の流行と霊場の発展」（『東アジア宗教文化研究』創刊号、東アジア宗教文化学会、2009年）、「動乱の中の信仰」（井上勲編『日本の時代史 20 開国と幕末の動乱』古川弘文館、2004年）、『富士山と日本人』（共著、青弓社、2002年）など。

武藤康弘（むとう・やすひろ）

國學院大學大学院文学研究科博士前期課程修了。博士（文学、東京大学）。奈良女子大学研究院人文科学系教授。主要論著に『映像でみる奈良まつり歳時記』（ナカニシヤ出版、2011年）、「映像人類学の実践的試み―奈良の伝統的祭礼の映像アーカイブの構築―」『奈良女子大学文学部研究教育年報　大学・研究所紀要』第６号、2009年）、「子供が暴れると豊作！？ ―仮装と子供の暴れ　奈良の祭の醍醐味」（奈良女子大学文学部なら学プロジェクト編『大学的奈良ガイド』昭和堂、2009年）など。

武田佐知子（たけだ・さちこ）

東京都立大学大学院人文科学研究科博士課程修了。大阪大学大学院文学研究科教授。サントリー学芸賞思想歴史部門（1985年）、紫綬褒章（2003年）受賞。主要論著に『古代国家の形成と衣服制―袴と貫頭衣―』（吉川弘文館、1984年）、『衣服で読み直す日本史―男装と王権』（朝日新聞社、1998年）、『娘が語る母の昭和』（朝日新聞社、2000年）など。

加藤美恵子（かとう・みえこ）

滋賀県立大学大学院人間文化学研究科博士後期課程修了。日本女性史研究者。主要論著に『日本中世の母性と穢れ観』（塙書房、2012年）、「『女』の座から女房座へ」（脇田晴子編『母性を問う』上、人文書院、1985年）、「中世の女性と信仰」（女性史総合研究会編『日本女性生活史　中世』東京大学出版会、1990年）など。

濱千代早由美（はまちよ・さゆみ）

名古屋大学大学院文学研究科後期博士課程単位取得後退学。皇學館大学・帝塚山大学非常勤講師。日本生活学会研究奨励賞（2000年）受賞。主要論著に「都市祭礼の生成と伝承―伊勢という都市社会を生きるための『つながり』―」（日本生活学会編『祝祭の100年』ドメス出版、2000年）、「民謡とメディア―新民謡運動を経た伊勢音頭をめぐって―」（『哲學』慶應義塾大学三田哲学会、128号、2012年）など。

歴史《れきし》における周縁《しゅうえん》と共生《きょうせい》　女性《じょせい》・穢《けが》れ・衛生《えいせい》

2014(平成26)年3月25日発行

定価：本体6,800円(税別)

編　者　鈴木則子
発行者　田中　大
発行所　株式会社　思文閣出版
〒605－0089　京都市東山区元町355
電話 075－751－1781(代表)

印　刷
製　本　亜細亜印刷株式会社

ISBN978-4-7842-1714-4　C3021